Für einen spirituellen Aufbruch

Anregungen aus Rudolf Steiners Forschungen zu einem befreienden religiösen Wirken

Zum 100. Jahrestag seines grundlegenden Kurses

vor Theologie-Studenten und Lehrern

12.-18. Juni 1921

Für einen spirituellen Aufbruch

Anregungen aus Rudolf Steiners Forschungen zu einem befreienden religiösen Wirken

Zum 100. Jahrestag seines grundlegenden Kurses

vor Theologie-Studenten und Lehrern

12.-18. Juni 1921

© 2022, Werner F.Wecker

Herstellung und Verlag:

BoD – Books on Demand, Norderstedt

ISBN: 9783756820580

Umschlag unter Verwendung des Bildes von Rembrandt van Rijn „Ein Christus nach dem Leben", auch „Christuskopf" genannt ca. 1648

Inhalt

Chancen für spirituell-religiöses Wirken ergreifen - beim Feiern

Chancen für spirituell-religiöses Wirken ergreifen - im Heilen

Ein Stück Kirchengeschichte am Beispiel der Christengemeinschaft

Vorwort

Das Leben hält Augenblicke bereit, in denen sich alles verdichten möchte. Am Krankenbett, im Gespräch, bei wichtigen Feiern des Lebens und Jahres... Das sind Chancen. Wenn sie von einem Einzelnen und in Gemeinschaft mutig, bescheiden und sicher aufgegriffen werden, ziehen höhere, befreiende Kräfte in den jeweiligen Zusammenhang ein. Für solches Ergreifen der Chancen und Herausforderungen, gab R. Steiner viele Kurse, Meditationen, Schulungen und diesen grundlegenden Kurs, aus dem hier einige markante Gedanken veröffentlicht werden.

Möchten Sie

- als Arzt, Krankenschwester oder -pfleger einen Menschen in schweren Augenblicken mit Worten oder Gesten zart berühren, sodass ihm Hilfe und Kraft zuteilwerden kann?
- als Lehrer über wichtige Lebensthemen so sprechen, dass die Ihnen anvertrauten Kinder sich unmittelbar tief verstanden fühlen?
- als Eltern oder Mitarbeiter einer Gemeinschaft eine Feier zur Geburt oder zum Sterben eines lieben Menschen gestalten?
- als Freund oder Therapeut einem anderen Menschen, der danach verlangt, eine „Beichte" abnehmen, seine Partnerschaft begleiten, seinen Lebensweg segnen?
- als Pfarrer oder Sozialarbeiter daran mitwirken, eine freie und lebendige Menschengemeinschaft zu bilden und zu gestalten?

Dann kann das vorliegende Buch mit den in der Praxis bewährten Anregungen Rudolf Steiners, einige Gesichtspunkte und manche Unterstützung für die Herausforderungen geben. Das Buch möchte ermutigen, die eigenen Erfahrungen mit spirituell-religiösem Tun zu sammeln, aufzuschreiben, anderen zur Verfügung zu stellen, und mit Freunden und Jüngeren reflektierend ins Gespräch zu gehen. Ein gemeinsames Üben möchte es anregen.

Überall dort, wo Menschen wahrhaftige, dichte, befreiende und erkraftende Worte, Gesten und Feiern spenden wollen, ist Wissen, Mut und Übung vonnöten. Dazu gibt dieses Buch mit den Worten Rudolf Steiners wesentliche Anregungen aus seinem Kurs vom Juni 1921 weiter. Aus einem reichen Erfahrungshintergrund im Leben und Wirken des Autors werden einige Erläuterungen und praktische Möglichkeiten der Umsetzung eingeflochten. Dem Beobachten und Üben sowie dem befreienden Gespräch für einen spirituellen Aufbruch in allen Gebieten des Lebens möge es dienen.

Grundüberlegungen für einen spirituellen Aufbruch

Ein spirituell orientierter Aufbruch der Menschheit scheint dringend nötig und mit Hilfe der Anregungen aus Rudolf Steiners Forschung für ein befreiendes religiöses Wirken auch möglich. Lebendiges, echtes und freies religiöses Leben kann dabei dem Einzelnen und der Gemeinschaft entscheidend helfen. Chancen für solches Wirken gibt es immer wieder, in allen Berufen und Lebensaugenblicken.

„Wo zwei oder drei in meinem Namen versammelt sind, da bin ich mitten unter ihnen!"[1] So spricht der Mensch-werdende Gott. Im Namen eines mutigen, selbstbestimmten Menschseins sich zu versammeln, gelingt zumeist aber nur durch ständige Übung. Achtsam gilt es zu lernen, zu erforschen und zu üben, wie wir uns in Seinem Namen, in Seiner Kraft und Seinem Geist versammeln, sodass ER in unsere Mitte treten kann. Die uns innewohnende tiefe, echte Menschlichkeit kann damit, befreit von „Erden-Sklaven-Ketten"[2], neu erscheinen und im Alltag segensreich wirken.

„Wohin Du gehst, wandelt Christus mit Dir!" so spricht ein religiös erfahrener, weiser, kraftvoller Mensch in der erneuerten Weihe, die R. Steiner gab[3], und legt dann seine Hände liebevoll segnend auf das Haupt des/r suchend Übenden: „Fühle stets Seine Gegenwart!" Verpflichtend legt er danach seine Hände zart, nah, innig aufs Herz: „Vollbringe nichts ohne dieses Fühlen!"

Aus Rudolf Steiners vielfältigen Forschungen, erprobt in reichen, tief beglückenden spirituellen Erfahrungen, als Einzelner wie in Gemeinschaften, geläutert und bestärkt in schmerzvollen Herausforderungen, entstand dieses Buch - dem Neuwerden der Kultur aus spirituell-religiöser Kraft möchte es dienen. Aus der religiösen Praxis für die Praxis in allen Lebensbereichen – in der sozialen Arbeit wie im Unterrichten, im Gestalten von Feier-Augenblicken im Leben des Einzelnen (Geburt, Tod...) und in Gemeinschaften, im Wirken als Pfarrer wie als freier, religiös engagierter, mutig werdender Mensch.

Rudolf Steiner fasste zusammen, was Grundlage aller Seelenbildung und Erziehung sein sollte: *"Lebendig werdende Wissenschaft, lebendig werdende Kunst, lebendig werdende Religion - das ist schließlich Erziehung, das ist schließlich Unterricht".*[4]

Manche Musik können wir erst hundert Jahre später richtig erleben und spielen, wie z.b. die großen Passionen von Johann Sebastian Bach, die zu seiner Zeit und weit drüber hinaus verkannt wurden. Die Anregungen Rudolf Steiners, die er aus seinen übersinnlichen Forschungen für einen spirituell-religiösen Aufbruch der Menschheit gab, sind „voll genialer Musik". Sie konnten bisher kaum verstanden und aufgegriffen werden, bergen aber das Potential für eine gute Zukunft der einzelnen Menschen, der Menschheit und des Planeten in sich.

Dankbar schreibe ich aus fünfzig Jahren reicher Arbeit mit den Anregungen, die R. Steiner im Juni 1921 gab. Von 1978-1988 befruchteten sie meine Pfarrer-Tätigkeit innerhalb der aus dem Kurs vom Juni 1921 entstandenen Kirche. Danach wurden sie mir eine Quelle für segensreiche pädagogische, landwirtschaftliche und therapeutische Arbeit sowie für die daraus entstehenden Projekte und für ein allgemeines freies spirituelles Wirken. Überall, wo diese Impulse Eingang fanden, waren Menschen dankbar, und wurde die Arbeit kraftvoll. Begeistert durfte ich immer wieder feststellen: Es sind diese spirituellen Anregungen eine Fundgrube für Menschen, die religiöse Dimensionen in den Alltag von Schulen, Krankenhäusern, Bauernhöfen, Kirchen, sowie in alle Berufe und Krisenherde der Welt einbringen wollen.

Mögen die Anregungen Steiners viele Menschen begeistern, sich immer neu auf- und auszurichten, den nötigen Menschheits-Aufbruch zu wagen, ihn in kleinen Gruppen zu erproben und sich vorzubereiten für die Zeit, da es vielleicht auch im Großen eine neue Chance gibt, drohendes Elend von der Menschheit und der Erde abzuwenden.

Der Kurs im Juni 1921 wurde Studenten und Lehrern der ersten Freien Waldorfschule in Stuttgart gegeben, die bewusst keine älteren Pfarrer dabeihaben wollten. Steiners mitstenografierte Ausführungen sind im Original zu lesen sehr anregend. Daher werde ich hier vor allem diese, teils gekürzt, in Auszügen (immer kursiv) mit kurzen Kommentaren wiedergeben. Sie mögen Geschmack und Mut wecken, den gesamten Kurs (GA 342) und weitere gewissenhaft herausgegebene Kurse des Rudolf Steiner Verlages zu studieren. Mögen die Anregungen aufleben, wann und in welchen Kontexten auch immer etwas davon möglich ist.

„Es gibt vier Sphären menschlicher Tätigkeit, in denen der Mensch sich voll hingibt an den Geist...: die Erkenntnis, die Kunst, die Religion und die liebevolle Hingabe an eine Persönlichkeit... Wer nicht wenigstens in einer dieser vier Sphären lebt, lebt überhaupt nicht. Erkenntnis ist Hingabe an das Universum in Gedanken, Kunst in der Anschauung, Religion im Gemüte, Liebe mit der Summe aller Geisteskräfte an etwas, was uns als ein für uns schätzenswertes Wesen des Weltganzen erscheint. Erkenntnis ist die geistigste, Liebe die schönste Form selbstloser Hingabe."

Aus Rudolf Steiners „Credo"[5] um 1888

„Die Geschichte ist in Wahrheit

die Entwicklung des Menschengeschlechtes zur Freiheit.

Erst fühlt sich der Geist abhängig von Gott,

arbeitet sich zur Freiheit heraus und erkennt sich selbst.

An Gottes-Glauben-Stelle glaub ich an den freien Menschen!"[6]

Rudolf Steiner 1892

Religiöse Grund-Kräfte
in alle Tätigkeiten und Berufe einbeziehen

„Meine lieben Freunde!

Sie haben gewünscht, dass wir uns hier zusammenfinden... und ich darf annehmen, dass Ihr Wunsch hervorgegangen ist aus der Erkenntnis des Ernstes unserer Zeitlage, jenes Ernstes, der ja ganz besonders zutage tritt, wenn man versucht, von religiösen Gesichtspunkten aus in das zivilisatorische Leben unserer Zeit zu wirken. ...

Wenn man sich ...auf den religiösen Standpunkt stellt, so handelt es sich ja darum, dass man die Möglichkeit wiederum findet, die geistigen Welten mit ihren verschiedenen Wirkenskräften den Menschen zugänglich zu machen."[7]

1. Geist-Bewusstsein und Geist-Erkenntnis pflegen

Es bringt den Menschen in seiner Entwicklung voran, wenn er auf die nicht sichtbaren Kräfte sein Augenmerk so bewusst lenkt wie auf die sichtbaren. Dann kann er bemerken, dass und wie etwas Höheres, ein göttlicher Geist, in allem waltet: in der Natur, in der Entwicklung des Kindes, auf seinem eigenen Lebensweg, in der Gemeinschaftsbildung... Pflegt er dies möglichst konkrete Bewusstsein vom wirkenden Geist, so wird er immer aufmerksamer auf die Gegenwart des Göttlichen. Ein Geist-Bewusstsein entsteht, das alles Handeln beeinflusst.

Das Üben eines durchgängigen Bewusstseins vom Wirken des Heiligen Geistes braucht immer neue interessante Nahrung durch Erkenntnisse, braucht Beschreibungen vom Wirken des Nicht-Sinnlichen,... genauso wie der Mensch Beschreibungen von materiellen Zusammenhängen und Kräften nötig hat, um auf seinem Entwicklungsweg sicher voran zu kommen. In Berlin erläuterte Rudolf Steiner dies im letzten Jahr des Ersten Weltkrieges[8]: *„...man sollte sich klar sein darüber, dass Religion in ihrem lebendigen Leben, in ihrem lebendigen Geübtwerden innerhalb der menschlichen Gemeinschaft das Geist-Bewusstsein der Seele entfacht. Soll dieses Geist-Bewusstsein im Menschen lebendig werden, so kann der Mensch nicht bei abstrakten Vorstellungen von Gott oder Christus stehen bleiben, sondern er muss immer erneut in der religiösen Übung, in der religiösen Betätigung, die ja für die verschiedenen Menschen die verschiedensten Formen annehmen kann, darinnen stehen als in etwas, was ihn als ein religiöses Milieu umgibt, was als ein religiöses Milieu zu ihm spricht. Und ist dieses religiöse Milieu tief genug, findet dieses religiöse Milieu die Mittel, die Seele genügend anzuregen, so wird diese Seele schon Sehnsucht empfinden... auch zu jenen Vorstellungen hin, welche in der Geisteswissenschaft entwickelt werden."* Gemeint ist die Wissenschaft von den essentiell wirksamen, jedoch nicht sichtbaren Dingen wie „Seele", „Ich", „Engel, Christus, Geist"...

„Ist in objektiver Beziehung Geisteswissenschaft ganz sicherlich eine Stütze der religiösen Erbauung, so ist in subjektiver Beziehung heute die Zeit gekommen, von der wir sagen müssen, dass ein recht religiös empfindender Mensch gerade durch das religiöse Empfinden hingetrieben wird, auch zu erkennen. Denn im religiösen Empfinden wird das Geist-

Bewusstsein, in der Geisteswissenschaft die Geist-Erkenntnis, so wie in der Naturwissenschaft die Naturerkenntnis, errungen; und das Geist-Bewusstsein führt zu dem Drange, Geist-Erkenntnis sich zu erwerben. Subjektiv kann man sagen, dass gerade ein inniges religiöses Leben den heutigen Menschen zur Geisteswissenschaft treiben kann." Und *„es ist wirklich ein Hinaufheben des Menschen vom Leben durch die Liebe zum Frommsein, zum wirklich religiösen Welterleben, was durchgemacht werden kann an solchen mantrischen Worten"*, die Rudolf Steiner seinen SchülerInnen 1924 anvertraute.[9]

Rudolf Steiner hatte immer wieder Pfarrer gesucht und gefunden, die durch meditative Vertiefung zu tieferen Erfahrungen kamen und das Religiöse zu erneuern bereit und in der Lage waren. Manche wurden seine persönlichen Schüler und er ihr spiritueller Ratgeber - vom Meditieren bis zum Schauen und zur religiösen Handhabung. Theologie-Studenten beriet er in ihren Studien, wie z.B. Getrud Spörri. Als ihn auch der Student Johannes Werner Klein auf Wege zur religiösen Erneuerung ansprach, riet er, dass die Interessierten sich zusammenfinden sollten. Am 22. Mai 1921 erstellten dann einige Studenten eine Anfrage an Steiner. Aus dieser Initiative entstand sein erster grundlegender Kurs für junge Theologen im Juni 1921[10]. Dieser Kurs möge hier neu aufleuchten.

Die Anregungen konnten aus der Tragik der beteiligten Menschen und der Zeitumstände kaum verwirklicht werden. Die damals der Menschheit geschenkten Worte sind auch heute eine helfende Fundgrube für jeden, dem die weitere Entfaltung der Menschen und die Rettung des Planeten Erde am Herzen liegt, gleich in welchen Kontexten er sich bemüht, segensreich mitzuwirken.

In der Zukunft mögen *„aus der Erkenntnis des Ernstes unserer Zeitlage, wenn man versucht, in das zivilisatorische Leben unserer Zeit zu wirken,"* Möglichkeiten sich finden, *„die geistigen Welten mit ihren verschiedenen Wirkenskräften den Menschen zugänglich zu machen."*[11] Für diese Praxis bietet das vorliegende Buch grundlegende Anregungen. Man wird staunen, wie viele Augenblicke sich ergeben, in denen man so wirken kann, wenn man dazu bereit ist – mitten im Gespräch, im Unterricht, am Krankenbett, beim Coaching, an Feiertagen, bei zwanglosen Treffen und immer wenn es Ernst wird, Krieg naht...

2. Von Pflicht und Gehorsam zur Freiheit gelangen

Kaiser, Klöster, Kirchen und Staat verlangten Pflichterfüllung und absoluten Gehorsam gegenüber allen Menschen in Führungspositionen. Schon als Antwort auf die erste Anfrage der Theologie-Studenten entwickelt Rudolf Steiner das Bild einer religiösen Gemeinschaft, die aufgebaut ist auf Selbstverantwortung, Freiheit, Individuation, echte Menschlichkeit... die zur Brüderlichkeit bis ins Wirtschaftliche führt. Später half er, eine Hierarchie im Kreis der Pfarrer zu bilden, die sich einzig auf Achtsamkeit und Liebe gründen sollte. Sie sollte dazu verhelfen, dass die Gemeinschaft im hier angeregten Sinne wirken könne und dazu, eine befreiende Zusammengehörigkeit zu ermöglichen.[12]

Einige Ur-Worte Rudolf Steiners dazu aus diesem Kurs[13]

„Es ist nun die Zeitaufgabe, dass vertraut wird auf die göttliche Harmonie. Und das, meine lieben Freunde, hat man absolut nicht verstanden in meiner <Philosophie der Freiheit>. Aber es ist etwas, was im aller eminentesten Sinne verstanden werden sollte in der Gegenwart. In meiner <Philosophie der Freiheit> baut auch das Rechtsleben auf den völlig aus sich heraus wirkenden individuellen Menschen. Einer der ersten, und zwar der geistvollsten Kritiker, die über meine <Philosophie der Freiheit> geschrieben haben, schrieb einfach, diese ganze Anschauung führe hinein in einen theoretischen Anarchismus.

... weil dem heutigen Menschen jedes wirkliche durchgöttlichte soziale Vertrauen eigentlich fehlt, weil die Menschen das für unsere Zeit Allerwichtigste nicht begreifen können, und das ist das: Wenn man den Menschen wirklich dazu bringt, dass er aus seinem Innersten heraus spricht, dann kommt nicht durch seinen Willen, sondern durch die göttliche Welteinrichtung die Harmonie unter die Menschen.

Die Disharmonie rührt davon her, dass eben die Menschen nicht aus ihrem Inneren heraus sprechen. Man kann die Harmonie nicht erzeugen auf direkte Weise, sondern nur durch diese indirekte Weise, dass man die Menschen wirklich bis zu ihrem Innersten bringt. Dann tut der eine ganz von selber dasjenige, was dem anderen frommt, spricht auch dasjenige, was dem anderen frommt. Die Menschen reden und handeln nur aneinander vorbei, solange sie sich nicht selbst gefunden haben.

Begreift man das als ein Mysterium des Lebens, dann sagt man sich: Ich suche den Quell meines Handelns in mir selber und habe das Vertrauen, dass der Weg, der mich da ins Innere führt, auch in die göttliche Weltordnung im Äußeren mich einschaltet und ich dadurch in Harmonie mit den anderen wirke.

Dadurch wird erstens das Vertrauen in das menschliche Innere gebracht, zweitens aber auch das Vertrauen in die äußere soziale Harmonie. Einen anderen Weg als diesen gibt es nicht, um die Menschen zusammen zu bringen.

Was daher von Ihnen errungen werden muss, wenn Sie durch Ihren Beruf tatsächlich auch sozial wirken wollen, göttlich sozial wirken wollen, geistig sozial wirken wollen, das ist die Möglichkeit, wirklich aus Ihrem Inneren heraus zu wirken, das heißt, dass jeder für sich, weil er sich gefunden hat, die Möglichkeit hat, eine Autorität sein zu dürfen."

Diese innere Haltung gilt für alle Berufe. Diese innere Freiheit und innere Verpflichtung gilt es, sich zu erarbeiten.[14] An vielen Beispielen können wir diese Forderung heute verstehen lernen. Forschung, Therapie, Unterricht mögen so aus dem Innersten ergriffen und gestaltet werden. Zur Verdeutlichung nennt R.Steiner hier seine Erfahrungen mit Priestern:

„Der katholische Prediger macht sich individualitätslos, kreuzt die Stola und ist nicht mehr er selbst, er ist die Kirche. ... der Mensch, der heute auf der Kanzel steht und predigt,.. fühlt sich als Mensch für keines seiner Worte in Wirklichkeit verantwortlich, denn in dem Augenblick, wo er die Stola auf der Brust gekreuzt hat, in dem Augenblick spricht die Kirche. Und seit der Infallibilitätserklärung spricht ex cathedra für alle durch die katholische Kirche zu verkündenden Dinge der römische Papst. Also: ich habe einen Menschen vor mir, der sich im Moment ganz aushöhlt und auch gar nicht daran denkt, irgendwie seine Meinung zu vertreten, der durchaus der Ansicht ist, er könne eine persönliche Meinung haben, die er ganz für sich behält, die gar nicht übereinzustimmen braucht mit dem, was er von der Kanzel herunter spricht, denn eine persönliche Meinung kommt da nicht in Betracht."

In der Gegenwart wird gerade wieder deutlich, wie sehr Organisationen verlangen, dass der einzelne Forscher, Arzt, Lehrer, Pfarrer, Journalist darauf verzichtet, eigene Gedanken in persönlicher Verantwortung öffentlich auszusprechen. Die Macht von Organisationen, in denen der Einzelne sich individualitätslos machen soll, wird derzeit zunehmend sichtbarer.

„Demgegenüber besteht heute die Notwendigkeit, sich wirklich auf den Standpunkt unserer Zeit zu stellen, gar nicht sich als etwas anderes zu fühlen denn als Träger des zum Intellekt gewordenen göttlichen Lebens in sich selber. Sie müssen sich das freie Wort erkämpfen, sodass Ihnen... niemand hereinzureden hat, dass es keine Norm gibt... Das ist dasjenige, was Sie sich erkämpfen müssen."

Eine Freiheit-schaffende Herzenskultur pflegen

Um den Weg von Pflicht und Gehorsam gegenüber Autoritäten und Vorgesetzten zu einem freiheitlichen Gehorsam gegenüber dem Göttlichen in uns und in der Welt gehen zu können, brauchen wir, wie die Reformpädagogen, Templer, Katharer, Widerstandskämpfer in totalitären Systemen eine Kultur unserer Herzen. Dazu gab Steiner das Gebet: *„Mein Herz erfülle sich mit Deinem reinen Leben, oh Christus!"*[15] Und Christi Leben ist so souverän, frei, selbstbewusst, stark im Herzen!

Johanna Gräfin Keyserlingk brachte bereits eine fortgeschrittene spirituelle Begabung in ihr Leben mit und konnte diese als enge Schülerin Rudolf Steiners weiter entwickeln. Sie und ihr Mann stellten ihr Gut Koberwitz in Schlesien für Rudolf Steiners landwirtschaftlichen Kurs und die begleitende Tagung im Sommer 1924 zur Verfügung. In ihrem Tagebuch[16] schildert die Gräfin ein Erlebnis, welches sie nach dem Tod Rudolf Steiners von ihm hatte: *„Es war am Morgen der Kremation Rudolf Steiners (3.4.1925)... da tauchte neben mir die Aura des geliebten Lehrers auf. Aus dieser diktierte er: <Wären die Menschen durch ihre Herzen in die Tiefe gedrungen, sie hätten die Kraft gefunden, den Aufgaben der Zeit zu genügen...>"* Die Herzenskultur wurde von offensichtlich von vielen seiner Schüler unterbunden.

Ebenfalls am Tag der Kremation R.Steiners hatte sein geschätzter langjähriger esoterischer Schüler, Graf Ludwig Polzer-Hoditz, eine nachtodliche Begegnung.[17] Er schreibt die Worte, die er von Steiner vernimmt, unmittelbar danach nieder: *„...Die Geistkultur ist mit meinem Fortgang beendet, jetzt müssen die Menschen in Seelenkultur sich versenken. Die Menschen sind schuld an meinem Fortgang, welche die*

Herzenskultur unterdrückten. Wären sie durch ihre Herzen in die Tiefe gedrungen, sie hätten die Kraft gefunden, der Aufgabe ihrer Zeit zu genügen."

Gerhard von Beckerath, der diese Mitteilungen in seinem Buch „Rudolf Steiners Leidensweg – Sein Schicksal mit der Anthroposophischen Gesellschaft"[18] veröffentlichte, erläutert: *„Die Unterbindung der <Herzenskultur> reichte, um <fortzugehen>, weil sie ihm die geistige Atemluft nahm. Wir Späteren sollten um die Bedeutung der Herzenskultur wissen. Nachdem die Mission R.Steiners nicht verstanden und aufgenommen wurde, konnte die weitläufig angelegte Unterbindung der Herzenskultur nicht mehr eingedämmt, gehalten werden. Sie ergriff in den dreißiger und vierziger Jahren des zwanzigsten Jahrhunderts weite Teile der zivilisierten Menschheit mit den bekannten furchtbaren Folgen."*

Eine Zukunftshoffnung liegt aber in den Tiefen des einzelnen Menschen: Es möge sich eine freie und freilassende Herzenskultur weiter entwickeln und die Kraft in die Welt tragen, die *„den Menschen wirklich dazu bringt, dass er aus seinem Innersten heraus spricht. Dann kommt nicht durch seinen Willen, sondern durch die göttliche Welteinrichtung die Harmonie unter die Menschen."[19]*

So möge der Weg von einer Pflichterfüllung der Pläne anderer, von einem bedingungslosen, blinden, vorauseilenden, herzlosen Gehorsam gegenüber Oberen sich wandeln zu einem Leben in menschenwürdiger, verantwortungsvoller Freiheit von brüderlich zusammen gestaltenden Menschen, die den Menschen in seiner Bestimmung zur Freiheit aufleuchten lässt, wie er geschaffen und wozu er veranlagt ist. *„Dadurch wird erstens das Vertrauen in das menschliche Innere gebracht, zweitens aber auch das Vertrauen in die äußere soziale Harmonie. Einen anderen Weg als diesen gibt es nicht, um die Menschen zusammenzubringen."[20]*

Ergänzend können die Worte Rudolf Steiners aus seinem Vortrag über das Wirken der Engel diese Gesinnung unterstützen[21]: *„Alle freie Religiosität, die sich in der Zukunft innerhalb der Menschheit entwickeln wird, muss darauf beruhen, dass in jedem Menschen das Ebenbild der Gottheit wirklich in unmittelbarer Lebenspraxis, nicht bloß in der Theorie, anerkannt werde. Dann wird es keinen Religionszwang geben können, dann wird es keinen Religionszwang zu geben brauchen, denn dann wird* *die Begegnung jedes Menschen mit jedem Menschen von vornherein eine religiöse Handlung, ein Sakrament sein, und niemand wird eine besondere Kirche, die äußere Einrichtungen auf dem physischen Plan hat, nötig haben, das religiöse Leben aufrecht zu erhalten. Die Kirche kann, wenn sie sich richtig versteht, nur die eine Absicht haben, sich unnötig zu machen..., indem das ganze Leben zum Ausdruck des Übersinnlichen gemacht wird."*

So gilt es für die Zukunft, in aktivem Willen, in unmittelbarer Lebenspraxis wirklich in jedem Menschen einen Teil der vielfältigen Gottheit zu suchen, zu finden und mit ihr frei zusammen zu wirken. Jede Krise zwischen Menschen birgt die Chance, tiefer nach dem Göttlichen im Mitmenschen zu suchen und als „Kain-und-Abel-Nachkommen"[22] einen gemeinsamen Weg zu beschreiten, statt einander erneut auszuschließen und umzubringen. Dazu kann man sich nur in völliger Freiheit selber entscheiden.

Aber: *„Kein Knecht kann zwei Herren dienen!"*[23] Es gibt Menschen, die suchen das freie Zusammenwirken sehr unterschiedlicher Menschen und schaffen es, aus ihrem ICH auch freie Bruderschaft zu bilden. Sie wollen Christus dienen. Doch es gibt auch solche Menschen, die sich nicht dem Weg des ICH, der Freiheit und der Liebe öffnen wollen bzw. können, sondern Macht über andere Menschen ausüben, blinden Gehorsam verlangen, und wenn dem nicht Folge geleistet wird, diese anderen ausschließen, verfolgen und töten. Sie dienen jenen „Herren", die das Evangelium bezeichnet als Herrn der Welt, Mammon, Antichrist, Satan, das Tier, Sorat...

1913 wurde beim Jugendtag in diesem Geist die „Meißner-Formel" gefunden, während gleichzeitig in Leipzig die Hundert-Jahr-Feier des Kaiserreichs[24] zur Völkerschlacht stattfand: *„Die Freideutsche Jugend will nach eigener Bestimmung, vor eigener Verantwortung, in innerer Wahrhaftigkeit ihr Leben gestalten. Für diese innere Freiheit tritt sie unter allen Umständen geschlossen ein. Zur gegenseitigen Verständigung werden Freideutsche Jugendtage abgehalten."* Eine solche Kultur konnte im kurz darauf ausbrechenden Krieg, in der Zwischenkriegszeit und in der Nachkriegszeit kaum entfaltet werden.

3. Aus einer Philosophie der Freiheit heraus wirken

Die tiefen neuen Kräfte, aus denen Steiners pädagogischer Impuls, sein Ringen um Mitgestaltung der neuen Staatsform nach dem Weltkrieg 1918/19, sein Rat für einen religiösen Aufbruch... entstanden, suchen ein Handeln des Menschen aus innerer Freiheit. Das wahre Christentum kämpft seit seiner Begründung um eine Befreiung der Menschen von allen „Sklavenketten", von überholter Tradition und veräußerlichtem Leben, gegen Cäsaren, Hochpriester und Schriftgelehrte sowie deren Diener. An solchem Ringen Rudolf Steiners durften die Teilnehmer des Kurses teilhaben. Steiner beschreibt schon am 27.10.1918 rückblickend seinen Zuhörern[26]:

„Ich schrieb (vor 25 Jahren) diese <Philosophie der Freiheit>[27], um auf der einen Seite die Idee der Freiheit, den Impuls der Freiheit, der im wesentlichen der Impuls..." unserer Zeit... *„sein muss... rein vor die Menschheit hinzustellen. Dazu war ein Doppeltes notwendig. Erstens war notwendig, den Impuls der Freiheit stark zu verankern in dem, was man wissenschaftliche Begründung einer solchen Sache nennen kann. Daher ist der erste Teil meiner <Philosophie der Freiheit> derjenige, welchen ich überschrieben habe <Wissenschaft der Freiheit>.*

Selbstverständlich war dieser Teil «Wissenschaft der Freiheit» für viele etwas Abstoßendes, etwas Unbequemes, denn nun sollte man sich zu dem Impuls der Freiheit hin bequemen in der Art, dass man ihn solide verankert fühlen soll in streng wissenschaftlichen Betrachtungen, die allerdings auf der Freiheit des Gedankens fußten, die nicht verankert waren in demjenigen, was oftmals heute als naturwissenschaftlicher Monismus sich geltend macht. Es hat vielleicht dieser Abschnitt <Wissenschaft der Freiheit> einen kampfartigen Charakter. Der ist zu erklären aus der ganzen Geistesstimmung der damaligen Zeit heraus. Auseinanderzusetzen hatte ich mich mit der Philosophie des 19. Jahrhunderts, mit dem, was die Philosophie des 19. Jahrhunderts über die Welt gedacht hatte.

Denn ich wollte den Freiheitsbegriff als Weltbegriff entwickeln, wollte zeigen, dass nur derjenige die Freiheit verstehen kann und sie auch nur in der richtigen Weise erfühlen kann, der einen Sinn dafür hat, dass im menschlichen Inneren sich nicht etwas abspielt, was nur irdisch ist, sondern dass der große kosmische Weltprozess hindurch flutet durch das menschliche Innere und aufgefasst werden kann im menschlichen Inneren. Und nur, wenn dieser große kosmische Weltprozess im menschlichen Inneren aufgefangen wird, wenn er im menschlichen Inneren durchlebt wird, dann ist es möglich, durch eine Erfassung des menschlichen Innersten als etwas Kosmischem, zu einer Philosophie der Freiheit zu kommen.

Zu einer Philosophie der Freiheit kann derjenige nicht kommen, welcher nach der Anleitung der modernen naturwissenschaftlichen Erziehung sein Denken bloß am Gängelband der äußeren Sinnenfälligkeit hinführen will. Das ist gerade das Tragische in unserer Zeit, dass die Menschen überall auf unseren Hochschulen dazu erzogen werden, ihr Denken am Gängelband der äußeren Sinnlichkeit zu führen. Dadurch sind wir in ein Zeitalter hineingeraten, welches mehr oder weniger hilflos ist in allen ethischen, sozialen und politischen Fragen. Denn nimmermehr wird dasjenige Denken, das sich nur am Gängelband der äußeren Sinnlichkeit führen läßt, in der Lage sein, sich innerlich so zu befreien, dass es zu den Intuitionen aufsteigt, zu denen es aufsteigen muss, wenn dieses Denken sich betätigen will innerhalb der Sphäre des menschlichen Handelns. Daher ist der Impuls der Freiheit geradezu ausgeschaltet worden durch dieses am Gängelband geführte Denken.

Das war das erste, was natürlich den Zeitgenossen unbequem war an meiner <Philosophie der Freiheit>, dass sie sich hätten bequemen müssen, nun wirklich zunächst sich durchzuringen in einem sich selbst in Zucht nehmenden Denken zu einer Wissenschaft von der Freiheit.

Der zweite größere Abschnitt handelt dann von der Wirklichkeit der Freiheit. Da kam es mir darauf an zu zeigen, wie die Freiheit im äußeren Leben sich ausgestalten muss, wie die Freiheit wirklicher Impuls des menschlichen Handelns, des sozialen Lebens werden kann. Da handelte es sich mir darum zu zeigen, wie der Mensch aufsteigen kann dazu, sich in seinem Handeln wirklich als freier Geist zu fühlen. Und diejenigen Dinge, die ich dazumal schrieb, sie sind, wie ich meine, etwas, was gerade heute, fünfundzwanzig Jahre hinterher, sehr wohl von den Seelen aufgefasst werden könnte...

Das, was ich niedergeschrieben hatte, war zunächst ein ethischer Individualismus. Das heißt, ich hatte zu zeigen, dass der Mensch nimmermehr frei werden könne, wenn nicht sein Handeln entspringe aus jenen Ideen, die in den Intuitionen der einzelnen menschlichen Individualität wurzeln. Sodass dieser ethische Individualismus als letztes ethisches Entwicklungsziel des Menschen nur anerkannte den sogenannten freien Geist, der sich heraus arbeitet sowohl aus dem Zwang der Naturgesetze wie auch aus dem Zwang von allen konventionellen sogenannten Sittengesetzen, der auf dem Vertrauen fußt, dass der Mensch im Zeitalter, in dem das Böse so anrückt in seinen Neigungen, wie ich das gestern charakterisiert habe, in der Lage ist, wenn er sich zu Intuitionen erhebt, umzuwandeln die bösen Neigungen in dasjenige, was gerade... das Gute, das wirklich Menschenwürdige werden soll. So schrieb ich dazumal:

<Erst die hierdurch gewonnenen Gesetze verhalten sich zum menschlichen Handeln so wie die Naturgesetze zu einer besonderen Erscheinung. Sie sind aber durchaus nicht identisch mit den Antrieben, die wir unserem Handeln zugrunde legen. Will man erfassen, wodurch eine Handlung des Menschen dessen sittlichem Wollen entspringt, so muss man zunächst auf das Verhältnis dieses Wollens zu der Handlung sehen.>

In mir entsprang eine Idee des freien menschlichen Zusammenlebens, wie ich es Ihnen von einem anderen Gesichtspunkte aus gerade in diesen Tagen hier charakterisiert habe, des freien menschlichen Zusammenlebens, wo nicht nur der einzelne für sich auf seine Freiheit pocht, sondern wo durch das gegenseitige Verständnis der Menschen im sozialen Leben die Freiheit als Impuls dieses Lebens auch realisiert werden könnte. So schrieb ich dazumal rückhaltlos:

«Leben in der Liebe zum eigenen Handeln und Leben lassen im Verständnis des fremden Wollens ist die Grundmaxime der freien Menschen. Sie kennen kein anderes Sollen als dasjenige, mit dem sich ihr Wollen in intuitiven Einklang versetzt; wie sie in einem besonderen Falle wollen werden, das wird ihnen ihr Ideenvermögen sagen.»[28]

... Trotzdem sich nun einzelne Menschen fanden, die gespürt haben, welcher Wind eigentlich durch die «Philosophie der Freiheit» weht, ist es außerordentlich schwierig gewesen und eigentlich gar nicht gegangen,

irgendwie die Zeitgenossen für das gestimmt zu finden, was in der
<Philosophie der Freiheit> geschrieben war...

Dann hatte ich ja, nachdem die <Philosophie der Freiheit> geschrieben
war, zunächst zu studieren, wie sich da oder dort das weiter entwickelte.
Ich meine nicht die Ideen der «Philosophie der Freiheit», denn ich wusste
sehr gut, dass in der ersten Zeit sehr wenige Exemplare des Buches
verkauft worden sind, sondern ich meine diejenigen Impulse, aus denen
heraus gegriffen waren die Ideen der <Philosophie der Freiheit>. Ich hatte
das zunächst noch eine Anzahl von Jahren von Weimar aus zu studieren,
was aber einen guten Gesichtspunkt schon abgab.

Ein Publikum, auf das vielleicht viele als auf ein bängliches zurückschauen,
ein Publikum fand ja die <Philosophie der Freiheit> Sie war erst kurze Zeit
erschienen, da fand sich gewissermaßen eine Art von bis zu einer gewissen
Grenze gehender Zustimmung zur <Philosophie der Freiheit> innerhalb
derjenigen Kreise, welche am besten vielleicht charakterisiert sind durch
die beiden Namen des Amerikaners Benjamin Tucker und des schottischen
Deutschen oder deutschen Schotten John Henry Mackay."[29] (Sie nannten
sich „individualistische Anarchisten".)

„Es war dies in dem nun immer mehr und mehr hereinbrechenden
Philistertum selbstverständlich nicht gerade ein Empfehlungsschein, weil
diese Leute zu den radikalsten Erstrebern einer auf freie Geistigkeit
aufgebauten sozialen Ordnung gehörten, und weil man, wenn man
gewissermaßen protegiert wurde von diesen Leuten, wie es ja eine
Zeitlang der <Philosophie der Freiheit> geschah, sich dadurch höchstens
das Anrecht erwarb, dass nicht nur die <Philosophie der Freiheit>, sondern
auch andere meiner später erscheinenden Schriften zum Beispiel nach
Russland von der Zensur nie durchgelassen worden sind. Das <Magazin
für Literatur>, das ich später, nach Jahren herausgegeben habe, ist aus
diesem Grunde auf seinen meisten Spalten schwarz angestrichen nach
Russland gewandert, und so weiter. Nur war diese Bewegung, um die es
sich da handelte und die man durch Namen wie Benjamin Tucker und John
Henry Mackay charakterisieren kann allmählich, ich möchte sagen,
versandet in dem heraufkommenden Philistertum des Zeitalters.

Und im Grunde genommen war auch die Zeit dem Verständnisse der
<Philosophie der Freiheit> nicht besonders günstig. Ich konnte ruhig diese

<Philosophie der Freiheit> vorläufig liegen lassen. Jetzt scheint mir aber allerdings die Zeit gekommen zu sein, wo diese <Philosophie der Freiheit> wenigstens wieder da sein muss, wo von den verschiedensten Seiten doch vielleicht die Seelen kommen werden, die Fragen stellen, welche in der Richtung dieser <Philosophie der Freiheit> liegen…"

Rudolf Steiner veröffentlichte im <Magazin für Literatur> 1898 einen offenen Brief an John Henry Mackay, in dem er bestätigte, dass … seine <Philosophie der Freiheit>, nach seiner eigenen Aussage die philosophische <Grundlegung der Anthroposophie>, ein Werk des <individualistischen Anarchismus> sei:

[30]*„Lieber Herr Mackay! Vor vier Jahren, nach dem Erscheinen meiner ›Philosophie der Freiheit‹, haben Sie mir Ihre Zustimmung zu meiner Ideenrichtung ausgesprochen. Ich gestehe offen, dass mir dies innige Freude gemacht hat… Ich habe es bisher immer vermieden, selbst das Wort ›individualistischer‹ oder ›theoretischer Anarchismus‹ auf meine Weltanschauung anzuwenden. Denn ich halte sehr wenig von solchen Bezeichnungen.*

Wenn man in seinen Schriften klar und positiv seine Ansichten ausspricht: wozu ist es dann noch nötig, diese Ansichten mit einem gangbaren Worte zu bezeichnen? Mit einem solchen Worte verbindet jedermann doch ganz bestimmte traditionelle Vorstellungen, die dasjenige nur ungenau wiedergeben, was die einzelne Persönlichkeit zu sagen hat. Ich spreche meine Gedanken aus; ich bezeichne meine Ziele. Ich selbst habe kein Bedürfnis, meine Denkungsart mit einem gebräuchlichen Worte zu benennen… Wenn ich aber in dem Sinne, in dem solche Dinge entschieden werden können, sagen sollte, ob das Wort ›individualistischer Anarchist‹ auf mich anwendbar ist, so müsste ich mit einem bedingungslosen ›Ja‹ antworten…"

Für einen spirituellen Aufbruch der Menschheit in lebendigem religiösem Leben braucht es heute wahrlich neue Wege, zu denen diese Freiheitsphilosophie verhilft. Rudolf Steiner verwies Lehrer, Ärzte, Landwirte, Priester, Therapeuten immer wieder auf seine grundlegenden Forschungen über die Freiheit, die seither durch vielfältige Erkenntnisse bestätigt werden.[31]

4. „Ganz Ich werden" ist „Aus Christus in mir leben"

„Wir müssen uns die Frage aufwerfen: Das Ich auf der einen Seite steht da als der Gipfelpunkt des individuellen Lebens, Christus steht da als diejenige Kraft und Wesenheit, die nicht nur den Christen gemeinschaftlich ist bis ins Innerste des Ich hinein, sondern von der der Anspruch erhoben werden muss, dass er allen Menschen gemeinsam werden kann. Und wir müssen die Möglichkeit finden, von dem ganz individuellen Ich, das gewissermaßen glauben möchte... bis zu der Gemeinsamkeit des Christus hin die Brücke zu finden."[32]

Wir haben die Aufgabe, so miteinander umzugehen, dass der feurige Christus in und durch uns immer klarer und stärker leben, schaffen und erlösen kann. Das Gebet, das R. Steiner für die Weihnachtszeit niederschrieb[33] macht uns Mut, die Scheinheiligkeiten zu sehen und uns von allem zu lösen, was nicht die Würde des *„Christus in uns!",* des „ICH BIN" atmet:

„Christus, des väterlichen Weltengrundes offenbarender Schöpfergeist,
hat den Erdenleib erkoren, in dem er wohnen mag,
zu lösen den Menschen von trügendem Scheinlicht,
zu lösen den Menschen von würdeloser Sinnensucht
in allen künftigen Zeitenkreisen."

So gilt es, mutig das trügende Scheinlicht zu sehen, das oftmals gerade in idealistischen Organisationen hochgehalten wird und sich davon erlösen zu lassen. Auch gegenüber den oft angeblich so „feierlichen" Handlungen im Sinnenfälligen, die das freie, unbequeme Wort, das authentisch gestaltende ICH, die vollmenschliche Liebe, die Brüderlichkeit bis ins Finanzielle... nicht wirklich wollen, mögen wir uns frei fühlen. Wir dürfen wirken in jener Würde, die Christus uns so natürlich und befreiend schenkt. Und Liebe sei in allem: Ohne *Liebe wird alles Menschensein öde und leer!*[34] Frei und königlich mögen wir leben. Christus hat „uns zu einem Königtum von Priestern für seinen Gott und Vater gemacht."[35] *„Halte, was du hast, dass niemand Deine Krone nehme!"*[36] spricht Christus. Der Erzengel Michael steht uns bei, wie Steiner es im Gebet für die Herbstzeit formuliert:

„Die Gewalten, die den Menschengeist in Erdensklavenketten fes-
seln wollen, tritt er unter seine Füße, die der Erdenschwere ledig

25

sind. Und aus Menschenherzen holet er die freie Kraft, die Irdisches in Himmelshöhen läuternd und geistempfangend tragen kann. Aus seinem Schein erstrahlet Ernst. Ernst, der vor Christi Milde das Menschenherz dem Licht bereitet.[37] Und das Gebet fährt fort:

„Wer ihn schaute noch vor Jahren erblickt' die strenge Hand, drohend nach des Drachen Kraft gestreckt. Wer ihn heute schaut wird gewahr, wie die Strenge gegen Feindgewalt er für Augenblicke wandelt und seine Hand zum Wink gestaltet, dem Menschen deutend: Folge mir! Ich führe dich zum höher'n Ahnen der Lebens-Todestat auf Golgatha, die fortwährend im Erdenmenschen in Zukunftszeiten schaffend dem Leben Licht bringen soll. Dass im Erdenlichte nicht erlösche das Himmelslicht, das leuchten sollte wie vom Anbeginn, so jetzt und in allen Zeitenkreisen."

So lasse ich mich vom Erzengel Michael zum Wesen Christi führen und zum höheren Ahnen seiner Lebens-Todes-Tat auf Golgatha. Sie möge in mir fortwirken und dem Leben Licht bringen. In Zukunftszeiten möge ich auch mit Christus über allen trügenden Schein und alle äußerliche Machtentfaltung siegen – und sei es auch nur als Märtyrer. R.Steiner sprach und schrieb vor dem genannten Kurs bereits vielfach über das Christus-Wesen:

«**Nicht ich, sondern der Christus in mir**» ist ein oft zitiertes Wort des Paulus. Im griechischen Original und in der Übersetzung Martin Luthers lautet es: „ζῶ δὲ, οὐκέτι ἐγώ, ζῇ δὲ ἐν ἐμοὶ Χριστός." „Ich lebe, doch nun nicht ich, sondern Christus lebt in mir." (Gal 2,20)

Wir können auch sagen: *„Ich lebe, aber nicht mehr das Ego, sondern es lebt in mir der Christus".* Der Sonnenheld, der Sohn alles Göttlichen, der Gesalbte, der Christus selbst lebt individualisiert als das wirklich tiefe Ich, als der Kern des ICH im Menschen-Ich. Sein Name lebt in mir. Nur ich selber kann zu mir ICH sagen. *„<Ich bin der Ich-bin!> Es gibt keine Möglichkeit, woanders den Namen zu finden des Sonnengeistes als in dem Menschen. Das, was als Ich im Menschen lebt, das ist das Christus-Wesen."*[38]

„Solche Leute, die da gerade dasjenige verurteilen, was Geisteswissenschaft über den Christus und über das Mysterium von Golgatha zu sagen hat, die lehnen sich wenig an das schöne Paulinische Wort an: Nicht ich, sondern der Christus in mir. Geisteswissenschaft ist

sich klar darüber, dass der Christus aus übersinnlichen Höhen hineingezogen ist in diese Erdenentwicklung und dass er mit dieser Erdenentwicklung so verbunden ist, dass der heutige Mensch nicht aus passivem Hoffen heraus in den kommenden Tag hineinleben kann, sondern dass er in seinem eigenen Innern die Kraft als Mensch entwickeln muss, die diesen kommenden Tag herbeiführen wird.

Weil aber die Kraft des Christus durch das Mysterium von Golgatha in die Menschheitsentwicklung eingezogen ist, so wird derjenige, der sich mit dieser Christuskraft verbindet, in dem Christus nicht bloß haben den <Erlöser des sündigen Menschen>, der passiv rechnet auf seinen Erlöser, sondern er wird in sich haben den Helfer bei dem Herbeiführen des kommenden Tages. Er wird in Wahrheit sagen: Nicht ich, sondern der Christus in mir -, aber der Christus nicht bloß als Sündenerlöser, sondern der Christus als Anfeurer und Auferwecker all der Kräfte, die in der Folgezeit als Kräfte des Menschheitsfortschrittes werden hervortreten können.

Und diejenigen, die da glauben, sich aus Bekenntnissen heraus gegen so etwas auflehnen zu müssen, die missverstehen vielleicht die allerernstesten Forderungen des kommenden Tages, denn sie verstehen nichts vom wirklichen Sinn dieses Paulinischen Wortes. <Der Christus in mir> ist nicht bloß etwas passiv Geglaubtes, sondern eine aktive Kraft, die mich als Mensch vorwärtsbringt. <Nicht ich, sondern der Christus in mir>, so sagt die Geisteswissenschaft. Die andern aber, die diese Geisteswissenschaft bekämpfen, die sagen gar nicht <Nicht ich, sondern der Christus in mir>. Sie sagen: <Nicht ich, sondern die alten Meinungen, die ich haben will über den Christus in mir.> Nicht sagen sie: <Der Christus in mir,> sondern: <meine altgewohnten Meinungen in mir; meine altgewohnten Vorstellungen über den Christus in mir.> Das richtige Verständnis des Paulinischen Wortes, das ist es, was eine ernsteste Forderung gerade auch des christlichen Fortschrittes erfüllen wird."39

Steiner macht aufmerksam: Was wir im Sinne dieses Paulus-Wortes tun, wird nach unserem Tod durch den Christus zum fruchtbaren Gemeingut der ganzen Menschheit und trägt bei zur realen schöpferischen Erneuerung der ganzen Welt: *„Aber noch etwas anderes kann Wirklichkeit werden, Wirklichkeit werden in einer menschlich ungeheuer bedeutungsvollen Art, von dem, was diese Menschenseele, die sich* *durchchristet fühlt, sich in diesem Leben sagen kann: das paulinische Wort <Nicht ich, sondern der Christus in mir>. Weiß man es so zu denken, dass es innere Wahrheit ist, dieses Wort <Nicht ich, sondern der Christus in mir>, dann verwirklicht es sich nach dem Tode in einer gewaltigen, in einer bedeutsamen Weise.*

Denn was wir unter diesem Lebensgesichtspunkte in der Welt aufnehmen, das wird so unser Eigentum, das wird so unsere innere Natur zwischen dem Tode und einer neuen Geburt, dass wir durch das, was so unsere innere Natur geworden ist, es als Frucht der ganzen Menschheit zuerteilen dürfen. Was wir so aufnehmen, dass wir es aufnehmen unter dem Gesichtspunkte <Nicht ich>, das macht der Christus zum Gemeingut der ganzen Menschheit. Was ich aufnehme unter dem Gesichtspunkte <Nicht ich>, von dem darf ich nach dem Tode sagen und fühlen: <Nicht mir allein, sondern allen meinen Menschenbrüdern!> Und dann allein darf ich das Wort aussprechen: <Ja, ich habe ihn geliebt über alles, auch über mich selbst>, deshalb habe ich gehorcht dem Gebote: <Liebe deinen Gott über alles.> <Nicht ich, sondern der Christus in mir.>

Und ich habe es erfüllt, das andere Gebot: <Liebe deinen Nächsten als dich selbst.> Denn dasjenige, was ich mir selbst erworben habe, das wird dadurch, dass es der Christus in die Realität trägt, Gemeingut der ganzen Erdenmenschheit."[40]

„Konstruieren wir uns einmal diese Empfindung des Paulus. Ringsherum der Leichnam dessen, was einstmals die Menschen geschaut hatten in alten Zeiten. Die Menschen haben die Natur geschaut als den Leib des Göttlichen, Seelisch-Geistigen. Wie wir heute unsere Finger sehen, so sahen diese Menschen Berge. Es fiel ihnen gar nicht ein, die Berge als leblose Natur zu denken, so wenig, wie wir den Finger als lebloses Glied denken; sondern sie sagten: Da ist ein Geistig-Seelisches, das ist die Erde; die hat Glieder, und ein solches Glied ist der Berg. - Aber die Natur wurde tot. Der Mensch erlebte das <Ich bin> im Innern.

Aber er würde nur dastehen als der Eremit auf der entgeisteten, entseelten Erde, wenn er nicht hinblicken könnte zu dem Christus. Diesen Christus aber, er darf ihn nicht bloß von außen anschauen, sodass er äußerlich bleibt, er muss ihn nun in das Ich aufnehmen. Er muss sagen können, indem er sich hinweghebt aus dem alltäglichen <Ich bin>: Nicht ich, sondern der Christus in mir. - Wenn wir schematisch darstellen, was da war, so könnten wir sagen: Der Mensch empfand dereinst um sich *herum die Natur, aber diese Natur überall durchseelt und durchgeistigt. Das war in einer älteren Periode der Menschheit.*

In späteren Zeiten empfand der Mensch auch die Natur, aber er empfand die Möglichkeit, gegenüber der nun entseelten Natur das eigene <Ich bin> wahrzunehmen. Da aber brauchte er dafür das Bild des im Menschen vorhandenen Gottes, und er empfand das in dem Gotte Dionysos, der ihm vorgeführt wurde im griechischen Drama.

In noch späterer Zeit empfand der Mensch wiederum die entseelte Natur, in sich das <Ich bin>. Das Drama aber wird zur Tatsache. Auf Golgatha erhebt sich das Kreuz. Aber zu gleicher Zeit geht das, was der Mensch ursprünglich verloren hatte, ihm in seinem eigenen Innern auf und strahlt aus dem eigenen Innern aus: <Nicht ich, sondern der Christus in mir.>

Wie hat der Mensch der alten Zeiten gesagt? Er hat es nicht sagen können, aber er erlebte es: <Nicht ich, sondern das Göttlich-Geistige um mich, in mir, überall>. Der Mensch hat dieses <Göttlich-Geistiges überall, um mich, in mir> verloren; er hat es in sich wiedergefunden und im bewussten Sinne sagt er jetzt dasselbe, was er ursprünglich unbewusst erlebt hat: Nicht ich, sondern der Christus in mir. Diese Ur-Tatsache, die unbewusst erlebt worden ist in der Zeit, bevor der Mensch sein Ich erlebte, die wird zur bewussten Tatsache, zum Erlebnis des Christus im menschlichen Inneren, im menschlichen Herzen..."[41]

"Das ist der große Unterschied beim Christentum gegenüber den alten Götterlehren. Wenn der Mensch den Christus finden will, dann muss er ihn in Freiheit finden. Er muss sich frei zu dem Mysterium von Golgatha bekennen. Der Inhalt der Kosmogonien drängte sich dem Menschen auf. Das Mysterium von Golgatha drängt sich dem Menschen nicht auf. Er muss in einer gewissen Auferstehung seines Wesens in Freiheit an das Mysterium von Golgatha herankommen."[42] Dann wird er fähig, sich von Christus heute in diese Welt senden zu lassen, wie ER damals seine Jünger aussandte. Und mit den realen Folgen solcher Sendung kommt der Mensch zurecht, wenn sein Blick auf den Märtyrer-Tod Christi sowie all jener aufrecht sterbenden Zeugen des freien Menschen gerichtet ist, den er als siegreich für die Entwicklung der Menschheit und für sich selbst anerkennt. So gelingt es, mit IHM in Freiheit zu leben, zu leiden, zu sterben und aufzuerstehen.

„Eine freie Wahrheit soll der Christus für die Menschenseele sein."[43] So auch mögen wir frei die Wahrheit bekennend in der Welt stehen. An uns können die Menschenseelen sich dann für oder gegen Christus entscheiden. Einige nehmen uns dankbar an. Andere werden wütend, wie früher manche einflussreichen, scheinbar so korrekt lebenden Amtsinhaber in Kirche und Staat. (Hohepriester, Gelehrte der Schriften, Kaiser, Fürsten, Kaufleute...) Christus bringt niemanden um! Er nimmt den Tod als Unschuldiger auf sich und erlöst damit die Menschen.

"Und indem so dieses Himmlische, die Intellektualität und die Freiheit, in das irdische Leben eingezogen ist, ist für die Menschheit ein anderes Aufblicken zur Göttlichkeit notwendig geworden, als das früher der Fall war. Und dieses andere Aufblicken zur Göttlichkeit ist für die Menschheit möglich geworden durch das Mysterium von Golgatha. Indem der Christus eingezogen ist in das irdische Leben, kann er dasjenige heiligen, was aus übersinnlichen Welten eingezogen ist und was sonst den Menschen zur Hoffart und zu allem Möglichen verführen würde. In einer Zeit leben wir, wo wir einsehen müssen: Von dem Christus-Impuls muss durchdrungen werden dasjenige, was unser Heiligstes in diesem Zeitalter ist: die Fähigkeit, reine Begriffe zu fassen, und die Fähigkeit der Freiheit."[44]

Wie wir aus Christi Kraft bis ins Einzelne wirken können, zeigt Steiner z.B. in den Kursen zur Waldorfpädagogik, zur anthroposophischen Medizin, zur biologisch-dynamischen Landwirtschaft, zur Bewegung und zum Schauspiel. In dem hier dargestellten Kurs beschränkt sich R. Steiner auf die grundlegenden religiösen Dimensionen und inneren Übungen.

So möge ER uns heiligen, auf dass auch wir „unser Kreuz"[45] auf uns nehmen können und auch wir, wenn es nötig ist, aufrecht unschuldig zu leiden und zu sterben fähig werden und dann mit IHM auferstehen. Alles, was wir Gutes im Leben taten, wird durch göttliches Tun zu einem Baustein der neuen Welt. Die bildet sich und senkt sich einst nach dem Untergang dieser Welt aus dem Himmel hernieder.[46] Ein Aufbruch in neue Zeiten spiritueller Religionsausübung im Alltag bringt die dringend nötige Kraft!

5. Richtung finden:
Was würde der Gottessohn dazu sagen?

Jene Theologie-Studenten, die 1921 Rudolf Steiner um Rat fragten und später die Bewegung für religiöse Erneuerung begründeten, hatten die eben erst erschienene Ausgabe jenes Berliner Kurses gelesen und wollten auf seinem Boden tätig werden, den Dr. Steiner im dritten Kriegsjahr über „Bausteine zur Erkenntnis des Mysteriums von Golgatha"[47] gehalten hatte. Er wurde zur Grundlage ihrer Anfrage an Rudolf Steiner.

Im Herbst 1922 wurde in dieser Gruppe eine neue Form der Priesterweihe[48] gehalten. Eine Handauflegung auf Haupt und Herz bildete den Mittelpunkt. Dem Einzelnen wurde dazu gesagt:

„Wohin Du gehst, wandelt Christus mit Dir!
Fühle stets seine Gegenwart!
Vollbringe nichts ohne dieses Fühlen!"

In jedem religiös vertieften Tun, gleich in welchen Zusammenhängen, wird deutlich, wie weit es gelingt, dies konkret zu leben. Im oben genannten Kurs gibt es eine Hilfestellung[49]:

„...in jedem von uns liegt der Teil des Menschen, der nicht von dieser Welt ist. Und der Teil des Menschen, der nicht von dieser Welt ist, der muss in intensiver Weise gerade suchen das Reich, von dem der Christus gesagt hat, es sei nicht von dieser Welt." Dieser Teil des Menschen gerät sehr schnell in Widerspruch zu allen kleinen und großen Mächtigen dieser Welt! Dennoch gibt es letztlich keinen anderen Weg, mit Christus in sich eins zu werden, denn ER riskiert immer Ansehen, Amt, bequemes Leben...

„In der Zeit, in der dies verstanden werden muss, leben wir. Und manche solcher Dinge in der Menschheitsentwickelung künden sich gerade an durch den tiefsten Kontrast. Und auch in unserer Zeit kündigt sich ein Großes, Bedeutsames durch den Kontrast an. Denn die Zeit wird kommen mit dem kommenden Christus, mit dem da-seienden Christus, wo die Menschen lernen werden, nicht nur für ihre Seelen, sondern für das, was sie begründen wollen durch ihr unsterbliches Teil hier auf Erden, den Christus zu befragen. Der Christus ist nicht nur ein Menschen-Herrscher,

er ist ein Menschen-Bruder, der befragt werden will, besonders in den kommenden Zeiten befragt werden will für alle Einzelheiten des Lebens.

Was die Menschen begründen wollen, durch den Kontrast wird es begründet heute. Heute scheinen sich Ereignisse zu vollziehen, bei denen die Menschen am allerfernsten zu stehen scheinen der Frage an den Christus. Wer fragt bei demjenigen – so müssen wir uns fragen -, was heute geschieht: Was sagt der Christus Jesus dazu? Wer fragt es? Manche sagen, dass sie es fragen, aber es wäre gotteslästerlich, zu glauben, dass sie es fragen, dass in der Form, wie sie heute gestellt werden, die Fragen wirklich an den Christus gestellt werden."

Den Kontrast sehen

„Und dennoch, die Zeit muss kommen, sie darf nicht ferne sein, wo die Menschenseele in ihrem unsterblichen Teil für dasjenige, was sie begründen will, die Frage an den Christus stellt: Soll es geschehen, soll es nicht geschehen? - wo die Menschenseele den Christus als sie liebenden Genossen im Einzelfalle des Lebens neben sich sieht und nicht nur Trost, nicht nur Kraft bekommt von der Christus-Wesenheit, sondern auch Auskunft bekommt über dasjenige, was geschehen soll. Das Reich des Christus Jesus ist nicht von dieser Welt, aber es muss wirken in dieser Welt, und die Menschenseelen müssen die Werkzeuge des Reiches werden, das nicht von dieser Welt ist. Von diesem Standpunkt aus müssen wir Umschau halten danach, wie wenig heute die Frage aufgeworfen wird, die an den Christus für die einzelnen Taten und Ereignisse gestellt werden muss. Lernen aber muss die Menschheit, den Christus zu befragen.

Wie soll das geschehen? Das kann nur dadurch geschehen, dass wir seine Sprache lernen. Derjenige, der den tieferen Sinn dessen, was unsere Geisteswissenschaft will, einsieht, der sieht in ihr nicht bloß ein theoretisches Wissen über allerlei Menschheitsprobleme, über die Glieder der Menschennatur, über Reinkarnation und Karma, sondern er sucht in ihr eine ganz besondere Sprache, eine Art und Weise, sich über geistige Dinge auszudrücken. Und dass wir lernen, durch die Geisteswissenschaft innerlich im Gedanken mit der geistigen Welt zu sprechen, das ist viel wichtiger, als dass wir uns theoretische Gedanken aneignen. Denn bis ans Ende der Erdenzeiten gilt: der Christus ist bei uns alle Tage!

Seine Sprache sollen wir lernen. Und durch die Sprache - und scheint sie noch so abstrakt zu sein -, durch die wir von Saturn, Sonne, Mond und Erde und auf der Erde von verschiedenen Perioden und verschiedenen Zeiten und von verschiedenen anderen Geheimnissen der Entwickelung hören, durch diese sogenannte Lehre lehren wir uns selber eine Sprache, in die wir die Fragen gießen können, die wir stellen an die geistige Welt. Und wenn wir lernen, so recht in der Sprache dieses geistigen Lebens innerlich zu sprechen, dann, meine lieben Freunde, dann wird sich entwickeln, dass der Christus neben uns steht und uns Antwort gibt. Das ist etwas, das wir als eine Gesinnung aus unseren ... Bestrebungen aufnehmen sollen, als eine Empfindung, als ein Gefühl. Warum befassen wir uns mit Geisteswissenschaft?

Es ist, wie wenn wir das Vokabularium derjenigen Sprache lernen sollen, durch die wir an den Christus herankommen. Und wer sich bemüht, über die Welt denken zu lernen, wie sich die Geisteswissenschaft bemüht, wer sich bemüht, seinen Kopf so anzustrengen, dass er, so wie die Geisteswissenschaft es will, in die Weltengeheimnisse hinein sieht, an den wird aus dem düster-dunklen Grunde der Weltengeheimnisse die Gestalt des Christus Jesus herantreten und ihm die starke Kraft sein, in der er leben wird, brüderlich führend an seiner Seite stehend, auf dass er mit Herz und Seele stark und kräftig sein könne, den Aufgaben der zukünftigen Menschheitsentwickelung gewachsen zu sein. Suchen wir daher nicht bloß als Lehre, suchen wir als eine Sprache uns die Geisteswissenschaft anzueignen, und warten wir dann, bis wir in dieser Sprache die Fragen finden, die wir an den Christus stellen dürfen.

Er wird antworten, ja er wird antworten! Und reichliche Seelenkräfte, Seelenstärkungen, Seelenimpulse wird derjenige davontragen, der aus grauer Geistestiefe heraus, die in der Menschheitsentwickelung dieser Zeit liegt, die Anweisung des Christus vernehmen wird, die dieser dem, der sie sucht, geben will in der allernächsten Zukunft."

Um diese starke und konsequente Verbindung mit Christus leben zu können, müssen wir innerlich üben, ganz frei von allen Pflichten aller Organisationen uns auf diesen Weg zu wagen. Dann können wir Christus konkret fühlen und nichts *„vollbringen ohne dieses Fühlen"*. In diesem Üben und konsequenten Tun lernen wir immer freier, ihn ehrlich um seinen Rat zu fragen für die praktischen Anliegen unseres Lebens.

Dann werden wir die Menschen finden, mit denen wir an jenem Aufbruch mitwirken können, der in den Herzen der Menschen sich bereits ereignet. Dabei müssen wir lernen zu ertragen, dass jene Mächtigen oder Amtsapparate, die in der alten Lebenshaltung verharren oder wieder zurückfallen, uns deswegen ausgrenzen, lächerlich machen, jeglicher Arbeitsmöglichkeiten berauben oder mit anderen Methoden der Geheimdienste dem Tode preisgeben. Die modernen Praktiken dazu können wir in den totalitären Staaten studieren. Heute wird der Kampf zumeist wesentlich mehr im Geheimen durchgeführt als noch im NS-Terror. Schon die Stasi ging dazu über, sich zum Zweck der Zersetzung von Individualitäten und Gruppen geheimdienstlicher Methoden zu bedienen.[50] Immer wieder einmal führt uns das Leben vor die Entscheidungsfrage, wem wir letztgültig wirklich folgen wollen – den Herren dieser Welt oder dem Christus, dessen Reich nicht von dieser Welt ist und der an der Herrschaft der derzeit Mächtigen nachhaltig rüttelt.

Jene, die nach IHM blicken und IHM folgen wollen, üben oft mit den gewaltfreien „Befreiungstheologen":

> ➢ wir suchen zuerst das Reich Christi,- das nicht von dieser Welt ist, aber auf Erden erscheinen will,- mit jenem Teil von uns, der nicht von dieser Welt ist! (Bergpredigt[51])

> ➢ Den Christus suchen wir als unseren Menschen-Bruder, der gerne in Freiheit befragt werden will für alle Einzelheiten des Lebens.

> ➢ Wir üben, mit unserer liebenden Menschenseele den Christus als uns liebenden Genossen im Einzelfalle des Lebens neben uns, in uns, bei uns alle Tage und unter allen Umständen zu fühlen.

> ➢ Vernehmen wir nun den Trost, die Kraft und die Auskunft von der Christus-Wesenheit in allem, was geschieht und geschehen soll? Wenn nicht, so hilft es oft, die Übung von vorn zu beginnen.

> ➢ Christus ist bei uns alle Tage bis ans Ende der Erdenzeiten. Sein Kommen und Gehen erkennen wir und seine Sprache lernen wir. Eine lebendige Geisteswissenschaft hilft uns, innerlich mit der göttlich-geistigen Welt zu sprechen.

➢ Wir entwickeln das konkrete Fühlen, ob und wie der Christus brüderlich neben uns steht, uns vorangeht, mit uns dorthin wandelt, wohin wir gehen... Solche Gesinnung, Empfindung, Lebenshaltung, solches Gewahrwerden pflegen wir in allem praktischen Tun. Egal in welchem Beruf oder bei welcher Tätigkeit, immer suchen wir, IHN bei und mit uns zu fühlen, seine Gesten zu bemerken, um seinen Rat zu fragen.

➢ Wir strengen unser Denken so an, dass es in die Weltengeheimnisse Einblick gewinnt. Dann tritt immer deutlicher an uns die Gestalt des Christus Jesus heran. Er wird uns eine immer stärkere Kraft sein. Schließlich erfahren wir ihn brüderlich, freilassend, herausführend aus den Qualen als Auferstandenen an unserer Seite. Mit Herz und Seele werden wir stark und kräftig sein, den Aufgaben der künftigen Entwickelung von Menschheit und Erde gewachsen zu sein.

➢ Mit zunehmender Erfahrung entwickelt sich dann die lebendige Sicherheit in uns: Wir können IHN immer konkreter fragen, und ER wird uns immer vernehmlicher antworten! Seine Antworten sind oft so überraschend, wie es im Evangelium berichtet wird und für alle Beteiligten sehr herausfordernd! Aber ER wird uns reichliche Seelenkräfte, Seelenstärkungen, Seelenimpulse schenken, wenn wir aus grauer Geistestiefe heraus seine Weisung vernehmen. Er wird unser Gott und helfender Führer sein. Über und neben IHM werden wir keine höheren Instanzen anerkennen. Er ist unser Herr und Meister, unser König und Arbeitgeber, unser Bruder und Helfer!

Ein bewährter Klärungsweg:

1. Ich versuche, die Herausforderungen klar und umfassend interessiert zu erfassen. Auch mit anderen denke und sinne ich über sie nach. Wenn ich glaube, den Zusammenhang erfasst zu haben, werde ich still und öffne mich für alles, was die Gotteswelt dazu sagen möchte. Ich opfere meine klar gefassten Gedanken dem Göttlichen.[52.]

2. Zusätzlich übe ich mit jener Sprache, die ich in der Geisteswissenschaft erlernt habe, meine Frage an den Christus Jesus noch einmal tiefer zu fassen. Ich benutze die spirituellen Begriffe, die ich mir erarbeitet habe. Dazu lese ich ggf. nochmals etwas von den

Forschungsergebnissen R. Steiners über die Wesensglieder[53], über die derzeit sich ereignenden apokalyptischen Vorgänge[54], über psychosomatische Zusammenhänge[55], über das Wirken der Trinität in Körper, Seele und Geist[56], über das Wirken des Karmas[57], über das Wesen der Freiheit[58] und des Christus[59], über die Mission des Zornes[60]...

3. Nun warte ich mit der nötigen Ruhe, Gelassenheit und Offenheit auf alles, was ER mir sagen will. Ggf. nun noch aufkommende Angst, dass ER meine Pläne und Lieblingsmeinungen durchkreuzen wird, mir zu schwere Lasten auflegt... versuche ich innerlich gewissenhaft anzublicken und öffne mich bewusst mutig für solche Möglichkeiten.

4. Ich spüre lauschend zu IHM hin: Tritt ER an mich heran? Stellt ER sich neben mich wie ein liebender älterer Bruder? Dabei bleibe ich ganz freilassend. Manchmal scheint es, als wolle ER sich dazu nicht äußern, sondern als warte ER, dass ich mir selbst die Wahrheit erobere. In dem Fall bemühe ich mich darum, lausche aber zugleich, ob und was ER mir vielleicht mitteilen möchte. Wir tun etwas ähnliches, wenn wir einem Kind, einem Sterbenden, einem Menschen in Lebenskrisen wirklich den seelischen Raum geben, sich zu einem komplizierten Thema zu äußern – wenn die Stimmung dies ermöglicht. Eine freilassende, offene, interessierte und souveräne Art, IHM nahe zu sein, macht es oft möglich, dass ER uns konkret rät.

Ggf. fasse ich in eigenen Worten zusammen, was ich vernahm und frage nochmals ganz konkret: *„Soll es so geschehen,"* wie ich es jetzt verstanden habe, oder *„soll es nicht geschehen?"* Dann reicht es, ein JA oder NEIN zu vernehmen, zu erspüren. In großer Gnade erfolgt vielleicht eine Antwort, und ich kann empfinden: *„Ich darf meinen Willen nun durch Gottes Gnade empfangen."*[61] Auch die Kraft, die Aufgabe zu vollbringen, wird mir dann als Geschenk hinzugegeben!

Viele Menschen berichten von solch inneren Zwiegesprächen mit Christus wie Ernsto Cardenal[62], Anselm Grün[63], Arno Gruen[64], Erich Fromm[65], Hildegard Schaeder[66], Martin Niemöller[67], Dietrich Bonnhöfer[68]. Zu der „Gemeinschaft der Heiligen"[69] dürfen wir alle gehören.

6. Moderne Führungsqualitäten verstehen, üben, leben

Immer neu gilt es zu überprüfen, ob wir wirklich auf einem modernen spirituellen Weg wandern, oder ob alte Lebensart sich nach wie vor in uns breitmacht. In diesem Kurs fragt ein Teilnehmer[70]: „*Es wurde gesagt, dass die Priester im Ägyptertum eine außerordentliche Führerstellung gehabt haben. Wir haben gehört, dass Eingeweihte die Menschheit geführt haben, dass sie durch reale Gedanken gewirkt haben. Die Frage geht dahin, wie das heute modifiziert werden müsste durch das Neue.*" Rudolf Steiner: „*Ja, neu werden muss es insofern, als wir nicht mehr zurückkehren dürfen zu diesem stark Unbewussten..., sondern wir müssen durch das viel Bewusstere gehen, mehr Rücksicht darauf nehmen, dass jeder Mensch sich zur Persönlichkeit ausbilden muss.*"

Im Unbewussten rumort auch heute in vielen Menschen der versteckte Wunsch, eine Führerstellung einzunehmen wie im alten Ägypten. Gerade auch in höheren Leitungsfunktionen. Man kann dies manchmal als die Spiegelung einer Inkarnation der Betreffenden im alten Ägypten zu verstehen versuchen. Das Wiederauftreten uralter Züge und Fähigkeiten, z.B. als Kardinal in der Inquisition, als Oberlehrer in der Schulaufsichtsbehörde, als Fürst mit vielen Untergebenen, als Führer in totalitären Systemen... gilt es bei sich und anderen zu bemerken und sich von Rudolf Steiner mahnen zu lassen, die tatsächliche Gegenwartssituation der Menschen ernst zu nehmen! Wir mögen aus selbst errungener Freiheit auch die Mitmenschen zur Freiheit leiten, in der jeder Mensch das tut, wozu es ihn infolge tiefer innerer Prüfung aus seinem ur-eigenen ICH hindrängt. Eine Lebenshaltung muss von uns ausgehen: „Ja werde, der Du im Inneren bereits bist!" „Lebe und handle, wie Du es für richtig hältst!" Und wie Jesus können wir den Mitmenschen darin ermutigen: „*Ich lebe, und auch ihr sollt leben!*"[71]

Wer führend tätig sein will, frage sich: Arbeite ich wirklich mit dem Bewussten der Menschen oder will ich sie nach alter Art durch unbewusste, magische, hypnotisierende Methoden oder systemische Gewalt, durch verborgene Strategien und Taktiken der Macht zu etwas veranlassen und bewegen, was ihnen selbst nicht bewusst wird? Will ich den Menschen meines Wirkungskreises nicht zu Bewusstsein kommen lassen, mit welchen Mitteln und inneren Abhängigkeiten ich sie dorthin führe, wo ich sie haben will? Oder nehme ich Rücksicht darauf, dass jeder Mensch sich zu einer eigenständigen und souveränen Persönlichkeit ausbilden will und kann? Welche leitenden Ideen, Haltungen und Handlungsmotive finde ich für meine Arbeit, meinen Unterricht, meine berufliche Tätigkeit?

In der nondirektiven praktischen Seelsorge-Ausbildung[72] ist bereits viel erarbeitet worden zum Überwinden des Alten. Verraten wir unsere einmalige Persönlichkeit durch vermeintliche Pflichterfüllung oder ein überholtes Amtsverständnis? Oder wird ihr Freiwerden durch Vorgesetzte verhindert? Beugen wir uns einem aufgedrückten Stempel oder Rollenverständnis? Dann handeln wir eher wie Hochpriester oder Pharisäer anstatt als freie Jünger Jesu Christi.

Nur wenn wir uns erlauben, souverän und mutig wie ER in seiner Freiheit als Mensch unter Menschen, auf unsere ganz eigene Art zu leben, wie es die verschiedensten Jünger taten, erfüllen wir den Auftrag unserer Zeit, aus unserem einmaligen ICH zu wirken. Die brüderliche Gemeinschaft muss dazu dem Einzelnen einen Freiraum geben, den Christus so ungewöhnlich durch den Einzelnen in die Welt kommen zu lassen. Das kann bisher noch kaum eine Kirche. *„Ich weiß keine Kirche, in der das freie Wort eines freien Mannes erlaubt ist!"* sagte zur Zeit der „friedlichen Revolution" der Sektenbeauftragte der evangelischen Kirche in Württemberg.[73]

„Gerade im ägyptischen Priestertum beruhte viel darauf, dass eigentlich, solange der höchste Priester lebte, die anderen nur Figuranten sein durften. Erst wenn er starb, konnte wiederum ein anderer eintreten. Es war immer nur einer. Das alles müssen wir heute ausschließen." Unsere Zeit braucht die Brüder-Gesinnung. Niemand ist unser Vater, Meister, Herr außer Gott! *„Ihr alle aber seid Brüder!"*[74] Aufträge Jesu an jene Menschen, die seine Jünger sein wollen, finden sich in den Aussendungsreden der Evangelien.[75] So leicht geschieht es uns allen, zurück zu fallen in altbekannte machthaberische Strategien aus ägyptischer, jüdischer, heidnischer, römischer Zeit, in die strenge Zucht längst überholter Organisationen. Der evangelische Pfarrer Dietrich Koller schrieb eine Streitschrift gegen die Ämterherrschaft in der Kirche[76] und forderte eine „heilige Anarchie", in der der Heilige Geist die Leitung innehaben dürfe. Er lebte auf seine ganz eigene Art diese heilige Anarchie im „Zentrum für die Einheit der Christen" und regte viele

Menschen an, in Exerzitien nach Ignatius von Loyola, dem Meister selber als Rater und Helfer zu begegnen.

Rudolf Steiner, der sich ebenfalls als Anarchist bezeichnen ließ, weist bis zu seinem Lebensende immer wieder auf seine Freiheits-Philosophie hin. Bin ich also im heute so notwendigen spirituellen Aufbruch der Menschheit ein verlässlicher Funktionär irgendeiner Gruppe, ein eitler Besserwisser, jemand der andere als Ketzer verdächtigt und anprangert? Oder bin ich ein Mensch, der sich von Christus befreien und erlösen lässt, um aus seinem Innersten, durch Versuch und Irrtum, achtsam lernend zu arbeiten und arbeitend zu lernen? „Freiheit ist immer zugleich die Freiheit der anderen!" Gebe ich sie den anderen um mich her?

Emil Bock fasste das Anliegen der Kursteilnehmer damals folgendermaßen zusammen[77]: *„Sie möchten Klarheit erlangen über die Frage nach der Berechtigung des Gemeinschaftselementes in der Gemeinde... die kirchengeschichtliche Strömung der Gemeinschafts-Bewegung."*[78] Rudolf Steiner antwortete darauf sehr ausführlich und sorgfältig. Hier nur etwas daraus: *„Heute sind die Seelen Eremiten. Sie würden aber, wenn es eine Möglichkeit des Zusammenschlusses gäbe, sich sofort zusammenschließen. Und da, wo wirklich freie Gemeinden auftreten, das heißt Gemeinden mit innerer Freiheit, würde vor allen Dingen die Jugend sich einfinden..."*[79] Da ist der Priester, Lehrer oder Vorgesetzter kein Funktionär - sondern ein Original, ein echter, einmaliger, mühsam selbst freiwerdender Mensch unter sich befreienden Mitmenschen. Sie beenden den „Verrat am eigenen Selbst" und folgen nicht mehr „fremden Göttern" wie Arno Gruen[80] es aufrüttelnd beschreibt. Wie gefährlich und begeisternd die Freiheit der Rede sein kann, erlebte die Welt z.B. am Prager Frühling 1968[81] oder in Ostberlin am 9.11.1989![82]

Dr. Steiner berichtet dann über Fehlentwicklungen: *„...Sie kommen dadurch natürlich auch nicht zu einer wirklichen Brudergesinnung; sie kommen dadurch überhaupt nicht zu einem Erfassen der sozialen Aufgabe, die darin besteht, dass man in kleinen Gemeinden vorbildlich dasjenige konkret begründet, was dann in der Menschheit sich ausbreiten soll."*[83] Diese Versuche bestanden ja in vielen anarchistischen Siedlungen der damaligen Zeit, von den Kibbuzim in Israel bis zu den Siedlungen der individualistischen Anarchisten in Europa und Mexiko.

Aber auch das wurde von den Herrschenden der Welt bekämpft, unterwandert oder aufgelöst.

Auch nach 1945 wurde ein Aufbruch mutiger Menschen oft mit Geheimdienst-Methoden verhindert. Nachzulesen z.b. in der Stasi-Anweisung zur Zersetzung von Personen und Gruppen[84], in den Schicksalen aufrechter Menschen und Gruppen[85], wie auch in den Schulen[86], Friedensbewegungen[87], ökologischen Bewegungen[88] sowie in den Kirchen. Auch für den notwendigen kommenden geistigen Aufbruch der Menschheit müssen wir damit rechnen, dass der Gegenwind sehr stark sein wird.

Durch das Wagnis, aus dem tiefsten eigenen Ich zu wirken, können wir uns in Selbsterkenntnis als Unvollkommene und Werdende zeigen und als sehr verschiedene Brüder und Schwestern in freier Weise miteinander Gemeinschaft bilden. Nelson Mandela bezeugte, dass dies auch für ein ganzes Land möglich ist.[89]

Manche Menschen tragen die Sehnsucht nach einem Führer in sich, nach dem allwissenden Lehrer, dem Magier, der Wunder mit Sakramenten vollbringt. Erich Fromm hat seinerzeit „Die Furcht vor der Freiheit!" genau beschrieben und Hans-Jürgen Maaß den „Gefühlsstau"[90], der aus repressiver Erziehung stammt. Viele unter uns tragen die „Wunden der Ungeliebten" (Peter Schellenbaum)[91] und „ekklesiogene Neurosen" (Karin Horney)[92] in sich. Auch manche Pfarrer und Lehrer, die eigentlich aus einem spirituellen Impuls wirken wollten, ließen sich in der Zeit der „Gleichschaltung" dankbar zum „Führer" ermächtigen. Sie priesen auch nach dem großen Weltkrieg das damals verankerte alte, nazistisch verzerrte Funktionärsbild. Die Geschichte müssen wir verstehen, um wirken zu können aus dem Geist, der vielfach verketzert wurde und sich 1921 neu offenbarte, und der heute, hundert Jahre später, auferstehen will.

Als moderne Pfarrer, Lehrer, Eltern, Führungskräfte, Therapeuten und Supervisoren ermutigen wir uns selbst und die sich uns anvertrauenden Brüder und Schwestern, *„durch das viel Bewusstere zu gehen und mehr Rücksicht darauf zu nehmen, dass jeder Mensch sich zur Persönlichkeit ausbilden muss".[93]* Darin stehen wir einander im Zeichen Christi bei, der nur dort wirken kann, wo wir uns die Freiheit nehmen und Freiheit schenken. ER erscheint als der Herr der Herren, der König der Könige[94], wie es Steiner im letzten Kurs den Theologen so anschaulich nahegebracht hat.[95] „...*dann wird jeder Mensch auch dem Christus in seinem eigenen Wesen, in seiner eigenen Seele folgen können. Dann wird jeder in sich dasjenige zu verwirklichen streben, was aus der inneren Liebe heraus den Willen des Menschen realisieren will; dann wird der Herr der Herren, der König der Könige in jedem einzelnen wohnen.*" So rufen wir einander immer neu zu: „*Christus in Euch!*"[96]

xxx

7. Geist und Materie zusammen bedenken, erleben, wollen

„Suchet das wirklich praktische materielle Leben, aber suchet es so, dass es euch nicht betäubt über den Geist, der in ihm wirksam ist.

Suchet den Geist, aber suchet ihn nicht in übersinnlicher Wollust, aus übersinnlichem Egoismus, sondern suchet ihn, weil ihr ihn selbstlos im praktischen Leben, in der materiellen Welt anwenden wollt.

Wendet an den alten Grundsatz: «Geist ist niemals ohne Materie, Materie niemals ohne Geist» in der Art, dass ihr sagt: Wir wollen alles Materielle im Lichte des Geistes tun, und wir wollen das Licht des Geistes so suchen, dass es uns Wärme entwickele für unser praktisches Tun.

Der Geist, der von uns in die Materie geführt wird, die Materie, die von uns bearbeitet wird bis zu ihrer Offenbarung, durch die sie den Geist aus sich selber heraustreibt;

Die Materie, die von uns den Geist offenbart erhält, der Geist, der von uns an die Materie herangetrieben wird, die bilden dasjenige leben-dige Sein, welches die Menschheit zum wirklichen Fortschritt bringen kann, zu demjenigen Fortschritt, der von den Besten in den tiefsten Untergründen der Gegenwartsseelen nur ersehnt werden kann." [97]

So sprach R. Steiner am 24. September 1919 am Elternabend von der wichtigsten Aufgabe der Gegenwartsmenschen. Für einen spirituellen Aufbruch der Menschheit weist er Wege, auf der Grundlage dieser zu erringenden Verfassung zu lehren, zu heilen, die Transsubstantiation zu vollziehen, Gemeinschaft zu bilden:

„...durch den Zusammenfluss dessen, was als Gefühlschristentum, Gemütschristentum, als wahres Christentum fortgelebt hat gegenüber dem theologischen Christentum - aus dem Zusammenfluss des Gemütschristentums mit der Kraft, die aus den Völkern der Völkerwanderung gekommen ist, pflanzt sich die eine Welle des Christentums fort; sie liefert nicht die äußere Weltwissenschaft wie die andere Welle, die dadurch entstanden ist, dass aristotelische Erkenntnis gebracht worden ist durch die Araber nach Spanien und von dort einen

so großen Einfluss genommen hat... Darin war dasjenige enthalten, was auf Jahrhunderte hinaus die neuere Naturwissenschaft beeinflusst hat.

Die neuere Naturwissenschaft ist von Anfang an ausgegangen von einer Art von Protest..., der immer berufen ist, den Gott zu verlieren. Sie kann ihn nur verlieren, nie halten, und es ist entstanden die neue gottesleere Wissenschaft, ... die aber ... die Erziehung des Menschen zur Freiheit wesentlich gefördert hat."[98]

Alles, was die Erziehung des Menschen zur Freiheit fördert, müssen wir achten und wirksam einbeziehen! Manche Organisationen wollen die Menschen nicht frei lassen, nicht zur Wahrheit durchdringen lassen. Wenn man sich ihr Handeln genau vergegenwärtigt, so ist es oftmals ihr Anliegen, die Menschen klein zu halten, indem sie vorgeben, sie zu behüten. Sie sollen „Gotteskinder", vor „mystischem Aberglauben" geschützt, aber auch abhängige, leicht zu hütende Schafe bleiben, über die sie mit ihrem Amt „fürsorglich", autoritär und totalitär wachen wollen. Dabei dienen sie letztendlich zumeist den materialistischen „Herren der Welt", dem „Mammon", sind dem Kapital ergeben. Wollen wir wirklich die Freiheit, gilt es immer, an jenen Strom anzuschließen, der bereits bei den Freiheitskämpfern, den „radikalen Reformatoren", den Reformpädagogen, der Bekennenden Kirche... zutage trat - kurz: bei Menschen, die bereit sind zum Zusammenwirken mit allen aufrichtig Suchenden, auch mit jenen, die ggf. „Ketzer" genannt wurden. Auch naturwissenschaftliche „Atheisten" sind oft entscheidende Helfer bei einer religiösen Erneuerung!

„Heute sind wir an dem Punkt angekommen, wo aus dieser Wissenschaft heraus selbst die Durchgeistigung wiederum gesucht werden muss, wo die Wissenschaft hinaufgeführt werden muss aus einer Wissenschaft, die nichts weiß vom Menschen als das Leibliche, die bloß letzte Worthülsen hat über das Seelische und vom Geist gar nichts mehr weiß... zu einer ... Wissenschaft, durch die erkannt wird das Materielle in seiner Durchdringung mit dem Geistigen."[99]

Seit dieser Aufforderung von 1921 ist es glücklicherweise zahlreichen Wissenschaftlern gelungen, auf sehr verschiedenen Gebieten in die hier gewiesene Richtung fortzuschreiten.[100] Es wurden Forschungsergebnisse übersinnlicher Welt- und Menschenerkenntnis mit Methoden der Naturwissenschaft bestätigt, und manche Methoden zur Erkenntnis der nicht sichtbaren Welt wurden verfeinert. Es gelang, eine spirituell orientierte Landwirtschaft, eine ganzheitliche Medizin, eine das geistige Wesen des Menschen berücksichtigende Pädagogik zu begründen. Physiker wie Fritjof Capra[101] und viele andere riefen zum Üben für ein neues Zeitalter auf, entwickelten Forschungsansätze, erzielten Ergebnisse.[102]

Für einen der Zukunft dienenden Menschen liegen hier wichtigste Arbeitsfelder vor: jene Forschungsergebnisse durchzuarbeiten, welche Aspekte des Zusammenwirkens von Geist, Seele und Materie eröffnen, sie gut und sorgfältig zu verstehen und eigene Fragen und Beobachtungen zu einem ganzheitlichen Verständnis zu erweitern, z.b. in der Medizin, der Psychosomatik[103], der Bildekräfteforschung[104] und auf vielen weiteren Gebieten.

„...auf diese Weise kann der Moment herbeigeführt werden, in dem sich begegnen Wissenschaft und religiöses Leben, aber auf keinem anderen Weg als dadurch, dass wiederum gefunden wird der Geist in allem Materiellen, dass überwunden wird die Anschauung, als ob es irgendwo ein Materielles gäbe, ohne dass es auch zum Geist führt."[105]

Aus eigener spiritueller Erfahrung sprechen

Steiner fährt fort: *„Wenn Sie sich selber durchdringen mit diesem Bewusstsein, wenn dieses Bewusstsein so Kraft in Ihnen gewinnt, dass Sie... aus diesem Bewusstsein heraus sprechen, dann werden Sie die Möglichkeit... finden, den Zugang zu den Menschenherzen, nicht zu dem Menschenverstande bloß, zu suchen."* Immer gilt es, ehrliche und mit Geist gesättigte Wege von Herz zu Herz zu finden!

„Sie werden allmählich — selbst wenn es anfangs nicht so aussehen würde — den Weg finden müssen zu den Herzen der Menschen, indem Sie sprechen aus der Kraft heraus, die Ihnen kommt, wenn Sie das Bewusstsein erheben bis zum Durchschauen des Durchgeistigt -seins aller Materie. Denn, ohne dass Sie zu diesem Bewusstsein kommen vom Durchgeistigt-sein aller Materie, kommen Sie nicht zu einer wirklichen lebendigen Gottesauffassung."

Wollen wir aus der materialistisch orientierten Bildung der Gegenwart den nötigen spirituellen Aufbruch wagen, müssen wir uns Zeit nehmen, um mit Interesse mit all jenen Forschern und Instituten zusammen zu arbeiten, die den Aufbruch hin zu einem neuen, umfassenden Welt- und Menschenverständnis suchen.

„Wenn Sie aber sprechen wollen in dem Sinn, wie Sie es sich vorgenommen haben, dann muss das, was Sie sprechen, ein äußerer Ausdruck sein von dem, was gemeint ist im Beginne des Johannes-Evangeliums: «Im Urbeginne war das Wort...», denn es wird hingewiesen, indem auf das Wort, auf den Logos gedeutet wird, dass dieser Logos vorhanden war, bevor die Materie entstanden war, und dass die Materie aus dem Logos hervorgegangen ist.

Sie müssen verbinden diese Erkenntnis mit der anderen, dass es Ihnen möglich ist, indem Sie sprechen, aus Ihren Worten heraus erklingen zu lassen dasjenige, was Sie selbst in Ihrem Gemüt, in Ihrer Seele erleben, wenn Sie durch geistige Erkenntnis das Göttliche erfühlen im Inneren und sich in gotterfühlender Meditation vorbereiten... In diesem Hinleben zum Sprechen, nicht nur in dem abstrakten Vorbereiten in Bezug auf den Inhalt des Lehrgutes, in diesem meditativen Einarbeiten zu jeder einzelnen Predigt muss sich Ihnen die Kraft ergeben, durch die Sie eine Gemeindebildung erzielen können.“

Dieser Weg hilft in jeder Arbeit, gleich in welchem Beruf, das Göttliche in seinem Zusammenklang mit dem Materiellen immer deutlicher zu erkennen, zu erfühlen und daraus dann tätig und umfassend zu wirken. *„Das ist dasjenige, was ich Ihnen heute noch ans Herz legen wollte, ...und ich hoffe, dass es uns... gestattet sein wird, diese Betrachtungen fortzusetzen.“* Es lohnt sich, die in diesem Kapitel eingangs genannten Worte sich auch ganz persönlich zurufen zu lassen, wie es hier einmal probiert wird. So kann ich leichter überprüfen, inwieweit ich mich selbst auf diesem lebenslangen Weg befinde, den Steiner zum Ausdruck bringt.

„Suche das wirklich praktische materielle Leben! Aber suche es so, dass es Dich nicht betäubt über den Geist, der in ihm wirksam ist! - Suche den Geist, aber suche ihn nicht in übersinnlicher Wollust, aus über-sinnlichem Egoismus, sondern suche ihn, weil Du ihn selbstlos im praktischen Leben, in der materiellen Welt anwenden willst!

Auch auf dem Kongress an der Universität Hamburg zur Achtsamkeit (Mindfulness)[106] 2011 stellten die führenden Buddhisten fest, dass die Übungen zur Achtsamkeit dann besonders kraftvoll werden, wenn sie mit der Lebenspraxis verbunden sind und das materielle Leben befruchten sollen.

8. Ein Gelöbnis zur Gotteswelt wagen und ihm treu bleiben

„Ich wollte eine Wegleitung zeigen, wie man sich daran gewöhnen soll, sich durch die Schicksalsfrage und auch durch die große Frage der Objektivität, die persönliche Aufgabe setzen zu lassen. Ich wollte zeigen, wie man nicht so sehr... brüten soll über die eigene Persönlichkeit... sondern wie wir versuchen sollen, Zeichen zu beobachten, aus denen wir erkennen können, an welchen Platz wir gestellt sein sollen. Und das können wir auch."[107] Diese Schicksalsfrage sollte immer wieder, allein und gemeinsam, in den inneren Blick genommen werden. Die Lebensaufgaben sollten weder persönlicher noch der Willkür herrschender Organisationen oder sogenannten Sachzwängen unterliegen, sondern im Einklang mit den Schicksalsmächten ergriffen werden. Der Einzelne und die Gemeinschaft mögen so lernen, die eigenen Gedanken aus dem Göttlichen inspirieren zu lassen und ihren Willen durch Gottes Gnade zu empfangen. Dann werden sie Frieden erfahren, und Liebe zu Gott und den Menschen kann entstehen.[108]

Für die täglich neue Suche nach dem tieferen Willen Gottes, der auch unser eigener höherer Wille ist, gab Rudolf Steiner ein Jahr nach dem Kurs vom Juni 1921 eine „Gelöbnisformel"[109], die uns auch künftig helfen kann, der spirituellen Führung die Treue zu bewahren. *„Meine lieben Freunde! Es wird sich darum handeln, dass wir uns heute über manches klar werden, was Sie selber in Ihrer Seele fest leben lassen müssen..."*

„Ich möchte zunächst hervorheben, dass heute gewöhnlich solche Dinge wie das Gelöbnis, von dem ich hier zu sprechen habe, falsch aufgefasst werden. Sie werden so aufgefasst, als ob es sich handeln würde um ein Gelöbnis, das man irgendjemandem macht. Solche Auffassungen sind ja namentlich durch die katholische Kirche und durch die Freimaurerorden gekommen, die diese Dinge ... falsch aufgefasst haben und umso mehr falsch aufgefasst haben, je mehr die Zeit fortgeschritten ist und für das ganze Sein des Menschen andere Bedingungen eingetreten sind, als es für frühere Zeiten der Fall war." Auch heute müssen wir uns ein ernstes Urteil darüber bilden, wem wir die Treue geloben und wie unser Gelöbnis lauten soll.

„Heute ist es ja nur möglich, solche Dinge wie die Angelobung, die ich hier in einer Formel zu geben habe, als eine Art Auseinandersetzung mit sich selbst aufzufassen, als etwas, das man sich in die Seele schreibt, wenn man eine so wichtige Mission übernimmt, wie Sie sie übernehmen wollen. Es wird notwendig sein, dass der, der sich in diese Mission hineinstellt, auch tatsächlich vor denjenigen, die mit ihm gehen, eine solche Sache bekundet, damit jeder, der mitgeht weiß, mit wem er zusammengehört. Und so handelt es sich darum, dass diese Art Gelöbnis, das man sich selbst gegenüber ablegt, die Dinge enthält, die der geistigen Welt gegenüber heute notwendig sind." Rudolf Steiner gab eine Gelöbnisformel, die jeder sprach und die jeder auch heute wirkungsvoll sprechen kann. Es ist berührend, als Älterer im Sprechen der neu Hinzukommenden miterleben zu dürfen, mit welcher Kraft, Haltung und Stärke der/die Neue nun in den Kreis kommt. Die Art, wie jede/r anders dieses Gelöbnis spricht, offenbart viel von Wesen und Lebensimpuls des betreffenden Menschen... Innerlich *weiß* man im mitfühlenden Zuhören, *wer* jetzt neu mitgeht.

„Das erste ist, dass es dasjenige enthalten muss, was man als sein Angehörigkeitsgefühl gegenüber der geistigen Welt sich klarlegen soll." Immer neu gilt es, sich klar zu werden, wie genau man der göttlich-geistigen Welt angehört. Dies steht über der Zugehörigkeit zu jeder irdischen Gruppe! Die Sehnsucht nach Zugehörigkeit ist in allen Menschen groß. Als erstes gehören wir aber zur göttlich-geistigen Welt! *„Und da handelt es sich darum, dass für den, der so wirken will wie Sie, dieses Wirken durchaus spirituell anknüpfen muss an die Gestalt des Christus"*

Christi Art zu leben und zu wirken, kann uns lebendig vor Augen stehen - auch wie seine Lebenshaltung in vielen überzeugend Wirkenden weiterwirkt. Das Wesen solcher wahren Christen können wir uns immer neu vergegenwärtigen, wie z.B. Johannes den Jünger und Apokalyptiker, Bruder Franziskus, Elisabeth von Thüringen, Meister Ekkehard, Thomas Müntzer, Jan Hus, Graf Zinzendorf, Leo Tolstoj, Pater Jacques de Jésus, Hildegard Schaeder, Hannes Groß, Maria Krehbiel-Darmstädter, Gertrud Spörri, Jacques Lusseyran, Friedrich Doldinger, Graf Dürckheim, Hermann Groh, Dr. Siegfried Gussmann, Abt Emmauel Jungclaussen, Anselm Grün, Hilmar von Hinüber, Ekkehard Tolle, John Kabbat Zinn, Ernsto Cardenal, Elisabeth Kübler-Ross, Wir mögen uns den einzelnen aufrichtigen

Menschen näher fühlen als einer historischen Gruppe. In einer unsichtbaren Christen-Gemeinschaft sind alle vereinigt, die ehrlich nach Ihm blicken und Ihm folgen wollen. Die „Gemeinschaft der Heiligen"[110], die „Kirche, der alle angehören, die die heilbringende Macht des Christus empfinden"[111] mögen wir spüren und uns vor allem immer dieser Gemeinschaft zugehörig erleben. *Im Bewusstsein unserer ganzen Menschheit erfühlen wir den göttlichen Vater[112]* und erleben darin Christus tätig schaffend, alles Leben tragend und ordnend. Durch die Liebe zu IHM empfangen wir den heiligen Geist. So können wir unser Tun und Leben befreiend und erlösend anknüpfen *„an das Ereignis von Golgatha, in der Art, dass die geistige Natur des Geschehens von Golgatha auch wirklich anerkannt wird und dass man die ganze Wirksamkeit, die man entfaltet, im Grunde genommen entfaltet als ein Ausführer desjenigen, was durch das Mysterium von Golgatha in die Menschheitsordnung eingefügt worden ist."* Der Märtyrertod Jesu Christi möge uns immer mehr lebendig werden - auch wie er in den Jüngern, in den Widerstandskämpfern aller Zeiten innerlich da war und ist. Die Worte Jesu über das Schicksal all jener, die IHM nachfolgen und daher ein ähnliches Martyrium durchzumachen haben wie er, seien uns bei allen Entscheidungen hilfreich gegenwärtig.[113]

So verzweifeln wir nicht an uns selber, verzweifeln nicht an der Bosheit der Welt. Immer wird im Angesicht der Feinde Gottes durch Christus und die Märtyrer mit ihrem „Tod, der Tod besiegt"[114], die Menschlichkeit gefestigt und die Auferstehungskraft allen Menschen und der Menschheit als Ganzer nahegebracht.

„Man muss schon dazu kommen, den gegenwärtigen und den zukünftigen Sinn der Erdenentwickelung anzuerkennen als herkommend von dem Mysterium von Golgatha." Das befreit vom Streben nach dem Vorteil eines gesicherten Amtes und einer Autoritätsperson, mit entsprechender Ausrüstung, Unterstützung, gutem Ruf und Ansehen. So werde man zu einem „Tor Gottes"[115]. Statt einer abhängigen Amtsperson wird man in Fortführung des Mysteriums von Golgatha langsam ein freier Mensch, wie er geschaffen und gedacht ist – fähig für einen ungewöhnlich unkonventionellen, mutigen Aufbruch!

„Nun ist aber noch ein anderes wichtig. Es ist wichtig, dass man eine solche Sache nicht bloß persönlich oder im engeren Sinne menschlich auffasst, sondern dass man sie auffasst als etwas, das man vor der

ganzen Welt, also auch vor den höheren Hierarchien bekennt, und dass man mit den realen Folgen sich abfindet, dass man also dasjenige in spiritueller Weise voll anerkennt..."

Die Folgen für einen immer sicherer, stärker und freier werdenden Christus-Boten beschreibt Wilhelm Reich in seinem Buch über die heutigen „Christusmörder"[116]. Auch heute wird allzu oft ein Mensch verfolgt, der, apokalyptisch gesprochen, nicht „das Tier anbetet"[117], sondern den, der das ICH BIN spricht und IHN begeisternd in sich leben lässt, IHN zu seinem höchsten Herrn, Führer und Meister nimmt. Wenn ER aus uns spricht, werden Hohepriester und Mächtige, Hüter der staatlichen Lehrpläne und politischen Entscheidungen, aufgebracht und tätig.

Darum *„ist es natürlich nötig, dass man die wichtigsten moralischen Eigenschaften in fortdauernder Übung in sich wach erhält, weil nur unter dem Einfluss dieser moralischen Eigenschaften ein wirkliches Wirken aus der geistigen Welt heraus möglich ist. ...Das ist das, was die Formel, die ich Ihnen vorzulegen habe, besagt:*

<Mein Ich will ich in aktiver Sehnsucht lenken nach dem Arbeiten aus der geistigen Welt heraus. In Christus und in dem Ereignis von Golgatha will ich zu erkennen suchen, wie ein höchstes Geistiges in die Tatsachen des Erdenlebens hereinlebt.

In der Anerkennung dieses Hereinlebens will ich das Sinngebende für meine Wirksamkeit finden. So will ich mich einfügen in die Menschenordnung. Mein Ich selbst soll nur sich sinnvoll fühlen in einer solchen Einfügung.

Ich will anerkennen, dass ein Abirren von diesem Wege den Verfall meines Ich an böse Mächte der Welt bedeutet. Ich will, weil sie den Weg bereiten zu solcher Abirrung, stets bekämpfen die Anwandlungen persönlicher Eitelkeit und Ehrgeizes, innerer Unwahrhaftigkeit der Seele, zornmütiger Impulse, welche die Seele sich selbst entfremden.

Ich will fortwährend das Bewusstsein in mir erneuern, dass ich mit allem, was ich tue, vor Gottes Schauen wandle.

Dies als Inhalt meines Bewusstseins anzuerkennen und zu pflegen, gelobe ich vor dem Vatergott, der da sei in mir, vor dem

Sohnesgott, der da schaffe in mir, vor dem Geistgott, der da erleuchte mich.>

Dies enthält alles das, was, wenn Sie es sich immer wieder erneut zum Bewusstsein bringen, die Wegrichtung angibt, die Sie sich selbst vorzeichnen müssen, wenn Sie sich richtig verstehen, um in die Bewegung, die Sie wollen, sich hineinzufinden."[118]

Immer wieder neu suche ich, oftmals verzweifelt und dann auch wieder tief beglückt, meinen Weg im Schicksal von Menschheit und Erde. Mit der Angelobung kann ich ihn oft neu spüren. Dazu sage ich mir: „Ich wandle vor Gottes Blick" und suche zu empfinden: Wie schaut Gott jetzt auf mich? Was sagt mir sein Blick? Welche Wegleitung gibt er mir heute?

Ich suche in der Gemeinschaft der wahren Christen, der Heiligen, mit allen zu wirken, die wirklich „*nach IHM blicken und IHM folgen wollen".*[119] Das ist keine irdische Gemeinschaft! Ihr gehören all jene an, die seine heilbringende Macht empfinden. Das will, übt und kann nicht jede/r! Ich fühle mich dazu mit den Worten der erneuerten Priesterweihe gerufen: „*Am Tische, da er sitzt, versammle taufend die zu IHM streben."*[120]

Bin ich selbst in dieser Gemeinschaft und spüre ich, wie wir das Mahl halten mit IHM und ER mit uns? Ziehe ich als SEIN Bote in der wahren Jüngerschaft vom Tische des Herrn mit meinen Brüdern und Schwestern in die Welt, weil ER uns aussendet, um aller Kreatur sein Seelenheilendes Wortwesen zu künden und sie an seinen Tisch zu laden? Nehme ich wahr, wie der gute Hirte (Psalm 23) mir den Tisch im Angesicht meiner Feinde deckt? Werde ich bereit, IHM mit den anderen Jüngern nach „Golgatha" und „Galiläa" zu folgen?

Vielleicht wird es mir heute dabei besser ergehen als jenen Boten, von denen Jesus immer wieder beschreibt, die Gott aussandte - zur königlichen Hochzeit zu rufen, von den untreuen Weinbergbauern die Pacht abzuholen, in die Welt der Mächtigen zu rufen...[121]

Mein Ich ergreifend, pflege ich nicht nur das Wissen, sondern gebe mich aktiv der Sehnsucht hin, aus der geistigen Welt heraus zu arbeiten. Wie trägt und ordnet Christus heute konkret Schicksal und Leben der Menschen, der Gemeinschaften, denen ich beistehe, ihre Wege zu finden? Wohin geleiten mich die „Karma-gestaltenden" Mächte? Was will ER, das geschehe?

Immer wieder wende ich den inneren Blick hin zu Christus und seiner Tat auf Golgatha. Wie lebt der Höchste, der Sonnenheld, der Sohn Gottes sich gegenwärtig in die Tatsachen des Erdenlebens hinein? Seine Taten damals und heute[122] seien mir Richtschnur und Anregung zu erfahren, was ich im Einklang mit IHM tun möge und kann. Dazu stehen mir heute zahlreiche Bücher von jenen Menschen zur Verfügung, die IHN erlebten und in ihren jeweiligen Berufen und Aufgaben durch sich wirken lassen konnten.[123]

Meine Gedanken opfere ich immer neu IHM, und von IHM darf ich durch Gottes Gnade, aus allem Scheineswesen aufsteigend, meinen eigenen Willens-Stoß empfangen[124] - und die Kraft, die nötigen Taten auch tun zu können. IHN lasse ich in mir walten und nehme die Folgen auf mich.

9. Chancen für ein spirituelles Wirken ergreifen

Für einen spirituellen Aufbruch braucht es ein lebendiges Geistesleben. Das fällt nicht leicht und wird nicht einfach von der Welt geschenkt. Wir müssen die Freiheit des Denkens, des Forschens, der Lehre und der Mitteilung der eigenen Gedanken, Hypothesen und Ergebnisse immer neu erringen. Und Mut brauchen wir für unsere eigene Art der Pädagogik, Heilung, Praxis, Sozialarbeit... Steiner diagnostiziert:

„Dieses geistige Leben, das wir heute haben als allgemeines, ist ja kein wirkliches geistiges Leben, es ist ein bloßes intellektuelles Leben. Man redet vom Geiste, man hat Begriffe, aber Begriffe sind doch kein lebendiger Geist. Wir müssen nicht nur den Geist haben irgendwie in Form von Begriffen, die in unseren Köpfen sitzen, sondern wir müssen den Geist herunter bringen auf die Erde, er muss in den Institutionen sein, er muss zwischen den Menschen walten. Das können wir aber nur, wenn wir ein selbständiges Geistesleben haben, wo wir nicht nur aus Begriffen über den Geist heraus wirken, sondern aus dem Geiste selbst heraus wirken...

Wenn wir dazu kommen, überhaupt ein lebendiges Geistesleben zu haben und die Fragen des Schicksals für uns wieder lebendig werden, dann werden" die Einzelnen, wie z.B. *„die Priester mehr aus der Gemeinschaft der Menschen heraus an ihren Platz gerückt... Es ist schon das so, dass man sich aneignen muss einen gewissen Blick für dasjenige, was objektiv einen auffordert, dies oder jenes zu tun."*[125]

Das gilt es immer neu zu erproben: Eine Organisation, die

➢ aus dem freien Geist sich gestaltet,

➢ ihre entstandenen freien Brüder-Gemeinschaften ernst nimmt,

➢ den ganz individuellen Menschen ihre jeweiligen Orte zugesteht, wo sie sich aus ihrem befreienden Geistesleben entfalten dürfen,

➢ den Gemeinschaften die Freiheit gibt zu entscheiden, wen sie jeweils als ihre Leiter, Mitarbeiter, Hirten... haben wollen.

Alle Beteiligten müssen sich schulen, um *„sich einen gewissen Blick für dasjenige, was objektiv einen auffordert, dies oder jenes zu tun, anzueignen."*[126] Das gilt für Schulen, Lebensgemeinschaften und jegliche Zusammenschlüsse. Ein lebendiger Austausch kann das Schicksal ordnen, den Einzelnen zu seinem ICH führen, und göttliche Harmonie unter den Menschen entstehen lassen[127], wo bisher noch Orientierung und Stütze gesucht wurde durch Gehorsam, Führung, Beamten-Ordnung, „klare Machtverhältnisse", Hierarchie und Autorität. Ja, „wider den Gehorsam" müssen wir leben, wie Arno Gruen es beschreibt.[128] Und das freie Interesse am anderen lässt echte, wahrhafte Liebe entstehen[129], sodass wir *„leben in der Liebe zum Handeln und leben lassen im Verständnisse des fremden Wollens".[130]* Dann üben wir im Sinne jenes Mottos der Sozialethik, wie R. Steiner sie formuliert: Heilsam ist nur, wenn im Spiegel der Menschenseele sich bildet die ganze Gemeinschaft, und in der Gemeinschaft lebet der Einzelseele Kraft."[131]

„Natürlich werden Sie heute großen Widerstand dagegen erfahren, aber Sie können es… am allerbesten entfalten, nicht in - ich möchte sagen, wohlwollenden gegenseitigen Beanredungen, dass man sich gegenseitig duldet - sondern dadurch, dass man tatsächlich das von der Sache Geforderte wirklich auch als sein Ideal hinstellt. Natürlich müssen Sie gewärtig sein, dass man Ihnen da den allergrößten Widerstand entgegenbringt." Wenn es in einer Gruppe zu friedlich ist, können wir prüfen, ob wirklich aus dem Christus-Geist gewirkt wird, der *„tatsächlich das von der Sache Geforderte wirklich auch als sein Ideal hinstellt"* und den aus dem inneren Wesen der Sache geforderten Widerstand wagt sowie dessen Folgen, friedvoll sich zur Welt stellend, erträgt.

„Wir haben heute in dem allgemeinen sozialen Organismus überhaupt kein Geistesleben mehr, wir haben ein intellektuelles Leben, wir haben aber kein Geistesleben. Wir haben, ich mochte sagen, keinen Umgang der Götter mit den Menschen. Wir haben nicht das Bewusstsein, dass in allem, was äußerlich in der physischen Welt vorgeht, das göttliche Wirken durch uns selber da sein soll, und dass der wirkliche reale Geist in die Welt getragen werde, dass also sowohl die Handlungen, die sich innerhalb des Wirtschaftslebens abspielen, als auch die rechtlichen Festsetzungen, die sich innerhalb des Staatslebens abspielen, und namentlich, dass der Jugendunterricht und auch die Unterweisung des Alters die freie Tat der an diesem Geistesleben teilnehmenden Menschen sein muss. - Das ist dasjenige, was eben eingesehen werden muss."[132]

Wie frei fühlen wir uns? Wer sind diejenigen, vor deren gegensätzlicher Ansicht und Einstellung wir uns fürchten? Erlauben wir uns, zu leben und zu sprechen wie ein lebensvoller Mensch, an dem sich Widerstand entzündet? Trauen wir uns, auch gegen totalitäres und nichtssagendes offizielles Gerede, den Menschen neue Dimensionen zu eröffnen wie die Anarchisten in Spanien um 1935, wie im „Heilungsbiotop Tamera" um Dieter Duhm?[133]

„Daher werden Sie nicht anders können, als sich Ihre völlige individuelle Autorität zu erkämpfen für das freie Wollen. Das ist natürlich etwas, was unsere Zeit fordert, dass der einzelne... unter seiner eigenen Autorität"[134] stehend, spricht und handelt. Wie entsteht dann ein Zusammenklang der Gemeinschaft mit dem, was der Einzelne in seinem Innersten für richtig und wichtig hält? Wo lauern die Gefahren heute und in Zukunft? Erkennen und empfinden wir die Herausforderung?

„Was aus dem Realen der Zeit gedacht ist, ist für die Zeit gedacht. Und man würde zum Abstrakten kommen, wenn man so etwas nicht einsehen wollte. Wir stehen heute auf dem Punkt, wo gesagt werden muss, es müssen neue Formen gesucht werden, um aus dem Chaos heraus zu kommen... Insbesondere haben wir heute notwendig als unbedingt Wichtiges, was wiederum zu irgendeinem Licht führen kann, wir haben heute nötig – so unbehaglich es sein mag – ein Hineinleuchten in die ganze Welt der Unwahrhaftigkeit, welche unser geistiges Leben durchzieht... Das ist das... Negative. Und das Positive ist: Wir müssen nun, so schnell als das geht... zur Befreiung des geistigen Gebietes kommen."[135]

Wie frei lassen mich jene, die mir Geld und Amt geben? Wie sehr gelingt es mir, mich selbst innerlich frei zu machen? Wie groß ist noch meine Angst, die Unwahrhaftigkeit der Organisation, der Mitmenschen, Arbeitgeber oder Geldgeber... klar ins Auge zu fassen und, wissend um die Gefahren, wahrhaftes Leben zu wagen?

„Nur in der Erkenntnis dessen, was Zeitmacht ist, liegt dasjenige, was uns noch schützen kann vor der Null, ... nämlich vor dem Heraufkommen des Unterganges. Sie müssen trachten, dass das Konstituieren des freien Geisteslebens gefordert ist... Vorläufig ist für Sie das eine wichtig: für die Befreiung des religiösen Gebietes zu arbeiten; das ist dasjenige, was Sie ja tun müssen. Die Verselbständigung des einen Gebietes, das namentlich durch die Verlogenheit unter die Räder gebracht worden ist. Es wäre eine Illusion, wenn man nicht sehen würde, wie rasend wir in den Niedergang hineingehen. Wenn Sie auf die Tatsachen hinblicken, können Sie sich eigentlich nicht vorstellen, dass sehr lange so weiter gewirtschaftet werden kann... Wir sind am Hineinrutschen in das furchtbarste Chaos.

Heute ist es dazu noch so, dass man sagen muss, die Dinge werden noch immer verfälscht dargestellt... Es ist nur eine Täuschung, wenn sich die Leute behaglich fühlen und von Aufstieg reden. Wir sind durchaus in einem Niedergang."[136] So war es 1921! Und heute?

„Wenn es möglich ist, das Geistesleben zu retten, dann ist auch die Zivilisation gerettet. Aber es ist notwendig, heute sich wiederum des Wandels der Zeit bewusst zu sein... Heute muss man retten, was noch zu retten ist, und das ist dasjenige, was in den Menschenseelen vorhanden ist. Zur Befreiung des Geisteslebens zu kommen, das ist dasjenige, was man heute versuchen muss."[137] In diesem Drängen wurde z.b. der Prager Frühling möglich: Befreiung von jeglicher Zensur und verlogener Parteiendisziplin.[138] *„Wenn es gelingt, auf diesen Gebieten die Befreiung des Geisteslebens zu erreichen, dann werden sich von selber, vielleicht eher als wir glauben, aus dem Vorbild des freien und befreiten Geisteslebens die Leute finden, die auch ein Verständnis haben für die Gleichheit im Staatsleben und für die Brüderlichkeit im Wirtschaftsleben."* So war es in Prag zu erleben!

„Das nächste ist also, mit aller Kraft hinzuarbeiten auf die Verselbständigung des einen Gliedes des sozialen Lebens. Vorläufig ist für Sie das eine wichtig: für die Befreiung des religiösen Gebietes zu arbeiten; das ist dasjenige, was Sie ja tun müssen!"[139] Und alle fortschrittlichen Menschen danken es! Die Träger und Bewahrer hergebrachter kirchlicher, staatlicher und wirtschaftlicher Einrichtungen aber fürchten dies zumeist und antworten mit offener oder versteckter Zersetzung von Einzelnen und Gruppen, wie es schon Jesus bei der Aussendung seiner Jünger beschreibt, und wie die Apostelgeschichte es bildreich erläutert.

Als Menschen, die es wagen, mögen wir die Chancen nutzen, die sich - wenn auch vielleicht nur für kurze Zeit - ergeben. Was dann an Freiheit im Geistesleben erkämpft wurde, wird zum Baustein im Fundament kommender Generationen. So können wir mit Hilfe der Kämpfe, der Leiden und des aufrechten Strebens und Sterbens der uns Vorangegangen an der weiteren Errichtung einer lebenswerten Welt bauen. So können wir vom Welten-Vater-Grund bezüglich dieser Verstorbenen bitten: „Ihre *schützende Kraft erstrahle uns.*"[140] Von einer lichtvollen „Wolke von Zeugen"[141] seien wir und unsere Projekte umgeben. Das bemerken manche an der lichten und kraftvollen Atmosphäre, die unsere Arbeit segensreich erfüllt und umgibt.

Die Chancen
für spirituell-religiöses
Wirken
ergreifen

im Sprechen

10. Aus dem eigenen Inneren sich spirituell einbringen

„Das Ich auf der einen Seite steht da als der Gipfelpunkt des individuellen Lebens, Christus steht da als diejenige Kraft und Wesenheit, die nicht nur den Christen gemeinschaftlich ist bis ins Innerste des Ich hinein, sondern von der der Anspruch erhoben werden muss, dass er allen Menschen gemeinsam werden kann. Und wir müssen die Möglichkeit finden, von dem ganz individuellen Ich ... bis zu der Gemeinsamkeit des Christus hin die Brücke zu finden..."[142]

Freieste Brüdergemeinde aus dem sich befreienden ICH

So *„...ist nun die Zeitaufgabe, dass vertraut wird auf die göttliche Harmonie. Und das, meine lieben Freunde, hat man absolut nicht verstanden in meiner <Philosophie der Freiheit>. Aber es ist etwas, was im allereminentesten Sinne verstanden werden sollte in der Gegenwart. In meiner <Philosophie der Freiheit> baut auch das Rechts-leben auf den völlig aus sich heraus wirkenden individuellen Menschen. Einer der ersten, und zwar der geistvollsten Kritiker, die über meine <Philosophie der Freiheit> geschrieben haben..., schrieb einfach, diese ganze Anschauung führe hinein in einen... Anarchismus. - Dieses ist selbstverständlich der Glaube der heutigen Menschen. Warum? Weil dem heutigen Menschen jedes wirkliche durchgöttlichte soziale Vertrauen eigentlich fehlt, weil die Menschen das Folgende, für unsere Zeit Allerwichtigste nicht begreifen können, und das ist das:*

Wenn man den Menschen wirklich dazu bringt, dass er aus seinem Innersten heraus spricht, dann kommt nicht durch seinen Willen, sondern durch die göttliche Welteinrichtung die Harmonie unter die Menschen. Die Disharmonie rührt davon her, dass eben die Menschen nicht aus ihrem Inneren heraus sprechen. Man kann die Harmonie nicht erzeugen auf direkte Weise, sondern nur durch diese indirekte Weise, dass man die Menschen wirklich bis zu ihrem Innersten bringt. Dann tut der eine ganz von selber dasjenige, was dem anderen frommt, spricht auch dasjenige, was dem anderen frommt. Die Menschen reden und handeln nur aneinander vorbei, solange sie sich nicht selbst gefunden haben.

Begreift man das als ein Mysterium des Lebens, dann sagt man sich: Ich suche den Quell meines Handelns in mir selber und habe das Vertrauen, dass der Weg, der mich da ins Innere führt, auch in die göttliche

Weltordnung im Äußeren mich einschalte und ich dadurch in Harmonie mit den anderen wirke. Dadurch wird erstens das Vertrauen in das menschliche Innere gebracht, zweitens aber auch das Vertrauen in die äußere soziale Harmonie. Einen anderen Weg als diesen gibt es nicht, um die Menschen zusammenzubringen."[143]

Herr der Herren, König der Könige

Dieser Weg zum ICH und zur freien Gemeinschaft besteht wirklich. Es ist ein großartiger, befreiender, erlösender Weg, der selbst in Produktions- und Forschungs-Zusammenhängen erfolgreich gegangen wird. Er wird zum Abschluss der Kurse über christlich-religiöses Wirken (GA 346) noch einmal konkret benannt:

„... wie lange bedarf es denn äußerer Herren auf der Erde? Wie lange bedarf es denn der Gebote äußerer Herren, selbst der Gebote äußerer Geistesherren über die Erde? - Nur bis zu dem Zeitpunkt, wo der Christus ... den Menschen innewohnt. Dann wird jeder Mensch auch dem Christus in seinem eigenen Wesen, in seiner eigenen Seele folgen können. Dann wird jeder in sich dasjenige zu verwirklichen streben, was aus der inneren Liebe heraus den Willen des Menschen realisieren will; dann wird der Herr der Herren, der König der Könige in jedem einzelnen wohnen.

Geistig gesehen ist das die Zeit, in der wir selber jetzt leben. Und die Tatsache, dass wir in ihr leben, ist nur dadurch verhüllt, dass die Menschen fortfahren, in alten Bahnen zu leben und wirklich zunächst so viel als möglich diese Christus-Innewohnung verleugnen, auf allen Gebieten so viel als möglich verleugnen. Man muss schon sagen: Es ist heute in zahlreichen Menschen vieles, was sie in der rechten Weise vorbereitet auf das ätherische Erscheinen des Christus" in der Welt und „in ihnen, der ja ein aus der göttlichen Welt herabkommendes Wesen ist. Aber die Menschen müssen sich dazu vorbereiten dadurch, dass sie den Quell ihres Handelns, ihres Tuns in sich selber finden."[144] Statt eines pflichtbewussten Amtsträgers gilt es, zum Jünger Jesu zu werden, der aus seinem sich befreienden Ich heraus lebt. Das erlaubt sich der Leiter und ermutigt damit alle mit ihm verbundenen, ebenfalls aus dem Innersten zu sprechen und zu lauschen. Als ein Freiberufler ohne Chef wirkt so ein Mensch. Und die moderne Führung einer Gemeinschaft wird dies jedem Mitmenschen zugestehen, ja selbst vorbildlich dabei vorangehen. Als Pioniere einer neuen Pädagogik, Therapie, Sozialarbeit werden sich solche ICH-Menschen finden.

„Und damit berühren wir eigentlich aus dem Geist der Apokalypse heraus die Schwierigkeit des heutigen Priesterwirkens. Der Priester soll ja in gewissem Sinne der Dominus sein, er soll in gewissem Sinne leiten und führen... Aber auf der anderen Seite leben wir in der Zeit, wo die Menschen in sich die Essenz tragen, den Christus so weit in sich aufzunehmen, dass sie immer mehr ihre eigenen Führer werden können.

Sehen Sie, in diese Situation begibt sich derjenige, der heute nach der Priesterwürde greift. Und diese Priesterwürde ist dennoch gerade heute ganz voll berechtigt, ...weil das, was die Menschen als Essenz in sich tragen, zwar in den Menschen da ist, aber aus ihnen erst herausgeholt werden muss, wirklich aus ihnen herausgeholt werden muss. Man braucht heute ja tatsächlich alles dasjenige, was hinter der priesterlichen Würde liegt, um aus den Menschen herauszuholen, was in ihnen ist.

Die Menschen müssen heute ein Ich ausbilden, eine Individualität ausbilden, mit der sie hinüber leben können in die nächste Inkarnation. Das ist nur möglich, wenn zu den Menschenerlebnissen dasjenige hinzugefügt wird, was durch die Gnade des Opfers, durch die Gnade des Sakramentes gegeben wird."[145] Dies mögen wir bemerken und versuchen, so zu wirken, dass das Ich der Einzelnen ergriffen wird und etwas Höheres, Transzendentes sich in dieses Ich hineinweben kann.[146]

...die Menschen gehen ja heute maskiert herum. Maskiert gehen sie herum. Und wenn einmal das Bedürfnis auftritt, die Menschen wirklich in ihrer Individualität zu sehen, so kann das in tragische Konflikte hinein führen... Ein solcher tragischer Konflikt trat ja schon bei Hölderlin auf, der einmal sagte, er sehe, wenn er die Deutschen anschaue, <Handwerker, aber keine Menschen, Denker, aber keine Menschen, Priester, aber keine Menschen, Herren und Knechte, junge und gesetzte Leute, aber keine Menschen.>[147] *Und so differenziert er weiter; die Menschen tragen gewissermaßen das Siegel eines Außermenschlichen an sich".*[148] Was aber geschieht in uns und um uns, mit uns, wenn wir uns ganz als Ich-Menschen offenbaren? Wenn wir auf das Ansehen eines Amtes, auf die bedeutungsvolle Maske... verzichten, dann können sich auch andere als Ich-Menschen zeigen. Wir dürfen getrost vorangehen und durch unser sich zu echter Liebe befreiendes Sein ermutigen. Jene, die das nicht ertragen, erweisen sich dann oft in ihrer Tragik. Jesus wirkte lebendig, wurde geliebt. Sein Sein demaskierte aber die Hochpriester, Rechtgläubigen, Schriftgelehrten und offenbarte ihr wahres Gesicht.

„Heute brauchen wir ein priesterliches Wirken, das zu den Menschen als Menschen spricht und das Menschheitliche kultiviert. Das kann natürlich im Grunde genommen keine der heutigen Konfessionen. Denken Sie nur einmal, wie abhängig die Konfessionen sind. Gerade über diese Abhängigkeit der Konfessionen muss die Gemeinschaft für christliche Erneuerung hinauswachsen."[149] Hier kann man sich leicht in Illusionen wiegen, man selber und die zugehörige Gruppe seien nicht befangen in Abhängigkeiten. Aber entsteht ein erlösendes Wirken von Mensch zu Mensch, welches das Menschheitliche kultiviert? Es lohnt sich immer wieder, sich weiter zu wagen und zu erproben, ob und wie weit es heute, anders als im „real existierenden Sozialismus" und im „schnöden Kapitalismus"[150], in der Nato oder anderen Bündnissen... erlaubt und möglich ist, das Menschheitliche zu kultivieren. Müssen auch wir, wie die meisten Jünger Jesu, unser Leben, unseren Komfort, unsere Sicherheit riskieren und verlieren, um aus unserem Ich zu wirken, indem wir IHM nachfolgen?

Den Prozess der Ich-Werdung regen wir durch unser Ringen und unser eigenes Sein in den Mitmenschen an.[151] Das wirkt stärker und tiefer als alle Worte. Viele junge Menschen haben einen solchen Lehrer, Pfarrer, Arzt, Therapeut erlebt, dessen Sein und Handeln sie ermutigte. R. Steiner beschreibt immer wieder, dass einige Prediger durchaus recht frei sprechen. Das rührt jedoch oft davon her, dass die Kirche sich ihrer sicher ist, – denn die Kirche und ihre Weisungen betrachtet solch ein Redner fraglos als seine höchste Instanz. Im Ernstfall achtet er die Vorgesetzten höher als sein eigenes Denken, Fühlen, Wollen, Gewissen und sein ganzes gesegnetes Ich. Den wirklich Christus folgenden Menschen wird zumeist früher oder später von der Kirchenleitung so etwas gesagt wie: „Wir haben das Vertrauen in Sie verloren: Sie werden doch immer tun, was Sie für richtig halten!"[152] Auch in anderen Organisationen, wie z.B. Schulen und Krankenhäuser, kann man studieren, wie freier werdende Mitarbeiter sich vorsorglich umsehen, ob auch niemand zuhört, wenn sie sich einmal ganz ehrlich offen äußern.

11. Meditativ und sozial wirksam sprechen – ein Versuch

Hier mein Predigt-Entwurf zu meiner Einführung im evangelischen Gottesdienst an Pfingsten. Evangelium: Johannes 14 Epistel: Apg 2

Ein Gelöbnis darf ich heute vor Euch ablegen. Selbstverständlich kann ich nach all der Kirchengeschichte nicht ein Gelöbnis auf irgendeinen Menschen oder eine Führungsgruppe einer Kirche ablegen. Wie furchtbar Einzelne sowie Gruppen von den jeweiligen Machthabern dieser Welt bedroht werden, können wir z.b. in den Stasi-Akten oder den Dokumenten zum Nationalsozialismus nachlesen und von manchen heutigen Kirchenführern hören. Die Weisungen solcher Abhängiger geraten und gerieten verständlicherweise oft (wie z.B. im Schuldbekenntnis der ev. Kirche 1946[153] oder in der Erklärung der Bekenntnissynode von Barmer 1934[154] ausgedrückt) zum Gegenteil von Christi Willen, zum Dienst für den Herrn der Welt, den „Anti-Christ". Wem darf und muss ich dann also ein Gelöbnis sprechen?

„Allein Gott in der Höh sei Ehr!"[155] So singen wir in jedem Gottesdienst. Ich freue mich, heute in dieser Feierstunde vor und mit Euch IHM mein Gelöbnis aussprechen zu dürfen. Und dazu möchte ich Euch um Hilfe bitten: Neben und über uns, die wir heute gekommen sind, um den Pfingstgeist in uns zu erneuern, ist auch die Schar all jener Frauen und Männer, die bis zum Tode durchhielten und in Anerkennung der jeweiligen Machthaber, allein Gott, mit dem ganzen Leben, die höchste Ehre zu geben.

„Das *alles gebe ich in Deine Macht, wenn Du niederfällst und mich als Herrn anerkennst.*"[156] sprach der Versucher zu Jesus und zu so vielen anderen. Er spricht es immer neu auch sehr verführerisch zu uns. Aus den Leitern von Gruppen und Kirchen, nicht nur der päpstlichen Hierarchie... *„Weg mit Dir Satan!"*[157] sei meine Antwort, wie Christus mich lehrt: *„Vor der göttlichen Macht, die dich führt, sollst du dich beugen, Ihr allein sollst du dienen!"*[158] Mit Martin Luther sei meine Antwort immer und überall: *„Hier stehe ich, ich kann nicht anders! Gott helfe mir."*[159] Und die Folgen meines Tuns will ich in Christi Segen und Frieden tragen, lässt man mich nun in der Gemeinschaft aufblühen oder führt man mich zum Tode. Dazu helfe mir die Kraft all jener, die einst in würdiger Weise in der Christenheit Ämter übernahmen und ausführten.[160] Dazu helfe mir die Kraft all jener, die für ihr freies und mutiges Sprechen gefangen gesetzt wurden und werden, z.B. im Pfarrerblock des KZs Dachau[161], im Stasigefängnis,[162] in Guantanamo, in chinesischen und russischen Folterlagern[163] und über die ganze Welt hin. Und es helfe mir die Kraft aller mutigen Menschen, die mir besonders nahe sind, wie Dietrich Bonnhöfer, Hildegard Schaeder, Pater Jacques de Jésus[164], die 4 Märtyrer meiner Heimatsadt Lübeck.[165]

Wenn ich in diesem Augenblick im Anblick des ungeheuren Ernstes unserer Zeit und unserer so schwachen Glaubenskraft, die noch nicht Berge versetzen kann, dieses Gelöbnis vor Euch ausspreche, so lasst mich eine Bitte anschließen, woran Ihr, liebe Mitbrüder und Mitschwestern auf den Wegen Christi, mich in jeder Begegnung und jedem gemeinsamen Tun erinnern möget: Dass ich in Christi Namen, Wesen und Kraft unter Euch wirken soll! Aus seiner Quelle, in seinem Gnaden-Strom soll ich reden, seinen Segen durch meine Hände fließen lassen. Bitte sucht Christi Wesen in mir.

Lasst Euch erzählen, schaut in den Evangelien nach, wie Christus lebte und lockt in mir möglichst viel von dem heraus, was ihr ahnt, dass Seine Lebensart in mir sein kann und will. So mögen sich die Worte der Aussendung des Auferstandenen an seine Jünger auch an mir erfüllen: *„Gehet hin und machet alle Völker zu Jüngern und taufet sie auf den Namen des Vaters, des Sohnes und des Heiligen Geistes, und lehrt sie alles halten, was ich euch aufgetragen habe. Und siehe, ich bin bei Euch alle Tage bis ans Ende der Welt!"*[166]

Vor 35 Jahren begannen die Kinder im Religionsunterricht durch ihr Zuhören, Sehnen und Fragen mich zu ihrem Lehrer zu erziehen. Studenten verlangten mich als Menschen, nicht als Funktionär oder offiziell anerkannten Lehrer. Religiös suchende Menschen ließen mich durch ihre Bitte um spirituelle Begleitung zum Seelsorger werden. In jedem von uns individualisiert sich Christi Kraft. So werde auch mein Wirken unter Euch. Christi Geist und seine Wesen erschaffende Liebe in Euch möge ich spüren, damit Christus auch in mir neu werde, weiterwachse. Er wirkt in und durch Euch. Ihn will ich in Euch suchen, so wie er sich in Euch individualisiert und Euch im Innersten bestärkt. Und ihr mögt ihn in mir erbitten und finden. Daraus entstehe unser gemeinsames Wirken, solange wir miteinander Gemeinschaft gestalten können.

Unser Glaubensbekenntnis[167] ist ja in dieser Weise am Pfingst-Tag vor langer Zeit entstanden: Jeder der Jünger konnte einen Teil der Wirksamkeit des Göttlichen ganz sicher in einen Satz prägen. Da gab es jene, die das Göttliche vor allem deutlich wie einen gütigen, liebenden Vater wahrnahmen, andere, die es sehr klar als gemeinschaftsbildenden großen Geist erlebten, der Wahrheit und Heilung bringt. Und eine dritte Gruppe konnte die Stärke spüren die darin lag, dass das Göttliche in Jesus als ein Mensch vor ihnen stand, der durch Priesterhetze als Verbrecher gequält, von Pilatus selber unschuldig befunden, dennoch dem Tod preisgegeben wurde. Er siegte über die menschliche Schwäche. So konnte jeder Jünger einen Satz sagen. Die Tradition überliefert auch, welcher Jünger welchen Satz prägte. In der gegenseitigen Achtung der Jünger entstand das Glaubensbekenntnis, das wir auch heute noch nutzen können, um innere Sicherheit zu erlangen und zu bekräftigen.

Die Entstehung der Jünger-Kirche

Die Gemeinschaft des Heiligen Geistes, das Entstehen einer heiligen „Kirche", das feiern wir heute. Unser Predigttext beschreibt die Qualität der damals versammelten Gruppe so: Sie haben Angst vor den Staatsorganen, vor den Scheinheiligen und vor den eifersüchtigen religiösen Führern. In den Tagen von Ostern bis Himmelfahrt erleben sie, während sie die Türen fest verschlossen haben, dass der unschuldig Getötete und als tot Angesehene jetzt als Auferstandener sieghaft zu ihnen kommt. Er beruhigt und lehrt sie. Immer wieder: auf dem Weg nach Emmaus, im Garten, am Grab, im Versammlungsraum..., wo zwei, drei oder viele Menschen in seinem Namen zusammen sind, kommt er in ihre Mitte. Aber mit der Himmelfahrt wurde er ihnen entrückt. Einsam, verlassen erlebten sich die Jünger.

Da entschlossen sie sich, wieder eine Gruppe zu werden - so vollkommen verschieden wie die 12 Monate. Dann wählten sie Matthias zum Nachfolger für Judas, der sich selbst das Leben genommen hatte. Anschließend befanden sie sich wieder zusammen im Haus in verzweifelter Suche nach Verständnis und nach Kraft zum Handeln, zum Stehen in der allen aufrechten Menschen so feindlich gesinnten Welt. Da geschieht so etwas wie ein Sturm und wie ein Feuer, dass sich auf jeden einzelnen von ihnen zerteilt und ihn entflammt. Aus dieser Begeisterung kann jeder nun sprechen. Und als sie so ermutigt auf den Markplatz hinausgehen, fühlen die verschiedensten Menschen sich in ihrer eigenen Sprache angesprochen.

Diese Jünger lieben Christus und offenbaren seinen Geist. Christus lieben, heißt Ihm nachfolgen. Es heißt nicht: den anderen töten, weder mit Worten noch mit Taten. Sogar das Ohr, das Petrus einem feigen festnehmenden Soldaten abschlug, hat Christus wieder geheilt. Von Christus geht keine Bereitschaft zum körperlichen Angriff aus. Von Christus geht eine klärende, aufdeckende Kraft aus und die Kraft, auch die Verleumdung und Schmach, die Qualen und die Scheinprozesse, die schuldlose Verurteilung ertragen zu können, ohne seine Würde zu verlieren. Seine Kraft lässt jeden sich selbst und verschiedenste Menschen sich als Gruppe finden und ertragen. Wie Martin Luther lernen wir, uns stark in die Gegenwart zu stellen: „Hier stehe ich, ich kann nicht anders!... Gott helfe mir!"[168]

Dietrich Bonnhöfer sagte rückblickend auf das Jahr 1933: „Wir hätten schreien müssen!"[169] Auch über mich möge es eines Tages heißen: „Du hast einiges der Jugend helfen können, weil Du, Dein Leben wagend, offen zu ihnen sprachst." Inzwischen haben viele Soziologen untersucht, welche zumeist noch unterschätzte Kraft die einzelnen Mutigen in den Diktaturen unserer Zeit doch hatten und haben. In den Akten der Geheimdienste und in den Erinnerungen von Verfolgten[170] der Gestapo, der Stasi, der CIA[171]... können wir nachlesen, welche Angst bei den Führern vorhanden war, dass der Heilige Geist in Einzelnen und Gruppen wirksamer würde. Die „friedliche Revolution" der DDR,[172] der Prager Frühling... und so viele Aufbruchsbewegungen[173] gingen von pfingstlich-mutigen Gemeinden aus!

Aus echten Individualisten möge sich immer mehr unsere moderne christliche Gemeinschaft bilden, wie es in vielen Gruppen erfahrbar wird. Unsere Kirchenleitung möge ein Katalysator sein, damit der unmittelbar spürbare klare, heilige und heilende Geist selber unsere Gemeinschaft bildet und ordnet. Pfingsten wird gerade dann erlebt, wenn Menschen zusammen ehrlich um Verständnis ringen - interkonfessionell, über-konfessionell, unkonfessionell, wie es in den KZs erfahren wurde.

Was ist unsere pfingstliche Aufgabe heute?

Was ist unsere Aufgabe in unserer Zeit der Medienmächte und Finanzmärkte? Zu einer achtsamen und zugleich schonungslos denkenden Klarheit des Heiligen Geistes mögen wir reifen, sie pflegen und in liebevollem Respekt befreiend anwenden. Ein feuriger Geist, der von Liebe, Sehnsucht und Achtung getragen ist. Mutig nachforschen und gemeinsam zu verstehen ringen. Die Freiheit ergreifen, die jedem zugedacht ist. Die Folgen aufrecht tragen! Eine Gemeinschaft bilden, die aus dem Ringen und Erleben von klärendem, heilendem Geist sich vereinigt fühlt. Wo und wie wirkt der Heilige Geist Christi heute in unserer Mitte? Lasst ihn uns anschauen! Jeder möge seine ganz eigene Sprache finden. Erinnern wir uns: Nur wo Liebe ist, da ist Christus. Und nur *„wer mich wahrhaft liebt, offenbaret meinen Geist"*[174]

Und wie beschreibt sich im heutigen Evangelium der gotterfüllte Mensch selbst? *"Ich selbst bin der Weg, bin die Wahrheit, bin das Leben"*[175] Sein Ich ist das alles! Auch in unserem Ich liegt, wie dem Moses damals Gott aus dem Dornbusch erklärte, dieser Schatz verborgen: *„Ich bin der Ich-bin."*[176] Der Gott, dem wir uns zuwenden, spricht in ehrlichen tiefen Begegnungen mit anderen, zwischen uns und in unserem eigenen tiefen Wesen, unserem wahren oder höheren Selbst. Er spricht nicht im Über-ICH, in dogmatischen Lehrsätzen, in heiligmäßigem Gruppenfühlen, in Autoritäten, nur weil sie rechtmäßig eingesetzt sind. So lasst uns mit den Jüngern gemeinsam (wie der geistliche Exerzitien-Begleiter, der ev. Theologe Dietrich Koller sagt), eine „heilige Anarchie" bilden.[177] *„Der Wind bläst wo er will, und Du hörst sein Sausen wohl; aber Du weißt nicht, woher er kommt und wohin er fährt. So ist jeder, der aus dem Geiste geboren ist.*[178] Ihm darf keine Ämterherrschaft entgegenstehen. Lasst uns einander so begegnen, dass wir einen Raum bilden, in dem wir uns als wahrhafte Menschen zeigen können, geachtet mit allen Fehlern. Keine Funktionäre, keine Amtspersonen – nur sich entwickelnde Menschen!

Unsere Freiheit dürfen wir weit über allen Gehorsam, allen Schein und alle Gruppenzugehörigkeit stellen. Die Zeit der Gleichschaltung wird in Deutschland hoffentlich in ihrem Irrsinn verstanden und immer mehr überwunden. Das eigene Denken dürfen wir aktiv pflegen. Dankbar blicke ich auf jene Christen, die „Feindsender" hörten, Ketzer lasen[179]… und darüber zur tieferen Wahrheit durchdrangen, die in der DDR das

„schlimme Westfernsehen" sahen und die raffinierte Gewaltherrschaft der führenden Partei im Neuen Deutschland tiefer verstanden. Auch was in meiner Jugend, in den 68ern, die angeblich „5. Kolonne Moskaus"[180] über den menschenverachtenden, lügenden, „schnöden Heuschrecken-Kapitalismus"[181] sagte, war mir eine Hilfe. Und worauf weisen fromme Juden wie Martin Buber, große Buddhisten wie Mahatma Gandhi[182], wie der Dalai-Lama[183], ehrfürchtige Schiiten, Staatsmänner wie Nelson Mandela[184] uns hin? Lasst uns gewaltfrei Mensch sein und einander achten. Das alles möge sich im täglich neuen Pfingst-Erleben, in der Liebe zu Gott, durch unser ehrliches Sprechen ereignen.

So mögen wir uns gegenseitig helfen, mutig und ehrlich uns als sündige, schlichte, anfängliche, aus Gott erschaffene Menschen auf dem Weg zur Wahrheit und zu einem begnadeten Leben zu begegnen. *„Sehet, da ist der Mensch!"*[185] sprach der damalige Machthaber und verurteilte IHN. Das Menschliche bringt Jesus hervor - auch dornengekrönt, auch im Verspotten - dass ER der König der Juden sei.

Daher kann er kein Freund jener Herrscher dieser Welt sein, die nicht das Gottesreich achten, sondern gehorsame Untergebene haben wollen. Das können auch wir nicht, wenn wir nach IHM blicken und IHM folgen wollen. Ein Teil der Leute wird dann über uns sagen, es sei was wir reden utopisch, töricht, leichtfertig, unrealistisch, esoterisch, heidnisch, unwissenschaftlich... – die anderen werden ahnen, dass etwas daran sein kann, wenn sie uns zusammen Gemeinschaft bilden sehen und mit uns gehen. *„Daran sollen Euch alle als meine Jünger erkennen, dass Ihr euch untereinander liebet."*[186] Das ist Pfingsten, wie wir in der Apostelgeschichte heute hörten. Das ist Nachfolge der Jünger, wie ER es ihnen vorhersagte. Wer jetzt noch nicht mitgehen will, der möge uns gerne beobachten. Diesen prüfenden Blicken stellen wir uns. Das Böse, Feindselige aber werden wir dorthin abschütteln wo es hingehört und durch Christi siegreiche Wegbereitung ertragen können. Unser Kreuz werden wir auf uns nehmen können, weil ER in jedem von uns und in unserem Zusammenkommen wirksam ist.

In der Liebe zu Christus erscheine der pfingstliche Geist und *„der Friede Gottes, welcher höher ist als alle Vernunft"*[187]. Er befeuere und leite unsere Herzen und Sinne, auf dass das Reich Gottes in und durch uns weiter erscheinen kann. AMEN

12. Vor jedem Lehren zuerst die Inhalte meditieren

Beispiel Steiners für ein Sprechen aus spiritueller Erfahrung[188]

Für einen spirituellen Aufbruch der Menschheit muss die Kraft gefunden werden, die tiefen und wesentlichen Fragen zu bewegen und weiterzugeben. Dazu braucht es keine Lehrpläne oder Dogmen, sondern tiefe innere Erlebnisse. Ohne meditatives Bewegen der Worte geht es nicht, wenn sie den ganzen Menschen ergreifen sollen! Für jene, die ihren Unterricht wissenschaftlich, künstlerisch und zugleich mit einer religiösen Tiefe gestalten wollen, gibt R. Steiner eine konsequente Anregung:

„Wir müssen schon verstehen, den Leuten in populärer Weise einen Begriff von dem beizubringen, was in allen Dingen das Ewige ist, und von dem, was das Vergängliche ist, das Entstandene und das Vergehende. Und wir müssen die Vorstellung hervorrufen auf allen möglichen Wegen und Umwegen, dass der Vatergott dem Dauernden und der Sohnesgott, der Christus als der schöpferische Logos demjenigen zugrunde liegt, was das Werdende ist, und was das Werden ist. Deshalb muss man auch das Verständnis für den Vatergott suchen vor dem Entstandenen und das Wirken des Christus in dem Entstandenen. Solche Dinge müssen wieder herausgearbeitet werden, dann kommen wir wiederum zu Begriffen, die jenseits der bloßen naturwissenschaftlichen Begriffe liegen."

Im Erleben des göttlichen Urgrundes alles Seins und seiner Schaffenskraft (des Sohnes) gilt es, innere Sicherheit, starke Empfindungen und reiche Erfahrungen zu verdichten. Dazu kann es hilfreich sein, ein kleines Büchlein oder einen Ordner im PC anzulegen, in dem man versammelt, welche Überlegungen, Fragen, Beobachtungen und Hypothesen uns kommen. Es orientiert unser Suchen und führt uns zu inneren Erfahrungen, die einleuchtende Erkenntnis werden. Wenn diese lebenswichtigen Themen für uns immer sicher sind, können wir Bekenner, aus eigener spiritueller Erfahrung lebenspraktisch Tätige, Wegbegleiter und -führer werden. Mit altem Wort: Lehrer, Pfarrer, Hirte, Therapeut und Arzt mit heilendem Geist.

Dennoch gilt es, sich im Einzelnen auf jede individuelle Ansprache vorzubereiten. *„...meine lieben Freunde, Sie müssen auch in der richtigen Weise darüber sprechen können. Das lernen Sie nicht durch logisches*

Spintisieren, denn das logische Spintisieren leidet selbst an jener Einseitigkeit, dass es auf das Einmal-aufgenommen-Werden hinarbeitet. Das logische Spintisieren - wenn es bloß beim Spintisieren bliebt - ist die schlechteste Vorbereitung... so genügt es nicht, dass Sie sich vorbereiten auf den Lehrgehalt der Predigt; die einzig mögliche Ergänzung zu dieser Vorbereitung auf den Inhalt ist für den Prediger selbst die Meditation." Zuerst gilt es den Lehrinhalt einer Ansprache sich zu erarbeiten. Dann aber braucht es eine lebendige Meditation über den Inhalt dessen, worüber man sprechen will, um in sich selbst tiefe, auch emotionale, Sicherheit zu gewinnen, die nötig ist, wenn wir in eine neue Zeit aufbrechen wollen. Dann können die Mitmenschen wirklichen Beistand auf ihrem Weg finden und den Weg zum Schöpfergrund alles Seins gehen. Sie können sich neu finden als selber aus Gott Geschaffene und aus spiritueller Kraft Wachsende. Ein bescheidenes und begnadetes Selbstbewusstsein kann so entstehen.

„Derjenige, der eine Predigt halten will, hat vorher eine Meditation zu machen, das heißt, etwas in sein Bewusstsein hereinzurufen, was ihn in die fühlende Innerlichkeit bringt, sodass er den Gott, das Göttliche in sich fühlt." In mir selber möge ich als Prediger wahrhaftig und in gefühlter Innerlichkeit, das Göttliche, jeweils neu durch den vorgenommenen Inhalt angeregt, empfinden! Mir selber mögen die Inhalte hilfreich und lebenspraktisch werden. Das regt dann in der Ansprache die Herzen der Mitmenschen an. *„Wer nicht in dieser Weise meditativ sich vorbereitet, der wird das Wort nicht erklingen lassen können in der Nuance, in der es erklingen muss, wenn man Verständnis hervorrufen soll für das, was man zu sagen hat."* Auf diese Nuance kann man auch achten, wenn man andere sprechen hört und wenn man an die eigenen Worte zurückdenkt. Auch im reflektierenden Nachgespräch eines Vortrags eines Workshops oder einer Predigt mit den Zuhörern zeigt sich oft, ob wir wirklich ein Verständnis hervorrufen konnten, ob die Hörer anlässlich unserer Worte in sich wichtige Erfahrungen machen konnten.

„Sie werden sprechen müssen von Unsterblichkeit, sie werden sprechen müssen von Sündenfall, von Schöpfung, von Erlösung und von Gnade." Davon brauchen wir Menschen eine innere Gefühls- und Verständnissicherheit, die uns ergreift und zu Haltungen und Taten anregt. *„Sie dürfen aber nicht... davon... mit demjenigen Bewusstsein sprechen, das Sie sich herausgeholt haben aus der modernen*

naturwissenschaftlichen Bildung, sondern Sie müssen mit demjenigen Bewusstsein sprechen, das Sie sich herausgeholt haben aus Ihrem Erfühlen des göttlichen Daseins in Ihrem eigenen Inneren."

Wenn wir aus solcher inneren Arbeit heraus sprechen, dann erfahren wir ein Geschenk aus dem Göttlichen selbst heraus: Durch uns erklingt in Gnade eine gewisse Nuance, die das Vortragen, Unterrichten, Darstellen... leicht macht und die Herzen berührt. Wir sprechen begnadet, charismatisch. *„Dann wird Ihren Worten die nötige Nuance gegeben werden, die Sie brauchen, um an die Herzen derer heran zu dringen, zu denen Sie die Wahrheiten über Unsterblichkeit, Sündenfall, Schöpfung, Erlösung und Gnade bringen sollen."*

„Das ist dasjenige, was eben so tief als nur möglich ... eingesehen werden muss. Sie kommen nicht zu einem tieferen Verständnis des Lehrgehaltes, wenn Sie sich nicht meditativ vorbereiten. Jene Sammlung, die Sie sich zuerst erwerben in der Meditation, die Sie dazu bringt, mit Ihrem ganzen Menschen - wenn auch nur für kurze Zeit - allein zu sein, jene Sammlung ist es, die Ihnen die richtige Stimmung auch für das Evangelienlesen zubereitet. Sie müssen schon davon ausgehen, dass nur das meditative Leben Sie auf der einen Seite zum Evangelienlesen, auf der anderen Seite für den besonderen Ton des Predigens vorbereiten kann." Im eigenen Üben sowie im Anhören anderer Ansprachen bemerken wir, ob der Ton uns wirklich freilassend erhellt und uns intensiv, heilsam berührt.

„Das ist dasjenige, was der Prediger sich zur Gewohnheit machen muss. Man soll eben nicht glauben, dass das Verständnis für Kultus, das Verständnis für die richtige Nuance des Predigens, einem durch verstandesmäßige Erwägungen, durch verstandesmäßiges Begreifen des Evangelieninhaltes zukommt, sondern es kommt durch die meditative Vertiefung in das geistige und in das willenshafte Element gleichzeitig, das den Menschen anregt, also den Vollmenschen anregt, und darauf kommt es eigentlich immer an." Die moderne Ansprache breitet Inhalte vor uns aus, sie appelliert nicht moralisch an uns, ermahnt uns nicht zu Übungen für zuhause und den Alltag... Die Zuhörer werden hier und jetzt in ihrem Weltverständnis, in ihrem Gefühl... so angeregt, dass die Worte auch den Willen ergreifen, ohne ihn zu zwingen. Der Mensch bekommt Lust, in der Art, wie er in diesem Augenblick während der Ansprache, dem Unterricht, dem Seminar... dem Göttlichen nahe ist, auch weiter zu leben und zu wirken.

„Es ist durchaus gut, wenn der moderne Prediger an hervorragenden Beispielen sich klarmacht, welche inneren Seelenkämpfe eigentlich durchgefochten werden müssen, wenn man von dem, was man heute eben durch die äußere Bildung, auch durch die äußere theologische Bildung aufnimmt, und was die ganze Gedankenform bestimmt, zu einer wirklichen Erfassung der angedeuteten Vorstellung über das Übersinnliche hin dringen will." Und selber mögen wir Freude gewinnen an diesen Seelenkämpfen, durch die wir mit unserem Denken, Fühlen und Wollen bis zum eigenen individuellen Erfassen des Übersinnlichen dringen wollen.

Ein Beispiel

Der Gedanke des Weihnachtsgebetes kann uns berühren: *„Christus, des väterlichen Weltengrundes offenbarender Schöpfergeist, hat den Erdenleib erkoren, in dem er wohnen mag, zu lösen den Menschen von trügendem Scheinlicht, zu lösen den Menschen von würdeloser Sinnensucht."* [189]

Wenn dieser Gedanke mit manchen weiteren Gedanken aufrichtig und achtsam ergänzt wird, bedacht und durchdacht recht lebendig ist, wird er in unserer Seele Gefühle der Dankbarkeit, der Freude, der Zuversicht wecken: „ER ist gekommen!"

Es können sogar im inneren Miterleben dieser großen Weltvorgänge die Augen feucht werden, wie es manchem großen Mystiker erging, z.B. Abt Emmanuel Jungclaussen vom Kloster Niederaltaich.

Der das Leben der Welt trägt und ordnet, befreit auch unseren Leib: Ein zu hoher Muskeltonus wird erlöst, und entspannt sich hin zu einem angenehm belebten Tonus. Andere Gedanken wiederum straffen den zu niederen Muskeltonus und machen uns „sprungbereit".

Daran können wir wahrnehmen, wie unsere Meditation uns selber und so auch unsere Predigt mit einem heilig-heilenden Geist berührt, der uns Menschen erlöst, befreit, aufrichtet, tröstet...

Mit neuer Lebenskraft versehen verlassen alle Beteiligten den geschützten Raum, machen sich auf ihre Wege nachhause und ans individuelle Tagwerk – mit einem gesunden Atem, einer Eutonie. Unser motorischer Panzer (siehe dazu die Forschungen von Wilhelm Reich und seinen Schülern)[190] löst sich, unser Charakterpanzer wird weicher und bildsamer. Heilsam ist so alles spirituelle Wirken schon in unseren Worten selber. Begnadete und segnende Taten entspringen daraus. Dazu sind keine moralischen Aufforderungen erforderlich oder gar hilfreich, wie sie in früheren Zeiten beim Predigen angewandt wurden. - In einer bewusst durchgeführten gemeinsamen Betrachtung oder Meditation geschehen schon jetzt Prozesse, die zu einem spirituellen Menschheits-Aufbruch in eine gute neue Zeit leiten.

13. Sich erlauben, ein Gemüt zu entwickeln

Die schlechteste Manier der Ansprachen, Seminare und Predigten[191]:

„Es ist schon einmal in der neueren Zeit zu viel abstrakt, nicht lebendig gepredigt worden. Und die schlechteste Manier der Predigt ist die, bei den Abstraktionen zu bleiben und dann salbungsvoll zu werden. Zu glauben, dass man dadurch zum Gemüt redet, dass man das Abstrakte recht innerlich vorträgt, das ist Gift für die Gemüter."

„Wenn man von dem «schlichten Mann von Nazareth» redet, wenn man versucht, ohne auf das Übersinnliche Rücksicht zu nehmen, über den Christus zu predigen, gewissermaßen auf seiner Menschlichkeit alles Christliche beruhen lässt und das den Menschen beibringen will, indem man einen unwahren Gemütston annimmt, dann vergiftet man die Gemüter, denn dann lebt man in Unwahrheit über dasjenige, was die Predigt durchwärmen soll."

Den Weg zu einer guten Ansprache und Unterweisung beschreibt Steiner weiter:

„Was durch die Predigt gemütsinnig hindurchgehen soll, ist das Verbundensein des Predigers mit dem übersinnlichen Gehalt und Impuls der Welt selber, und der übersinnliche Gehalt und Impuls wird niemals durch Abstraktes gegeben. Der Prediger muss innig in Demut davon durchdrungen sein, dass die bloße Handhabung der logischen Vernunft selber schon Sünde ist, und dass der Betrieb der Naturwissenschaft eben innerhalb der modernen Zeit das Religiöse ertötet, dass wir durch die Religion die Welt von der naturwissenschaftlichen Auffassung erlösen müssen, dass es zum Religiösen gehört, die Naturwissenschaft zu überwinden, und dass es ein Gebot des Christus Jesus selber ist, die Naturwissenschaft zu überwinden, dass der Christus Jesus eben deshalb unter uns lebt, und dass wir seine Mission ausdrücken, die Naturwissenschaft zu überwinden, wenn wir uns mit ihm verbinden."

Gemeint ist die übliche Art, in stark verkürzter Form die Natur zu erklären und alles Staunen auszutreiben. Einhundert Jahre nach der Andeutung dieser Zukunftsperspektive durch Rudolf Steiner dürfen wir dankbar darauf blicken, dass viele Naturwissenschaftler den Weg der exakten Forschung gegangen sind, immer neu staunten und die vereinfachende Naturwissenschaft vertieften, bis sie auch im Sinnlichen das Übersinnliche, das Seelische und göttliche Wirken anfänglich zu beschreiben lernten.[192] An sie knüpft der zukunftsgewandte, aufrichtige, umfassend denkende Sprecher an, wie es z.B. der Physiker Fritjof Capra[193] tat.

„Wir müssen uns auf der einen Seite klar sein: Der Mensch muss in der Welt wirken, daher muss er mit dem sinnlichen Ergreifen der Welt schon sündigen. Wir sehen die Sünde, wie sie notwendig ist." Das Wort Sünde bedeutet Sonderung, Absonderung. Zur vereinfachten Handhabung der Welt machen wir uns oft stumpf gegenüber dem Feineren, dem Göttlichen, das darinnen waltet.

„Und sehen wir, dass das Pendel - weil Rhythmus in der Welt ist - nach der anderen Seite ausschlagen muss, nach der Seite der Erlösung von der Naturwissenschaft, dann sehen wir ohne Muckertum die Notwendigkeit, dass Naturwissenschaft dasteht. Wir werden sie nicht ausmerzen, denn wir anerkennen die Notwendigkeit, dass der Mensch" mit dem dämonischen Wesen, das in der Esoterik oftmals *„Ahriman genannt wird, Bekanntschaft machen muss, aber wir müssen uns klar werden, dass das Pendel nach der anderen Seite ausschlagen muss. Aber der Rhythmus muss uns klar werden, dass nur im Gleichgewichtszustand die beiden Dinge zusammenwirken können.*

Und dazu, sehen Sie, muss ich Sie aufmerksam machen auf etwas, was Sie vielleicht überraschen wird, was aber doch in Ihr Bewusstsein wird übergehen müssen, wenn Sie den notwendigen Ton für eine zukünftige Predigt finden wollen: Sehen Sie, wir leben eigentlich heute in einem Bewusstsein, das eine Art von Fortsetzung des alten urpersischen Weltenbewusstseins ist, das ja lebte in „Ahriman" und „Ormuzd". Es sieht in Ahriman den bösen Gott, der widerstrebt dem Ormuzd, und in dem Ormuzd den guten Gott, der die Werke des Ahriman zunichtemacht. Man weiß nicht, dass der Urperser das Bewusstsein hatte, dass man weder dem Ahriman noch dem Ormuzd allein folgen darf, sondern ihrem Zusammenwirken..." seine Aufmerksamkeit schenken soll.

„Und ihr Zusammenwirken äußert sich in einer solchen Gestalt, wie es der Mithras war. Ormuzd ist eine Luzifer-artige Gestalt, die uns weltlos macht, wenn wir uns ihr hingeben, die uns der Schwere entreißen und uns im Lichte verbrennen lassen möchte.

Der Mensch muss den Weg finden zwischen dem Lichte und der Schwere, zwischen" den Kräften, ja Wesen, die genannt werden *„Luzifer und Ahriman, und deshalb müssen wir die Möglichkeit haben, nicht in irgendeinem Dualismus zu denken, sondern in der Trinität zu denken. Wir müssen die Möglichkeit haben zu sagen: Die persische Dualität Ormuzd und Ahriman ist heute Luzifer und Ahriman, und der Christus steht in der Mitte drinnen, der Christus ist derjenige, der das Gleichgewicht bewirkt."* Das Wesen des Göttlichen gilt es zu finden, welches Gleichgewicht bewirkt!

„Nun hat alle religiöse Entwickelung bisher, insbesondere die theologische, eine sehr verderbliche Gleichung aufgestellt, sie hat die Christus-Figur so nahe als möglich an die Luzifers herangebracht. Es ist fast ein Wiederauferstehen des altpersischen Ormuzd, wenn man erlebt, wie heute von Christus gesprochen wird. Man denkt nur immer die Dualität, also das Böse im Gegensatz zum Guten. Durch keine Dualität wird das Weltproblem gelöst, sondern einzig und allein durch die Trinität. Denn sobald man die Zweiheit hat, hat man nicht nur das Gute und das Böse, sondern man hat den Kampf zwischen dem Licht und der Finsternis, den Kampf, der nicht enden darf mit dem Sieg des einen über das andere, sondern der enden muss mit der Harmonisierung der beiden. Das ist eigentlich dasjenige, was man in den Christus-Begriff hineinbringen muss. Christus setzt sich nicht umsonst zu den Zöllnern und Sündern."

„Sehen Sie, meine lieben Freunde, die Welt, in der wir leben, ist ja so entstanden, dass sie ursprünglich gebildet worden ist durch alle die Einflüsse, die da wirkten in die Konfiguration hinein, welche wir erleben als die Nachklänge des Rassentums, als die Nachklänge der einzelnen Völker und dergleichen. Betrachten Sie diese Welt, wie sie aus dem Element der Geburt herauskommt, und betrachten Sie die Mission des Christus. Die Mission des Christus besteht darin, all dieses Naturhafte zu überwinden, gegenüber dem Leben in der Rasse die Liebe zur allgemeinen Menschheit zu pflanzen. Was im Anfange der Erde da war, das Adamitische soll gerade durch den Christus ausgelöscht werden. Der Volksegoismus soll durch das allgemeine Menschentum überwunden werden."

„Die Erlösung besteht ja nicht darin, dass man in einer ebenso realen Weise wie das Naturhafte selber ist, gegen das Naturhafte arbeitet, sondern dass man das Naturhafte aufnimmt und einen Ausgleich zwischen dem rein Geistigen und dem Naturhaften hervorbringt.

Der Christus-Begriff ist noch nicht in seiner Reinheit herausgearbeitet zwischen Ormuzd und Ahriman, zwischen Luzifer und Ahriman.“ Viel gute Arbeit gibt es hier für den „guten Hirten“[194], dem der Aufbruch in eine gute Zukunft der Menschheit und des Einzelnen am Herzen liegt! Und immer wieder verfallen wir in dualistisches statt trinitarisches Denken. Wachheit ist gefragt und gegenseitiges offenes und brüderliches Hinweisen!

„Der Christus-Begriff muss gefasst werden als dasjenige, was uns dazu bringt, die entgegengesetzten Pole zu harmonisieren. Denn allgemeine Menschheit, Menschenliebe, ist etwas anderes, als was aus Familien, Volkstum, Rassen, Nation und so weiter hervorgeht. Aber nicht das eine soll durch das andere ausgemerzt werden, sondern harmonisiert muss werden Rasse und Individuum...“ Immer wieder haben sich die „Christen“ vor "Rassegedanken" spannen lassen, der zum Kampf des Guten gegen das Böse aufgerufen hat, das ausgegrenzt und getötet werden müsse. Auch der einzelne Mensch kämpft dann innerseelisch vom vermeintlich Guten aus gegen „das Böse in sich“ statt die Mitte zu suchen. Es geht darum, in Trinitäten zu denken, die entgegengesetzten Pole zu achten, die Vielfalt und das Pendeln zuzulassen, zu harmonisieren.

Von Mensch zu Mensch sprechen

„Zu diesen Dingen müssen wir den Menschen den Zugang des Verständnisses eröffnen. Das muss hinein tönen in unsere Predigt. Sie brauchen gar nicht zu glauben, dass Sie dasjenige, was ich heute gesprochen habe, mit ähnlichen Worten zu der Gemeinde zu sagen haben. Sie müssen es aber verstehen, dann lebt das schon in Ihrer Predigt drinnen, auch wenn Sie in der allereinfachsten Weise predigen.

Denn es gibt nicht nur das ponderable Verständnis der Dinge, das darin besteht, dass Ihr Mund spricht und Ihr Ohr zuhört, sondern es gibt das imponderable Verständnis, das von Mensch zu Mensch wirkt... Ohne diesen Willen kommen wir eben doch nicht vorwärts. Es handelt sich nicht darum, dass wir bloß unseren Intellekt anregen lassen, wir müssen den ganzen Menschen anregen.“

So gilt es, sich zu erlauben, das eigene Gemüt zu entfalten und zu leben: ein Mensch, immer freier und erlöster werdend, die spirituelle Arbeit an sich selber treu leistend, das eigene Sein den Mitmenschen zur Verfügung stellend. Ein freilassendes und starkes Wirken möge von dem einen wahrhaft lebendigen Menschen zu dem anderen freiwerdenden Menschen stattfinden.

„Wahrhaft unsere Handlungen sind ja doch nur diejenigen, wo wir, den Pflichtbegriff vollkommen beiseite setzend, rein unsere Individualität walten lassen."[195] Ein Gemüt, das sich mit solchen Gedanken und Impulsen verbinden kann, gilt es, sich zu erobern.

Frei, echt und lebendig handeln

„Eine Handlung wird als eine freie empfunden, soweit deren Grund aus dem ideellen Teil meines individuellen Wesens hervorgeht; jeder andere Teil einer Handlung, gleichgültig, ob er aus dem Zwange der Natur oder aus der Nötigung einer sittlichen Norm vollzogen wird, wird als unfrei empfunden. - Frei ist nur der Mensch, insofern er in jedem Augenblicke seines Lebens sich selbst zu folgen in der Lage ist. Eine sittliche Tat ist nur meine Tat, wenn sie in dieser Auffassung eine freie genannt werden kann."[196]

Zum wahren Leben führt der Christus Jesus die Menschen – damals und heute. IHM mögen wir Raum geben in unserer Seele. ER möge in uns sein. So lassen wir uns mit jeder Ansprache, jedem Gottesdienst immer wieder zurufen: *„Christus in Euch!"*[197] Und aus durchchristeter Seele, in der das ICH BIN lebt, mögen wir wirken, aus dem *„Christus in uns".*[198]

Natürlich werden dann auch jene Mächte tätig, welche die Menschen weiter als „gute Menschen" in „Erden-Sklaven-Ketten" halten wollen. So benötigen wir dringend auch ein Verständnis jener Mächte, die damals und heute das Entfalten des wahrhaft individuellen Menschen verhindern wollen. Sie stellen IHM auch in uns nach, wenn wir so zu sprechen und zu leben versuchen, wie die Menschen aus dem Reich des Göttlichen schon 1921 angerufen wurden. R. Steiner selbst konnte bald schon nicht mehr frei sprechen. Viele so wahrhaftig redenden Menschen kamen in die Lager, an die Front... und starben, weil der Gottesgeist aus ihnen sprach. Sie sind uns heute unsere Helfer in unserer Not.

14. Beispiel Steiners für ein Sprechen aus übersinnlicher Klarheit[199]

„Heute ist es eben nicht anders möglich..., als den spirituellen, esoterischen Schulungs-*Weg zu begehen, selbst die Anthroposophie, die Weisheit von übersinnlichen Dingen, auch als ein tragendes Element des spirituellen, religiösen Lebens aufzunehmen, um zu den übersinnlichen Wahrheiten hinzugehen."*

„Dann kommt man auch dazu - und für Sie ist das nötig, weil es Gemeinde-bildend auftritt -, die populäre einfache Form zu finden für dasjenige, was wir innerhalb der Anthroposophie noch nicht tun können, weil wir... uns noch zu stark in den modernen Bildungsformen ausdrücken, weil wir zu denen sprechen, die der modernen Bildung (des 20. Jahrhunderts) *angehören. Wenn Sie aber eine Anzahl Leute sind, dann ist es durchaus möglich, auch die einfache Form zu finden, um zu den Leuten so zu sprechen, dass die angedeuteten hohen Begriffe von dem Übersinnlichen wiederum gegenständlich werden."* Dieses einfache Sprechen danken besonders auch junge Menschen.

Dr. Steiner lehrte selbst Arbeiter fünf Jahre lang als Dozent in der von Rosa Luxemburg und Karl Liebknecht geleiteten Berliner Arbeiterbildungsschule (1899-1904) und wurde begeistert aufgenommen. Er sprach regelmäßig vor den Arbeitern, die das Goetheanum in Dornach erbauten (GA 347-354), er bereitete mit den Arbeitern gleich nach dem ersten Weltkrieg die mögliche Neugestaltung des sozialen Lebens in Deutschland vor. 1918/19 trat er vortragend vor die Arbeiterschaft in Werken von Bosch, Siemens, Voith und anderen. Für die Kinder der Waldorf-Astoria-Zigarettenfabrik gründete und leitete er eine freie Schule. Den Arbeitern am Bau des „Goethenum" in Dornach hielt er regelmäßig Vorträge. Von Steiner können wir vieles zu „einfacher" Sprache lernen. Im 21. Jahrhundert forschen viele Wissenschaftler energisch auf spirituellen Schulungswegen. Auch ihre Ergebnisse können verstanden und in einfachen Worten weitergegeben werden. Die Anthroposophie mit ihren Forschungsergebnissen und ihren Schulungswegen konnte im 20. Jahrhundert nur eine recht begrenzte Anzahl von Menschen zu eigenen Erfahrungen führen. Und nur wenige konnten offen so sprechen, wie es hier angedeutet ist.

In unserer Zeit, hundert Jahre nach jenem hier maßgeblichen Kurs für die werdenden Priester der 1922 begründeten Christengemeinschaft, ist ein direktes Sprechen möglich, wenn die hier dargestellten Übungen tatsächlich geleistet werden. Die folgende Ansprache Rudolf Steiners kann, wie alles zeitgemäße Sprechen, zu einer geführten Meditation werden. *„Ich will nur folgendes andeuten. Sehen Sie, verschmähen Sie es nicht, zu den Leuten so zu sprechen, dass Sie ihnen sagen:*

Sieh dir einmal **den Stein** *an, sieh dir den Bergkristall an, sieh dir an eine so geformte mineralische Sache, und du wirst dir sagen können: Diese mineralische Sache, wie ist sie gebildet? Sie ist aus der Erde heraus gebildet; du hast keine Veranlassung, anders zu denken, als dass sie aus der Erde heraus gebildet ist. Es ist ein Stück der Erde, die Erde kann solche Formen schaffen, das ist ein Stück der Erde.*

Aber sieh dir jetzt **die Pflanzen** *an; sieh dir an, was du immer um dich sehen kannst. Kannst du dir vorstellen, dass die Erde [allein] die Pflanzen hervorbringt? Nein; das, was die Erde als Samen in sich hat, muss warten bis der Frühling kommt, bis von außen herein die Sonnenstrahlen dringen, und wenn die Sonnenstrahlen ihre Kraft verlieren, verliert auch die Erde die Kräfte, das Pflanzenwachstum hervorzubringen.*

Sieh auf **das Pflanzenwachstum** *hin, dann fällt dir auf, wenn irgendwie das Pflanzenwachstum die Winterzeit überdauern will, so nimmt es das Verholzende, das Mineralische auf; es wird zum Baum, der wiederum verliert in seinem Holz die sprossende, sprießende Kraft, er nimmt selber etwas von dem Mineralischen auf. Das, was das Pflanzenhafte ist, könnte die Erde nie aus sich hervorbringen; dazu ist dasjenige nötig, was die Erde umgibt. —*

Man muss aufsteigen dazu, den Leuten so recht ein Bewusstsein davon beizubringen, dass die Erde nur ein Gesteinskörper sein könnte, wenn sie bloß ihre eigenen Kräfte hätte, dass sie aber niemals die Vegetation besitzen würde und durchsetzt wäre von ihr, wenn die Erde nicht eine Einheit bilden würde mit dem Kosmos, wenn nicht die kosmischen Kräfte hereinspielen, hereinwirken würden auf die Erde. Ein Pflanzenreich hätte die Erde nicht, ohne dass der räumliche Himmel wäre.“

Den Hang zum Materiellen überwinden

„Und wenn es möglich war, in alter Zeit den Sklavenmassen im alten Ägypten solche Wahrheiten beizubringen wie zum Beispiel den Übergang

von der Sonnenkraft zur Kraft des Sirius, wenn man das den Menschen damals beibringen konnte, dann brauchen wir nicht zu verzweifeln, dass wir heute zu den einfachsten Menschen werden davon sprechen können, dass die Erde dasjenige, was sie als das Vegetative hat, dem außerirdischen Kosmos mit seinen Kräften verdankt. Und so entreißen wir den Menschen dem Hang zu dem bloß Irdischen, wenn wir ihm das Gefühl beibringen, was die Erde [an Kräften] von dem räumlichen Himmel hat. ...es muss hingearbeitet werden darauf, dass schon durch die Betrachtung desjenigen der Pflanzenwelt, was für jeden verständlich sein kann, der Seelenblick hingelenkt wird auf den ganzen kosmischen Raum."

Über den Raum hinauskommen

„Dann bekommen wir eine starke Hilfe, wenn wir uns klarmachen, wie die ganze Natur eigentlich unschuldig ist, wie es unmöglich ist, in der Natur des Mineralischen, des Pflanzlichen von irgend etwas zu reden, was Schuld oder Sünde ist. Und wenn wir diese Begriffe gut durcharbeiten, wenn wir wirklich auch gegenständlich darstellen die Unschuld der Natur und das mögliche Schuldigwerden des Menschen, dann können wir herausarbeiten dasjenige, was nun wiederum die Menschen dazu hinführt, zu begreifen, dass mit dem Menschen in die Welt etwas herein kommt, was überhaupt im Raum gar nicht zu finden ist."

Schuld und Unschuld

„Hat das der Mensch erst verstanden, dass die Pflanzen ihr Dasein dem Raume verdanken und unschuldig sind, dann haben wir einen Weg, uns klarzumachen, dass dasjenige, was den Menschen schuldig machen kann, überhaupt nicht aus dem Raum kommen kann, dass wir alle in die Notwendigkeit versetzt sind, das wesenhafte Seelische des Menschen außer dem Raum zu suchen. Wir müssen diesen Weg suchen, über den Raum nun hinauszukommen. Und sehen Sie, wenn wir den Weg gefunden haben, über den Raum hinausgekommen zu sein, dann finden wir schon weiter."

„Wie schwer es dem Menschen der neueren Bildung geworden ist, über den Raum hinauszukommen, das können Sie ja daran sehen, dass die gescheitesten Leute im 19. Jahrhundert die Unsterblichkeit von dem Gesichtspunkt aus bekämpft haben, dass die Seelen ja keinen Platz

hätten im Weltall. Sie konnten mit dem Seelenbegriff nicht hinauskommen aus dem Räumlichen. Man muss mit dem Begriff der Seele herauskommen aus dem Räumlichen.

Und ist man so weit, dann lenkt man den menschlichen Blick hin auf die Tierwelt und versucht einmal einen Begriff lebendig zu machen, den man da heraus bekommt, der nicht nur unser Vorstellungsleben, sondern tief unser Gemüt ergreift."

Zunächst einmal müssen wir uns durch eigene gedankliche Anstrengung darum bemühen, das von Steiner bis hierher Ausgeführte zu verstehen. Ein wesentlicher Anteil dieses Verständnisses, der weit über ein rein vorstellungsmäßiges Verstehen hinausgeht, besteht darin, diese Dinge tief unser Gemüt ergreifen zu lassen. Erst dann können wir in einem tieferen Sinne verständnisvoll auch die nächsten Schritte mitgehen. Ggf. wird es also darum gehen, den Meditations-Weg nochmals von vorne durchzugehen, sich von Dr. Steiner darin leiten lassend, wie er es in der vorangehenden Gedankenmeditation ausführt. Das schult unser meditatives Sprechen in Gemeinschaften, das dadurch den Charakter einer Meditation annehmen kann, wie Steiner es in seiner reichen Lehrtätigkeit für Arbeiter vollzieht.

Die Tiere müssen unschuldig leiden

„Wir finden, Mineralien und Pflanzen können nicht schuldig werden, können dafür aber auch nicht leiden. Der Mensch muss leiden, kann aber auch schuldig werden. Und dann lenken wir den Blick auf die Tierwelt; die kann auch nicht schuldig werden, aber sie muss leiden. Und wenn wir lernen, allmählich die wiederholten Erdenleben [zu begreifen], namentlich wenn es uns nicht eine Theorie, sondern ein klares Begreifen wird, wenn wir fühlen, dass doch eben, wenn auch nicht trivial praktisch, aber ein weltgesetzmäßiger Zusammenhang zwischen Schuld und Leiden eben da ist und wir nur diesen Zusammenhang nicht finden, weil wir den Blick auf die unschuldige Natur hinlenken und den Menschen auch in diese Einheit der unschuldigen Natur einspannen möchten, dann geht uns die große Welttragik auf, die darin besteht, dass wir die Tierwelt an uns gekettet haben, dass die Tiere mit uns leiden müssen, trotzdem sie nicht schuldig werden können. Dann bringt man es zu dem tragischen Gedanken, dass die Tierwelt wegen des Menschen da ist, mitmachen muss das Leiden, trotzdem sie nicht fehlen kann. Fühlen Sie diesen Begriff durch, fühlen Sie mit, dass die Tierwelt mitmacht das Übel, trotzdem sie

nicht mitgehen kann zum Bösen." Hier nun zeigt uns Rudolf Steiner, wie wir durch die lebendig werdenden Vorstellungen hindurch zu einem Mitfühlen der Tierwelt gelangen können. Und nur wenn wir selbst eine solche Empathie entwickeln, können wir anderen dabei helfen, ihr eigenes Fühlen zu vertiefen.

Das Tragische fühlen

„Wenn wir auf diese Art uns lebendige Vorstellungen - die zugleich empfindungsgemäße Vorstellungen sind - vom Übel und vom Bösen machen, dann kommen wir zu einem Zusammenhang mit der Welt. Wir müssen eben nur das Tragische im Weltendasein fühlen, das darin besteht, dass die Tiere, die um uns herum sind, mit uns leiden, und dann kommt man dazu, sich klarmachen zu können, dass es Pflichten gibt, die über die gewöhnlichen Rechtspflichten hinausgehen."

Den Menschen aus der unmittelbaren Sinneswelt hinausführen

„Hier liegt ein Punkt, wo Sie den Menschen ganz hinausführen können aus der unmittelbaren Sinneswelt. Denn in der unmittelbaren Sinneswelt finden Sie nichts anderes als die Rechtsbegriffe, die die sinnlichen, die äußeren Verhältnisse regeln zwischen Mensch und Mensch. Aus einer ganz anderen Welt geht uns hervor die Verpflichtung, die Tiere zu erlösen. Das können wir überhaupt nicht im gegenwärtigen Dasein. Wir können nichts dazu tun im gegenwärtigen Dasein, um die Tiere zu erlösen, die um unseretwillen leiden. Wir können sie nur erlösen, wenn wir auf einen Erden-Endzustand hinblicken, der uns nicht mehr durch Naturgesetze hindert, in die Erlösung einzugreifen und von der Tierwelt das Leiden zu nehmen. Und so rücken wir auf, einen Erden-Endzustand zu begreifen, in den die Physik hineinzureden kein Recht hat. Wir erweitern dasjenige, was in uns Menschen lebt, zu einem Erfassen des Weltenzusammenhanges."

Sachgemäß das naturwissenschaftliche Denken erweitern

„So müssen wir zu den Menschen von heute sprechen, denn wenn wir im Sinne der alten religiösen Vorstellungen sprechen, werden uns die Leute einwenden, von naturwissenschaftlicher Seite gesehen sei das alles nicht möglich. Wir müssen aber versuchen, einen solchen Weg zu finden, demgegenüber einfach das Naturwissenschaftliche nichts sagen kann. Denn es ist ja da, dieses Leiden der Tierwelt, ohne dass die Tierwelt schuldig werden konnte. Und es ist hier unmittelbar der Übergang, es ist

die Möglichkeit vorhanden, von überirdischen Verpflichtungen oder besser von außerirdischen Verpflichtungen etwas zu wissen, von Pflichten, die erfüllt werden können, wenn die Erde ihren Untergang gefunden hat, den Untergang ihres heutigen physischen Zustandes. Wir werden die Menschen zum Verstehen dieses Erdenzustandes hinführen können, indem wir auf sachgemäße Weise das rein naturwissenschaftliche Denken überwinden."

Nicht zum Egoismus predigen

„... das ist es, was allmählich in der Menschheit heraufgezogen ist und die religiöse Überzeugung eigentlich so schwierig gemacht hat, dass wir heute mit den besten Predigten im Grunde genommen an den menschlichen Egoismus appellieren; und das ist dadurch gekommen, dass wir nur von der Unsterblichkeit reden und nicht von dem Ungeborensein. Wie es sich verhält mit der Unsterblichkeit - aus Anthroposophie wird es klar. Es wird klar durch Erkenntnis." Steiner hat viele Übungen zum Karma-Erkennen gegeben. Seither können viele Menschen ihre Mitmenschen dabei unterstützen zu entdecken, was sie sich für dieses Leben vorgenommen haben. *„Wie redet aber der heutige Prediger über die Unsterblichkeit?... Er rüttelt auf die egoistischen Bedürfnisse der Menschen, er redet dabei ganz und gar zu den tiefsten Seelenegoismen; und er würde gar nicht an die Herzen herandringen, wenn ihm nicht entgegenschlüge die Begierde: Ich mag doch nicht untergehen mit dem Tode. - Natürlich geht der Mensch mit dem Tode nicht unter. Aber es darf diese Anschauung nicht aus der Begierde hervor gehen. Der Prediger stachelt doch diese Begierden auf; er redet doch zur Begierde und zur Furcht, und wenn er es gleich nicht bewusst tut, so tut er es doch, weil er es ebenso gewohnt ist."*

Zum den Mitarbeitern an der göttlichen Weltordnung sprechen

„Nicht ebenso können Sie reden vom Leben vor der Empfängnis. Vom Leben vor der Geburt können sie nicht vom egoistischen Standpunkt reden; damit können Sie den Menschen bis zur Gleichgültigkeit bringen, denn daran liegt ihm im tiefsten Inneren doch nichts. Da er das Dasein erlebt, interessiert es ihn nicht, ob er schon früher gelebt hat. Dieses Interesse muss den Menschen eben eingefügt werden, und das kann nur eingefügt werden, wenn man in dem Menschen ein Bewusstsein hervorbringt, dass er eine Mission bekommen hat mit seinem Erdendasein, dass er Mitarbeiter ist an der göttlichen Weltordnung, die

ihr Ziel nicht erreichen könnte, wenn sie ohne die sinnliche Welt arbeiten müsste. Dass die Gottheit den Menschen entlassen hat, das ist das eine. Durchaus zu erfassen ist es, dass der Mensch die Freiheit erlebt... Wir müssen den Menschen hinstellen als etwas, was heruntergeschickt ist von Gott.

Ohne sich die Präexistenz klarzumachen, kommen Sie nicht zu einer Predigt, die den ganzen Menschen ergreift und nicht nur den begehrenden Menschen. Und das ist ein großer Schaden unserer heutigen Predigt, dass an das Begehrende auf der einen Seite und an die Furcht auf der anderen Seite appelliert wird und nicht an dasjenige, was den Menschen darstellt als ein Ebenbild der Gottheit, die den Menschen entlassen hat, um im irdischen Dasein zu wirken."

An das Übersinnliche wieder anknüpfen

„...Von diesen Dingen muss durchglüht werden die Predigt, dann ergibt sich eine Möglichkeit, das menschliche Bewusstsein wiederum anzuknüpfen an das Übersinnliche; und dann kommt das andere schon von selber." Manch ein Anthroposoph und anderweitig sich spirituell schulender Mensch ist bis zur Karma-Erkenntnis gekommen. Sie lehren die entsprechenden Schulungswege und stehen anderen Menschen bei, die Wege zu finden, die wir vor diesem Leben bereits gegangen sind. Aus dieser Kenntnis heraus kann Heilung entstehen sowie die Kraft, das zu vollbringen, was wir selber uns vor der Geburt vorgenommen haben. Die entsprechenden Kurse Steiners ergänzen die Geschichte der Menschheit. Sie leiten zu einem Sprechen an, in dem in den Hörenden Bilder früherer Inkarnationen aufsteigen und bearbeitet werden können.

Die Chancen
für spirituell-religiöses
Wirken
ergreifen

beim Feiern

15. Aus übersinnlichem Gewahrsein wirken

Es ist oft nicht leicht zu bemerken, ob und wie weit wir und unsere Mitmenschen im Sinne der kommenden Generationen eine religiöse Erneuerung und Vertiefung alles Lebens pflegen. Immer wieder fallen wir zurück und bemerken es selbst nicht. Glücklicherweise können wir Kinder und Jugendliche ernst nehmen, die uns durch ihre Reaktionen deutlich spüren lassen, wenn wir nicht im neuen Geist wirken. Dann hören sie uns nicht zu und wollen kein Gemeinschaftsleben mit uns zusammen gestalten. Ihnen ist für ihren „Ungehorsam" zu danken und aktiv mit ihnen gemeinsam oder auch allein nach dem Neuen zu suchen, zu dem diese Generation meist unbewusst aufbrechen will und zugleich auch schon auf dem Weg ist.

Die spirituellen Anregungen Steiners weisen uns den Weg, den wir gehen können, wodurch die Jugend sich gerne einfindet. Der Niedergang von freien Schulen, Kirchen, sozialen Einrichtungen... geschieht zumeist infolge des Ausschlusses gerade jener Menschen, die zu einem solchen Weg bereit und fähig sind. Macht ausübende, konservative Funktionäre bewirken Ausschlüsse - von Kindern, von zukunftsfähigen Studierenden bis zu reifen, spirituell und religiös gefestigt wirkenden Älteren, denen die Jugend, die Basis so zuläuft wie jene Machtmenschen es nicht wollen.

„... Insbesondere haben wir heute notwendig ... - so unbehaglich es sein mag — ein Hineinleuchten in die ganze Welt der Unwahrhaftigkeit, welche unser geistiges Leben durchzieht. ...Es wäre eine Illusion, wenn man nicht sehen würde, wie rasend wir in den Niedergang hineingehen."[200] Diese Unwahrhaftigkeit ist in jedem von uns durch Bildung und Zivilisation tief verwurzelt. Einzeln und gemeinsam mögen wir immer neu offen und ehrlich um Wachsamkeit ringen. So mögen wir uns darüber austauschen, was uns im jeweils gegebenen Zusammenhang als unwahrhaftig erscheint. Dann können wir suchend sprechen, bis wir wieder zu gemeinsamer Klarheit gelangen.

Zum Abschluss der Begründung einer Gemeinschaft für die religiöse Erneuerung der Menschheit wurden die Teilnehmer*Innen zur Wachsamkeit aufgerufen[201]: *„Nun, meine lieben Freunde, warnende Stimmen werden auch wider Euch erhoben werden. Ihr müsst Euch klar sein, dass es selbst denjenigen, die die Dinge betrachten wie sie sind,* *durch die Verfinsterungen, die heute in den Seelen der Menschen sind, nicht leicht ist einzusehen, dass es in der Weltentwickelung in derjenigen Zeit, in der die Menschheit im Laufe der neuzeitlichen Entwickelung zur Freiheit den ersten Impuls erhalten soll, immer Seelen gegeben hat, die den Weg zu der göttlich-geistigen Welt gefunden haben. Die Stimmen, die daher kommen, werden nur einfach nicht gehört, weil sie von keinem Lichte erhellt werden. Denn um sie erklingen zu machen, müssen sie vom rechten Lichte erhellt werden. Die Finsternis nimmt zugleich von den Menschen auch dasjenige weg, was zu ihnen ertönen möchte als die Stimme des Geistigen."*

In den Rück- und Vorblicken mögen wir uns fragen: Unterstütze ich mit meinem Wirken den ernsten Impuls der neuzeitlichen Entwicklung zur Freiheit oder will ich die Menschen vor ihrem eigenen, aus eigener Freiheit gestalteten, mitunter auch gefährlichen Lebensexperiment bewahren? Ermutige ich die Seelen, den Weg zur göttlich-geistigen Welt durch Irrtümer zu finden? Bin ich unauffällig wie das Licht selber und helfe nur, dass sich erhellen kann, was die Stimme des Geistigen den Menschen sagt? Steiner fährt fort:

„Ihr möget daher zu all dem, was Ihr an Begeisterung durch das Erfülltsein mit dem lebendigen Worte, was Ihr an Kraft der Sünden-heilung hinaus tragt in die Welt, was Ihr gewissermaßen einzuschließen habt in das, was die Menschheit ihr Gebet, ihre Meditation nennt, Ihr möget zu alldem die Wachsamkeit aufnehmen in Euch, damit Eure Wahrheit wirksam sein kann. Ihr werdet wachsam sein müssen,

1. *erstens darauf, wie stark der Geist der Verfinsterung die Seele selbst verfinstert,"* - Bemerke ich solche Verfinsterung im Einzelnen und ganz konkret? Sprechen wir offen darüber?

2. *und Ihr werdet wachsam sein müssen, dass in keiner Stunde, in keiner Minute, in keiner Sekunde Eures wirksamen Daseins Euch der Geist der Verfinsterung selbst ergreift.* - Was tue ich jetzt? Hier helfen gegenseitige dezente und wohlwollende Beobachtung, kollegiale Beratung, Supervision, das Erwachen am Seelisch-Geistigen des anderen Menschen.

„Deshalb sage ich Euch..., da ihr Euch hinauszugehen entschließen müsst ... nochmals die Worte..., die ja oft gesprochen worden sind, aus diesem Geiste heraus, der nun Eure Bewegung inaugurieren soll:

Wachet und erhebet Eure Seelen zu dem Geiste, der da waltet durch alle Weltenräume, durch alle Zeitenkreise. Wenn Ihr die Stärke dazu entwickelt, so werdet Ihr es können. Dann werdet Ihr nicht allein sein. Es werden Euch helfen diese geistigen Mächte selber. Sie werden Eure Gedanken erleuchten, sie werden Euer Gemüt durchkraften, sie werden Euren Willen erstarken. Und mit von der geistigen Welt aus erleuchteten Gedanken, mit von der geistigen Welt aus erkrafteten Gefühlen, mit dem aus der geistigen Welt heraus erstarkten Willen werdet Ihr wirken können".

Es lohnt sich, bei allen Vorhaben und Taten in den verschiedensten Bereichen des Lebens, in die Welt der göttlich-geistigen Mächte hinein zu spüren mit der Frage: Helfen mir diese oder ziehen sie sich zurück, wenn ich so arbeiten will, arbeite oder gearbeitet habe? Haben sie meine Gedanken erleuchtet? Haben sie mein Gemüt erkraftet? Haben sie meinen Willen erstarkt? Konnte ich wirken, weil ihre Gnade mich dazu erwürdigte, oder blieb ich allein, auf mich gestellt und ohne göttlichen Beistand? Empfanden die Menschen durch mich, vielleicht sogar zu meiner eigenen Überraschung, die schöpferische göttliche Kraft, die eine auch mir noch unbekannte Zukunft in Welt und Leben hereinholt? Oder blieb ich nur ein Bürger dieser Zeit, von allen guten Geistern der neuen Zeit verlassen? Leere, „korrekte" Worte und Taten geschehen selbst dem Vollkommensten. Auch der Anfänger kann reich gesegnet wirken.

Jedem Mitmenschen gelten die folgenden Fragen. Dazu ist es gut, nicht nur auf die Worte zu achten, die jemand spricht, sondern in dessen Herz hineinzuspüren: „Welche Gefühle beseelen dich jetzt?" Und in den Kern der anderen Persönlichkeit hineinzulauschen: „Was möchtest du im Grunde deiner Seele sagen?" „Welche Willensimpulse beseelen dich?" „Wie lebt der Gotteswille in dem, was aus der Tiefe deines Wesens emporsteigt?" Und *„- so unbehaglich es sein mag — wir haben heute nötig ein Hineinleuchten in die ganze Welt der Unwahrhaftigkeit, welche unser geistiges Leben durchzieht."* In diesem Sinne: „Welche Unwahrhaftigkeit empfinde ich in diesem oder jenem Zusammenhang meines Lebens?" Wir brauchen das oft gar nicht zu äußern, doch innerlich sollten wir es für uns selbst klar benennen.

Aus konkreten Beobachtungen wirken

Im Beobachten von Gemeinschaften können wir einen Eindruck davon gewinnen: Breitet sich aus göttlicher Gnade eine Idee, ein Gedanke wärmend über der Gemeinschaft aus? Entsteht ein pfingstliches Feuer von Wesen erschaffender Liebe, dessen Flammen sich zerteilen und auf jeden Einzelnen niederlassen? Wird es hell oder verdunkelt es sich? Wird etwas unter den Tisch gekehrt? Zur Unterscheidung der Geister sind wir gerufen. Alles „Gut-Glauben", aller Autoritätsglaube... darf endgültig verschwinden.

Der Geist der Wahrheit, der uns im Johannesevangelium[202] nahe gebracht wird, leitet und befreit, ja erlöst uns. *„Ich bin der Weg, die Wahrheit und das Leben!"*[203] *„Die Wahrheit wird Euch zu freien Menschen machen!*[204]" *„Ich bin's, der dafür geboren und dafür in die Erdenwelt gekommen ist, der Zeuge der Wahrheit zu sein. Jeder, der zur Wahrheit gehört, hört auf meine Stimme."*[205] Irdische Machthaber sagen, wie einst Pilatus, gegenüber allem aufrichtigen Streben die tiefere Wahrheit zu finden: „Was ist denn Wahrheit?"[206] Die zarten Worte der neuen Welt, der Heilige Geist leitet uns, wenn wir ihn wie Nikodemus suchen. *„Der Atem des Windes weht da, wo er will, und du hörst seine Stimme, aber du weißt nicht, woher er kommt und wohin er geht. So ist jeder aus dem Geisteshaus Geborene."*[207] Und wenn wir im Zeichen des Geistes, der weht, wo er will, leben sowie aus dem Geist neu geboren werden, überwinden wir alle einengenden Gemeinschaftsbindungen sowie die Dogmen und Verhaltensweisen früherer Jahrhunderte, die sich bis in unsere Zeit erhalten. *„Der Geisthelfer, von dem ich euch gesprochen habe, der lebendige Geist, der da heilig ist, der wird nun in allem euer Lehrer sein und wird in eurem Gedächtnis alles lebendig machen, was ich zu Euch gesagt habe."*[208] Für sein Sprechen öffnen wir uns, wenn wir den befreiend-erlösenden Menschensohn lieben, der das Menschliche kultiviert.

Das Göttliche selber wurde Mensch und richtet unser irdisches Menschsein wieder auf. Die Antwort der Welt zeigt sich oft, wenn *„warnende Stimmen wider uns erhoben werden. ...selbst denjenigen, die die Dinge betrachten, wie sie sind, ist es durch die Verfinsterungen, die heute in den Seelen der Menschen sind, nicht leicht einzusehen, dass es* *in der Weltentwickelung in derjenigen Zeit, in der die Menschheit im Laufe der neuzeitlichen Entwickelung zur Freiheit den ersten Impuls erhalten soll, immer Seelen gegeben hat, die den Weg zu der göttlich-geistigen Welt gefunden haben. Die Stimmen, die daher kommen, werden nur einfach nicht gehört, weil sie von keinem Lichte erhellt werden."* [209]

16. Zum „Vater" aller Wesen persönlich sprechen[210]

In den verschiedenen Religionen unterteilten Mönche den Tag in drei, fünf oder sogar mehr ausgesonderte Zeiten. Im Innehalten und im andächtigen Vergegenwärtigen nährten und pflegten sie ihr Geistbewußtsein. Beim Erklingen der Glocke unterbrachen sie ihre Arbeit, ihr Nachsinnen, ihr Forschen, um sich willentlich - allein oder gemeinsam - mit dem großen universellen Leben, dem Welten-Urgrund allen Daseins, dem heilig-heilenden Göttlichen, dem Ur-Menschlichen zuzuwenden. Das richtete sie neu auf die tiefen Weltfragen aus und hatte zumeist einen großen Wert für alles weitere praktische Arbeiten.

Was manchmal als lästige Unterbrechung und Zeitverschwendung empfunden wurde[211], ist doch zutiefst sinnvoll und hilfreich wirksam. *„Da stoßen wir auf dasjenige, wo aus der Menschennatur selbst heraus ganz notwendig das bloß Inhaltliche übergehen muss in ein rhythmisch Aufzunehmendes. Man hat das früher natürlich ganz aus instinktiven Erkenntnissen heraus getan, indem man in die Unterweisung das Gebet als das Rhythmische einschob..."* Das Gebet hat den *„immer sich wiederholenden Glaubensinhalt, vollkommen den gleichen Inhalt. Es geht damit das Vorstellungsmäßige über in das Willensmäßige, wenn das Wiederholen eintritt. Auf eine andere Weise bekommt man einen willensmäßigen Inhalt... nicht."*

„Damit haben wir schon das notwendige Einfließen des lehrhaften Elementes in das Kultuselement. Wir müssen den Lehrgehalt in solche Formen bringen, dass wir in einer gewissen Weise Bildvorstellungen an die Menschen heranbringen." Auch ihre Meditationen fassen solche Menschen immer wieder in starke, lebendig wirkende Bilder zusammen und vergegenwärtigen sie rhythmisch im Tages-, Wochen- und Jahreslauf! *„Wir müssen auslaufen lassen dasjenige, was wir lehren, in einer gewissen Weise in Bildvorstellungen und die Hauptsachen in einer gewissen monumentalen Weise festsetzen und als Formel immer wiederholen... Ohne das bringen wir den Lehrgehalt nicht über das Theoretisch-Vorstellungsmäßige hinaus in das Praktisch-Willensmäßige hinein, und das müssen wir."[212]*

„Das ist dasjenige, was Ihnen unmittelbar zeigt, wie in so etwas wie in den Buddha-Reden... schon Kultus drinnen ist. Es ist schon das Herausarbeiten des Willenselementes aus dem bloßen theoretischen

Vorstellungselement eigentlich in diesen Reden vorhanden." Es lohnt sich, bewusst auf solche Texte sich einzulassen bis auch wir wieder diese Art zu reden achten und anwenden können. So werden wir im Reigen der erfahrungsreichen Mystiker von damals und heute tätig. Wir schaffen damit Grundlagen und Handwerkszeug für den nötigen spirituellen Aufbruch der Menschen in all unseren Berufen und im gesamten eigenen persönlichen Leben.

„Während wir an den Menschen appellieren, das Vaterunser zu wiederholen, arbeiten wir aus dem bloß Theoretischen in das Praktisch-Religiöse hinein. Wir werden aber das gar nicht können, wenn wir nicht selber ganz durchdrungen sind von der übersinnlichen Weltensubstanz. Und da komme ich heute zu gewissen Charakteristiken des Lehrgutes, die man doch beachten muss, wenn man ein praktischer Prediger werden will oder wenn man überhaupt durch das Lehrgut auf den Menschen wirken will."

„Nur dann werden Sie den nötigen Enthusiasmus aufbringen, wenn Sie die moralische Entrüstung[213] aufbringen gegenüber dem, was ...vorhanden ist. Dasjenige aber, was für die Weltentwickelung geschehen ist, das ist das, dass überhaupt das Verständnis für das Ineinanderweben, Ineinanderarbeiten von Geist und Materie vollständig verlorengegangen ist, und dadurch ist von vielem, das vorhanden war, eben nichts weiter geblieben als ein äußeres, ganz abstraktes Wortverständnis..."

„Heute, meine lieben Freunde, wird in den Gemeinden gelehrt die Form des Vaterunser, wie sie im Matthäus-Evangelium vorhanden ist. Man schließt: «... und erlöse uns von dem Übel; denn Dein ist das Reich, die Macht und die Herrlichkeit in Ewigkeit. Amen.» Durch die Behandlung der Gnosis, des durchgeistigten Christentums durch die Theologen, ist Schutt geworfen über das Verständnis dieses letzten Satzes."

Die übersinnliche Realität in ein Symbol bringen

„Dieser Schluss war in denjenigen Mysterien, aus denen er entnommen war, verknüpft mit einem bestimmten Symbolum, mit einer Hinüberleitung des ganzen Sinnes in die symbolische Anschauung. Man sagte so: Wenn man für das <Reich> das Symbolum aufstellt, so ist es der Kreis. Die Begrenzung, das ist das Symbolum für das Reich. Dasjenige, was das Reich ist, umfasst ein bestimmtes Gebiet. Es hat nur einen Sinn, vom <Reich> zu sprechen, wenn man dieses Gebiet in seiner Begrenzung

darstellt, wenn man das darstellt, wohin das Reich, das Gebiet, reicht." So können wir üben, SEIN Reich auch als umgrenzten Bereich zu erfahren!

„Ein solches <Reich> hat aber nur eine Bedeutung, wenn es durchkraftet ist, wenn es nicht nur ein begrenztes Gebiet ist, sondern wenn dieses Gebiet von Kraft durchstrahlt ist. Kraft muss im Mittelpunkt sitzen und das Reich muss durchstrahlt sein von der Kraft. Sodass Sie ein Sich-ausbreitendes haben im Gebiet des <Reich>. Die Kraft, die vom Mittelpunkt ausstrahlt, das ist die <Macht>. Die ausstrahlende Kraft, die das Reich beherrscht, ist die <Macht>. Das alles würde sich aber im Inneren abspielen. Wenn nur dieses vorhanden wäre, so würde dieses <Reich> mit der <Macht> in sich abgeschlossen dastehen, es würde nur für sich da sein."

„Es ist für anderes in der Welt, für andere Wesen erst da, wenn dasjenige, was da ausstrahlt, an die Oberfläche dringt und von da in die Umgebung hinüber strahlt, sodass dasjenige, was in die Welt hinaus strahlt, ein an der Oberfläche befindlicher Glanz ist, eine <Herrlichkeit>. Das Ausstrahlen von innen ist die <Macht>, das Festsitzen der Macht an der Oberfläche und von da nach außen glänzend, das ist die <Herrlichkeit>."

„Wenn Sie sich das Gebilde ansehen, das durchaus hinüberführt in ...die anschauliche Vorstellung desjenigen, was in den Ideen Reich, Macht, Herrlichkeit gedacht werden kann, so haben Sie... es in der Sonne, denn das ist das Bild. Und statt, dass Sie schließen mit den Worten des evange-lischen Vaterunsers: <... denn Dein ist das Reich, die Macht und die Herrlichkeit», können Sie auch schließen das Vaterunser: «... denn Dein ist die Sonne>."

„Jedes Wesen wurde im Sinne der Trinität angesehen; und derjenige, der noch etwas weiß von der wirklichen gnostischen Erkenntnis, der weiß, dass eben einfach am Schlusse des Vaterunsers gebetet worden ist so, dass man vorgebracht hat in Worten die Glieder der Sonnentrinität, und dass man das Bewusstsein hatte, man spricht damit aus, indem man das Vaterunser geschlossen hat, die sieben Bitten vorgebracht hat und auf sich hingewiesen hat: <... erlöse uns von dem Übel>: denn Du, der Du in der Sonne wohnst, Du bist derjenige, welcher das vermag. Es ist überall ein Bewusstsein vorhanden gewesen, dass die Natur draußen... überall durchgeistigt ist, und das Mittel, diese Durchgeistigung wirklich sich zu vergegenwärtigen, man fand es im Trinitätswirken."

„«*Dein ist das Reich, die Macht und die Herrlichkeit in Äonen, Amen*»
meint innerlich, geistig-seelisch den Christus und äußerlich dasjenige,
was ihm in der Umgebung entspricht: die Sonne. «*... denn Dein ist die*
Sonne» *und* «*Dein ist der Sohn, Christus-Jesus, er ist bei Dir*»."

Bei seiner Grundsteinlegung eines zentralen Baues für die neuen Mysterien der Menschheit,[214] sprach Steiner, einer okkulten Verpflichtung
folgend, zum ersten Male von einem „Fünften Evangelium", dem
„Evangelium der Erkenntnis", dessen Kernstück, das makrokosmische
Vaterunser, lautet:

AUM. Amen!

Es walten die Übel,

Zeugen sich lösender Ichheit,

Von andern erschuldete Selbstheitschuld,

Erlebet im täglichen Brote,

In dem nicht waltet der Himmel Wille,

Da der Mensch sich schied von Eurem Reich

Und vergaß Euren Namen,

Ihr Väter in den Himmeln.

Diese entgegengesetzte Reihenfolge kann man dem bekannten Vaterunser vorausgehen lassen. Im Bedenken, Durchfühlen und Vollbringen
vertieft sich mit solchem Üben unser zentrales Gebet. Steiner selber
betete in Dornach, pünktlich um 15 Uhr, lautstark das Vaterunser in
lateinischer Sprache. - Wir können in all den Herausforderungen der
neuen Zeit, unser ganz direktes Anreden unseres himmlischen Vaters
noch durch das Gebet in Ergebenheitsstimmung verstärken, das Rudolf
Steiners Schüler gerne nutzen.

Ergebenheits-Stimmung

Es wurde anhand von Textstellen aus »Das Wesen des Gebetes«
zusammengestellt[215] sowie Worten aus GA 40a.[216]

„Wir müssen mit der Wurzel aus der Seele ausrotten Furcht und Grauen
vor dem, was aus der Zukunft herandrängt an den Menschen.
Gelassenheit in Bezug auf alle Gefühle und Empfindungen gegenüber der

Zukunft muss sich der Mensch aneignen. Mit absolutem Gleichmut entgegensehen allem, was da kommen mag, und nur denken, dass, was auch kommen mag, durch die weisheitsvolle Weltenführung uns zukommt.

Wir haben jeden Augenblick das Rechte zu tun und alles andere der Zukunft zu überlassen. Es gehört zu dem, was wir in dieser Zeit lernen müssen, aus reinem Vertrauen zu leben, ohne jede Daseins-Sicherheit, aus dem Vertrauen in die immer gegenwärtige Hilfe aus der geistigen Welt. Wahrhaftig, anders geht es heute nicht, wenn der Mut nicht sinken soll. Nehmen wir unseren Willen gehörig in Zucht und suchen wir die Erweckung von innen jeden Morgen und jeden Abend:

Was auch kommt, was mir auch die nächste Stunde, der nächste Tag bringen mag: Ich kann es zunächst, wenn es mir auch ganz unbekannt ist, durch keine Furcht ändern. Ich erwarte es mit vollkommenster innerer Seelenruhe, mit vollkommenster Meeresstille des Gemütes. Durch Angst und Furcht wird unsere Entwicklung gehemmt – wir weisen durch die Wellen der Furcht und Angst zurück, was in unsere Seele aus der Zukunft hinein will!

Die Hingabe an das, was man göttliche Weisheit in den Ereignissen nennt, die Gewissheit, dass das, was da kommen wird, sein muss und dass es auch nach irgendeiner Richtung seine guten Wirkungen haben müsste, das Hervorrufen dieser Stimmung in Worten, in Empfindungen, in Ideen, das ist die Stimmung des Ergebenheitsgebetes.

Es gehört zu dem, was wir in dieser Zeit lernen müssen: Aus reinem Vertrauen leben, ohne Daseinssicherung, aus dem Vertrauen auf die immer gegenwärtige Hilfe der geistigen Welt. Wahrhaftig, anders geht es heute nicht, wenn der Mut nicht sinken soll. Nehmen wir unseren Willen gehörig in Zucht und suchen wir die Erweckung von innen, jeden Morgen und jeden Abend."

Es lohnt sich, das Vaterunser[217] gelegentlich neu zu formulieren, wie es viele Menschen in gemeinsamen Feiern tun. Wie kann ich heute wahrhaft zu einem göttlichen Gegenüber finden und die eigenen, gerade jetzt angemessenen Worte beten? Zu welchem Wesen kann ich heute wirklich DU sagen und es bitten, mir beizustehen? Auf diese Weise bleiben alle Texte ein ganz ehrliches, eigenes Gebet. Die eigenen innersten Anliegen hat Rudolf Steiner auch mit seinem sehr frei übertragenen Ur-Gebet der Christenheit zusammengefasst[218]:

„Vater, der du warst, bist und sein wirst in unser aller innerstem Wesen!

Dein Wesen wird in uns allen verherrlicht und hochgepriesen.

Dein Reich erweitere sich in unseren Taten und in unserem Lebenswandel.

Deinen Willen führen wir in der Bestätigung unseres Lebens so aus, wie du, o Vater, ihn in unser innerstes Gemüt gelegt hast.

Die Nahrung des Geistes, das Brot des Lebens, bietest du uns in Überfülle in den wechselnden Zuständen unseres Lebens.

Lasse Ausgleich sein unser Erbarmen an anderen für die Sünden an unserem Wesen begangen.

Den Versucher lässt du nicht über das Vermögen unserer Kraft in uns wirken, da in deinem Wesen keine Versuchung bestehen kann; denn der Versucher ist nur Schein und Täuschung, aus der du, o Vater, uns durch das Licht deiner Erkenntnis sicher herausführen wirst.

Deine Kraft und Herrlichkeit wirke in uns in die Zeitläufe der Zeitläufe.

Immer wieder kann das Gebet zu einer wirklichen Zwiesprache werden, in der Gelöbnis und Einwilligung in den Weltenwillen mit der Bitte um Unterstützung des eigenen Wollens sich abwechseln und der Wille Gottes mit dem eignen Willen in einen lebendigen Austausch gehen.[219]

17. Rituale authentisch, lebendig und kraftvoll gestalten

„Es hat sich aus einer unbefangenen Wahrnehmung das Bedürfnis ergeben, zu der religiösen Unterweisung einen Kultus hinzuzufügen, unsere Sonntagshandlung. Natürlich ist das auch etwas, was durchaus im Anfange steht. Sie müssen das so betrachten, dass es... die Notwendigkeit hat, überzugehen zu einer Art von Kultus, zu einer Art von Wirken durch das Ritual, dies hat sich ganz aus der Sache heraus ergeben. Und Sie werden, wenn Sie Ihre Sache mit wirklicher innerer Teilnahme verfolgen, auch nicht anders können, als sich zu sagen: Der Kultus, das Ritual, die Symbolik müssen dazukommen.

Denn sehen Sie, es ist schon einmal so, dass alles religiöse Leben verschwinden muss, wenn es keine Realität darstellen kann, wenn das religiöse Leben nur etwas sein soll, von dem so gesprochen werden kann, dass alles in Gedanken intellektualistisch ausgedrückt werden kann. Dann kann dieses religiöse Leben so überhaupt nicht gepflegt werden. Es muss durch das religiöse Erleben etwas geschehen können, es müssen Vorgänge existieren, die gewissermaßen als solche... nicht nur für den Menschen eine ewige Bedeutung haben, sondern im Weltgeschehen etwas sind.

Und da müssen wir uns eben sagen: Alles dasjenige, was wir intellektualistisch in unsere Seele herein versetzen, alles dasjenige, was die moderne Wissenschaft als wissenschaftliche Errungenschaft anerkennt - nicht dasjenige, was wir in unserer Seele als lebendige Begriffe formen, das eignen wir uns allmählich an während unserer Kindeslebenszeit, das verwandelt sich dann im Laufe unserer Lebenszeit -, aber der intellektualistische Inhalt, auch wenn er sich über die noch so verzweigten Naturgesetze erstreckt, er ist mit uns sterblich.“ [220]

Zu Beginn dieser Darstellung der Sonntagshandlung für die Kinder der ersten freien Waldorfschule in Stuttgart werden im Herbst 1921 wesentliche Grundlagen zum Vollzug erläutert.[221] Wenn wir heute solche und ähnliche Rituale authentisch, lebendig und kraftvoll gestalten und feiern, wie es ursprünglich von Steiner gedacht ist, kommen die Kinder gerne und bemerken, dass ihnen diese Feier guttut und ihrem tiefen Bedürfnis entspricht. Wenn die Herzen der Kinder berührt werden, drängt es sie zu dieser Feierstunde. Das gelingt aber nur durch das zuvor beschriebene Üben. Man kann gemeinsam beobachten, wie die Kinder ankommen und anschließend wieder fortgehen. Wirken sie befreit, erfüllt, beseligt?

„Meine lieben Freunde, wenn wir von Mensch zu Menschen sprechen, dann müssen wir uns klar sein darüber, dass unserer Rede immer zugrunde liegen muss dasjenige, was einzig und allein in der überzeugenden Kraft des Inhaltes unserer Rede liegt.

Wenn wir die gegenwärtige Zeit auch im religiösen Sinne recht verstehen, so müssen wir uns klar sein, dass wir durch die Rede, die wir von Mensch zu Menschen oder von Mensch zu einer Menschen-Versammlung sprechen, durch nichts anderes zu wirken haben als durch dasjenige, was bei dem Sprecher aus seiner eigenen Überzeugung und aus der Kraft der eigenen Persönlichkeit fließen kann. Also Reden, welche ein suggestives Moment enthalten würden, wären im Sinne unserer heutigen Weltverfassung absolut verwerflich, weil wir durch die Menschheitsentwickelung dazu gekommen sind, dass, wenn wir das Wort handhaben können in einer freien Weise, wir in das Wort hineinlegen müssen dasjenige, was unsere errungene eigene persönliche freie Überzeugung ist.“

Wenn wir ein Ritual nicht aus unserer aktiv errungenen, durch viele Zweifel immer neu erworbenen und ganz persönlichen Überzeugung sprechen, wirkt es befremdend, seltsam steril, ja sogar abstoßend. Auch wenn man es ausführt, weil die weisen Kirchenführer es so für richtig halten, wirken wir nicht von Mensch zu Mensch aus uns selber und lassen andere nicht wirklich frei. Ist der *„Lehrer der Menschenliebe"* anwesend, wenn wir sprechen?

„Dieser eigenen persönlichen freien Überzeugung darf, wenn das Geistes-leben in voller Realität genommen wird, niemals etwas Suggestives aufgedrängt werden, sondern man muss sich durchaus so verhalten, dass die Zustimmung von dem anderen aus völliger Freiheit heraus kommt. Das ist die Voraussetzung eines jeden zukünftigen religiösen... oder sonstigen Wirkens. Wenn jemand die Rede missbrauchen würde zur Magie, so wäre das... ein im eminentesten Sinne Irreligiöses, ja eine ungöttliche Hantierung, es wäre in dem strengen Sinne eine Sünde wider den Heiligen Geist..." So lohnt es sich, sorgfältig unser Sprechen zu beobachten. Haben wir den Eindruck, dass wir selbst bzw. der jeweils Sprechende wirklich aus   persönlicher freier Überzeugung die Worte

wählen, aus eigenem freilassenden Denken, Fühlen und Wollen setzen, oder mischt sich etwas Fremdes, Traditionelles, magisch Wirkendes, Überkommenes, als absolut Gesetztes, Betrachtetes, Dogmatisches, Zwingendes, Bevormundendes, Moralisierendes hinein? Kennen wir die Inhalte, den „Lehrer der Menschenliebe"? Was lehrte er uns, wenn wir allein waren oder wenn wir mit Menschen zusammen waren? Der Text eignet sich zur Meditation, mit der wir uns selber und andere anleiten, sich mit allen Gedanken und Empfindungen zu dem Gottesgeist zu erheben. Wenn wir in diesem befreienden Sinne uns zu sprechen erlauben, zieht ein heiliger Geist heilend in unsere Worte ein.

„Die Rede darf nur durchdrungen sein von jener Heiligung, die man nennen kann die Heiligung durch den Heiligen Geist, und muss beobachten im Menschen absolut das Prinzip der unmittelbar vollständig freien Überzeugung, die es vor dem Mysterium von Golgatha überhaupt nicht hat geben können in der Menschheitsentwickelung, weil man überhaupt an dem Menschen abgeprallt wäre mit dem Worte, wenn das Wort nur die Kraft gehabt hätte, die es heute allein haben darf. Damals musste es suggestiv wirken, weil eben die menschliche Organisation darauf angelegt war. Darum mussten auch auserwählte Führer da sein, wie ich gestern gesagt habe, und es durfte damals auch durch das Wort gewirkt werden in einem Sinne, wie es bloß im Geiste geschieht, indem man sich bewusst wurde, man redete im Geiste, nicht aus seiner eigenen Kraft, sondern aus der Kraft des in einem lebenden Gottes, des Nous, des Logos.

Man muss sich bewusst sein, dass dies heute unmöglich ist und dass heute nur aus dem Heiligen Geiste heraus gesprochen werden darf; das ist aber das Wort, dem allein antwortet die freie Überzeugung dessen, der das Wort hört. Es muss also heute alle Unterweisung in dem Zeichen des Heiligen Geistes geschehen. Daher müssen wir uns sehr klar darüber sein, dass alles dasjenige, was von Worten hinüber fließt in die Handlung, nur allein im christlichen Sinne so vollzogen werden darf, wenn bei dem Vollziehenden das Paulus-Bewusstsein vorhanden ist: „Nicht ich, sondern der Christus in mir!" Da Christus auch der Kern unseres Ich ist, meint das Paulus-Wort zugleich: Ganz Ich, doch nicht nur mein kleines alltägliches Ich, sondern mein tiefes, ganz persönliches Ich, das der Christus in mir, mit mir schaffend aus meinem eigentlichen Zentrum, hervorbringt. Wenn die Kinder sich abwenden und nicht zur Feier-Handlung kommen wollen, dann dürfen wir dies als einen Hinweis verstehen, selbst mit noch stärkerer innerer Beteiligung im gemeinten Sinne zu üben.

„Nichts darf an einer Handlung, die so vollzogen wird, ohne das Bewusstsein ausgeführt werden: Die Handlung wird vollzogen als ein innerliches göttliches Gebot, als dasjenige, was im Sinne des Christus-Auftrages selber vollzogen wird. Wir müssen uns klar sein, dass wir nur das Werkzeug sind, um den Christus zu den Menschen sprechen zu lassen...“[222], den Christus, der den freien Menschen aus seinem tiefsten Wesen bejaht und als freier Mensch zu den sich befreienden Menschen spricht, die aus ihrem geistigen Kern heraus leben und wirken wollen.

„Ich liebe hauptsächlich den letzten Satz der Sonntagshandlung!“ sagte ein neunjähriger Junge. Da spricht der die Handlung Vollziehende: *„Liebe Kinder! Ich entlasse euch nun, aber behaltet in guten Gedanken, was ihr hier gehört, empfunden, gedacht habt“.* Und weiter der Neunjährige: „Ich werde so ernst genommen mit allem, was ich selber empfunden und selber gedacht habe!“ Sehr vieles bewegen die Kinder in ihren Gedanken und Empfindungen, wenn man ihnen freilassend die Ritual-Worte aus dem eigenen persönlichen Denken, Forschen und Erleben spricht. Dieser Junge sagte auch einmal dem Vertretungslehrer im Religionsunterricht vor der ganzen Klasse: „Sie haben uns nun eine Stunde lang erzählt, was wir glauben sollen! Das sind wir nicht gewohnt. Wir werden immer gefragt nach dem, was wir selber wissen.“

Das Wissen, Denken und Empfinden der Kinder ist so vielfältig und groß! Und auch wir Erwachsenen sollen ja werden wie diese Kinder. Schon zu Beginn der Handlung wird das Kind auf das angesprochen, was es tief in seinem Wesen weiß:

Du weißt, du gehst zu der Handlung,
die deine Seele erheben soll zu dem Geiste der Welt.

Und dieses Wissen möge nicht enttäuscht werden. Es kann das Kind mit den anderen Teilnehmenden, gleichsam durch einen, dem Kind gemäß gestalteten meditativen Raum, sich wirklich zum Geist der Welt erheben und eine Kommunion, eine Einswerdung mit IHM erfahren. Wenn dies sich nicht erlebbar ereignet, werden wir auf die Dauer unglaubwürdig und können diesen Eingangssatz des Rituals dem Kind kaum mehr in wahrhaftiger Weise sagen. Gelingt es aber, durch die freilassend geführte Meditation der ersten drei Gebete hindurch gemeinsam sich zum

Gottesgeist zu erheben, so können wir mit den Kindern zu gemeinschaftlicher Bekräftigung beten, indem wir das Gebet vorsprechen und die Kinder, wenn sie mögen, anschließend einstimmen und es ebenfalls sprechen:

> *„Wir erheben all unser Empfinden und Denken zum Gottesgeiste. Wir verehren den Gottesgeist. / Wir lieben den Gottesgeist. Wir werden gedenken des Gottesgeistes, / Wenn wir allein sind / und auch, wenn wir mit Menschen zusammen sind. / Dann wird er mit uns sein."*

In allem Umgang mit den Kindern müssen solche Ritual-Worte weiter klingen und zur frohen Lebenserfahrung werden: ER ist mit uns, und dadurch verwandelt sich alles, wie es die Jünger in Emmaus erlebten! Das gelingt, wenn wir allein sind und auch, wenn wir in seinem Namen beisammen sind. Nach diesem vertrauensvollen gemeinsamen Beten kann der Handelnde an jedes einzelne Kind herantreten und sprechen, indem er ihm die Hand auflegt oder die Hand reicht:

> *„Der Gottesgeist wird sein mit dir, wenn du ihn suchest."*
> Und das Kind antwortet ggf. so etwas wie: *„Ich will ihn suchen."*

„Das wird also zu jedem einzelnen Kinde gesprochen, indem die ganze Reihe der Kinder durchgegangen wird, nachdem vordem nur zu ihrer Gesamtheit gesprochen wurde: Sie müssen das also nicht als eine Belehrung auffassen, sondern als eine Zeremonie."

Dazu ist eine tiefe und innige, warme und wahrhaftige Ich-Begegnung im Namen Christi von Mensch zu Mensch, wie oben beschrieben, nötig. Dann kann ER hinzukommen, uns beim Namen rufen und alles Sein, Leben und Tun segnen. Voraussetzung für diese Sonntagshandlung ist das gemeinsame Ringen um Erkenntnis, um Verständnis des Göttlichen im Religionsunterricht. Alle Fragen und Zweifel dürfen benannt werden. Mit dem Kind suchen wir IHN, den Höchsten. Aus diesem gemeinsamen Suchen und Finden des Göttlichen entwickelt sich die Zeremonie, in der den Gottesgeist beglückend erlebt werden kann.

Und es erfüllt sich das höchste Gebot: Durch das gemeinsame meditative Erheben zum Gottesgeist können wir IHN nun erleben und uns, als seine mündig werdenden Kinder, neu mit ihm verbinden. Wenn ER sich uns offenbart, dann zieht Liebe zu IHM in die menschlichen Seelen ein. Wir können Gott aus ganzem Herzen und mit all unseren Geisteskräften lieben. Auch unseren Mitmenschen dürfen und sollen wir lieben wie uns selbst. So vollziehen wir, wozu wir im Beichtsakrament[223] aufgefordert und ermutigt werden. *„Lerne Deine Gedanken dem Göttlichen opfern / und Deinen Willen durch Gottes Gnade empfangen. / Dann wird Deine Seele Frieden fühlen. / Du wirst Gottes Offenbarung liebend bewundern / und den Menschen liebevoll dich erweisen. / Liebe zu Gott wird einziehen in Dein ganzes Wesen, / Liebe zu den Menschen wird einziehen in Dein Herz.*

Das Wort des Jüngers Johannes erfüllt sich. Es können uns die Mitmenschen daran als SEINE Jünger erkennen, dass wir untereinander Liebe haben[224]. An der Stimmung und dem Verhalten nach der Sonntagshandlung sowie an unserer alltäglichen Konfliktfähigkeit und unserem konkreten Lernen vom *„Lehrer der Menschenliebe"* können wir studieren, wie stark uns dies gelungen ist und hier und jetzt immer wieder neu gelingt. *„Es ist schon einmal so, dass alles religiöse Leben verschwinden muss, wenn es keine Realität darstellen kann."*[225]

Das ist ein Teil des Niederganges aller Kirchen heute. Da verschwindet die konkrete, exakte, treue religiösen Übung, zu der die Mönchsväter und Fortgeschrittenen aller Zeiten des Christentums reiche Anregungen gaben und geben[226]. Viele Menschen wollen nicht mehr in die menschlich kalt gewordenen Kirchen gehen, um leere Worte mit moralischem Impetus wiederholt gesagt zu bekommen oder Ich-lose Rituale abzusitzen, weil es angeblich für Gott und die Welt gut sei. Sie wollen erleben, dass die Handlungen sie mit ihrem Denken und Empfinden wahrhaft erheben zum Geist der Welt, bei dem es sich nicht handelt um eine weltfremde Geistigkeit, sondern um jenen Geist, der dieser Welt innewohnt, der *„schafft in allem Schaffenden, der wirkt in allem Wirkenden…"* wie es einleitend den Kindern gesagt wird.

Feiern mögen wir aus uns selber gestalten, in denen uns der wirkende göttliche Geist, wie er hier dargestellt wird, in direkter menschlicher Begegnung ermutigt, und wir die tiefere Wirklichkeit unseres Seins erfahren dürfen. Als ob der Himmel aufgehe, die innere und äußere Sonne uns erscheine, so geht ein Höheres vor uns auf. Manche Konfirmanden äußern am Ende der Rüstzeit beglückt: „Die Feiern in der Kapelle waren doch das Größte, Stärkste und Schönste unserer Konfizeit."

18. Eine Sonntagsfeier mit den Kindern begehen[227]

„Dasjenige, was intellektualistischer Seeleninhalt ist, ist im besten Falle nur Bild des Geistigen, es ist sterblich wie der menschliche Leib. Denn gerade das Intellektualistische wird restlos durch den Leib vermittelt. Alles Seelenleben, das intellektualistisch vermittelt wird, entsteht nach der Geburt und geht mit dem Tode zugrunde. Dasjenige, was in der Seele ewig ist, ist erst hinter dem Intellektualistischen. Also, kein abstrakter Begriff geht durch die Todespforte mit uns, sondern nur dasjenige, was wir über abstrakte Begriffe hinaus im Leben erlebt haben. Daher ist es auch so, dass aus der jetzigen Bevölkerung heraus viele Seelen nach dem Tode ein langes Schlafleben führen müssen, weil sie nur eingespannt waren in Intellektualität und weil die Intellektualität abdämmert nach dem Tode und der Mensch sich dann erst in langer Zeit einen über-intellektualistischen Inhalt erobern muss, den er wiederum verarbeiten kann für das nächste Erdenleben. Es ist tatsächlich so, dass vieles von der jetzigen Lebenszeit durch das intellektuelle Leben für die Menschen in ihrer Gesamtentwickelung verloren geht..."

„Wenn die Erziehung nur auf Intellektualismus gebaut wird, wie es an den heutigen Schulen geschieht, so bedeutet dies das Ertöten des Seelisch-Geistigen und nicht die Erweckung des Seelisch-Geistigen. Für die Erde muss es so sein. Aber auf der anderen Seite muss auch für das Gegengewicht gesorgt werden. Daher haben wir in unserer Pädagogik und Didaktik in der Waldorfschule nicht das Intellektualistische... Und an dem starken Hass, den man dem entgegenbringt, zeigt sich schon, wie sehr man fühlt, dass hier wiederum an etwas gegangen wird, das in den letzten drei bis vier Jahrhunderten — allerdings zum Unheil des Lebens der modernen Menschheit - in der Außenwelt ausgelöscht worden ist. Wir brauchen uns auch kaum zu wundern, dass das religiöse Leben abgedämpft worden ist, denn wir haben eine Wissenschaft, die einfach von dem Unsterblichen gar nicht mehr reden kann."

„Nun, wir wollten in unserem Ritual der Sonntagshandlung in der Waldorfschule nicht gar zu sehr gegen das Vorurteil der heutigen Zeit verstoßen. Aber wir waren doch genötigt, einfach in der Frage desjenigen, der die Opferhandlung vollbringt, an das Kind, ob es streben will nach dem Gottesgeist, und in der Antwort: <Ja, ich will ihn suchen, ich werde suchen nach dem Gottesgeist>, wenigstens im Worte eine

Andeutung zu geben von dem realen Verhältnis. Es soll etwas vorgehen, es soll etwas geschehen dadurch, dass jedes Kind gefragt wird, ob es den Gottesgeist suchen will. Wir mussten wenigstens die Andeutung des Abendmahles in unserer Sonntagshandlung haben..." Ob wirklich so etwas vorgeht in dem Kind, das hängt stark von der inneren Verfassung desjenigen ab, der die Handlung vollbringt – und von seinem realen Verhältnis zum einzelnen Kind. Hier können wir tiefer mitfühlend empfinden, beobachten und übend lernen. Welche Ströme waren zu erleben zwischen dem einzelnen Kind und demjenigen, der die Sonntagsfeier leitete? Welche Kräfte berührten es vom Gottesgeist her?

„...das Bild wirkt nicht nur auf das Intellektuelle, das Bild wirkt auf den ganzen Menschen. Soll ich irgend etwas Intellektuelles begreifen, dann begreife ich es ganz in mir allein. Stehe ich einem Bilde gegenüber, so geht das in viel tiefere Schichten meines Menschenwesens hinein als das Intellektuelle. Und wenn dasjenige, was durch das Ritual geschieht, in die Mitglieder einer Gemeinde hineingeht, so erleben sie ein Übersinnliches gemeinsam, und dasjenige, was atomisiert wird durch das Lehrgut, wird dann synthetisiert in der Kultushandlung."

Aus Erfahrung kann Steiner im Herbst 1922 dann sprechen[228]: *„Was dann notwendig geworden ist..., das hat man sehr bald gesehen: man braucht bei den Kindern, die unseren freien christlichen Religionsunterricht erhalten, dasjenige, was dann eine Sonntagshandlung geworden ist. Danach war ein sehr lebhaftes Begehren, eine solche Sonntagshandlung zu haben, das heißt also, die Kinder zu einer Art Zeremonie am Sonntag zu versammeln. ... Nun handelte es sich darum, für diese Sonntagshandlung ein Ritual zu finden. Dieses Ritual werde ich jetzt ein wenig vor Ihnen besprechen..."* Was für ein Ritual die Kinder heute in der Tiefe ihrer Seele erbitten, das müssen wir so lebendig erlauschen, wie R. Steiner es damals tat, und so gestalten, wie unsere Weltverhältnisse und wir selbst es ermöglichen.

Die Sonntagshandlung[229]

„...wird so vorgenommen, dass sich die Kinder vor der Eingangstür zu dem Raum versammeln, in dem die Sonntagshandlung vollzogen wird. Es steht an der Türe jemand, welcher zunächst das Kind darauf aufmerksam zu machen hat, dass es in einer ganz besonderen Stimmung in diesen Raum einzutreten habe. Daher wird das Kind, indem es in den Raum

eintritt, an der Hand genommen.“ Es wird daran erinnert, was es weiß. „Und ihm wird gesagt:

Du weißt, du gehst zu der Handlung,
die deine Seele erheben soll zu dem Geiste der Welt.

...Dann betritt das Kind den Raum, der ...eine Art Altar an der einen Wand hat, auf dem Altar stehen sieben Lichter. Über dem Altar befindet sich ein Christus-Bild. Nun wendet sich zuerst der Handelnde, der mit dem Antlitz zum Altar gerichtet ist, also mit dem Rücken zu den Kindern, während sie eintreten, um und wendet sich zu den Kindern. Er spricht:

Wir erheben jetzt die Gedanken und Empfindungen zu dem Geiste,
Zu dem Geiste, der lebet und wirket,
Der lebet und wirket in Stein, Pflanze und Tier;
Der lebet und wirket in Menschendenken und Menschentun,
Der wirket in allem Wirkenden, der lebet in allem Lebenden,
Der das Lebende in den Tod führt, auf dass es neu lebe,
Der das Tote ins Lebende führt, auf dass es den Geist schaue.

Nachdem der Handelnde dieses gesprochen hat, wendet er sich zu dem Christus-Bilde und spricht mit zu dem Christus-Bilde hin erhobenen Armen die folgenden Worte:

In ihm nahm Leib an, der da wirket als Geist im All. Christus starb.
Er wurde lebendig im Sein der Menschen,
die ihm Wohnung gaben in ihrem Herzen.
Auch unser Herz wende sich zu ihm.
Es durchdringe sich mit seiner Kraft, auf dass er in ihm wirke,
auf das er durchdringe unser Denken, Fühlen und Wollen.

Nun handelt es sich darum, dass eben der Moment eintritt, in dem die Kommunion vollzogen werden sollte oder etwas Kommunionartiges. Es ist also dann so, dass sich der Handelnde zu den Kindern wendet. Nachdem er die Worte, die ich ausgedrückt habe, gesprochen hat, wendet sich der Handelnde zu den Kindern und spricht, indem er sie gewissermaßen vorbereitet zu demjenigen, was als ein Ersatz für den Empfang der Kommunion gesprochen werden soll:

Meine Lieben! Wir lernen, um die Welt zu verstehen.

Wir lernen, um in der Welt zu arbeiten.

Die Liebe der Menschen zueinander belebt alle Menschenarbeit.

Ohne die Liebe wird das Menschsein öde und leer.

Christus ist der Lehrer der Menschenliebe.

Soweit spricht der Handelnde zu den Kindern über das Verhältnis, in dem der Christus zu ihnen steht. Nun folgt das gemeinsame Gebet, das chormäßig gesprochen wird:

Wir erheben all unser Empfinden und Denken zum Gottesgeiste.

Wir verehren den Gottesgeist. Wir lieben den Gottesgeist.

Wir werden gedenken des Gottesgeistes,

Wenn wir allein sind,

und auch, wenn wir mit Menschen zusammen sind.

Dann wird er mit uns sein.

Der Handelnde tritt an jedes einzelne Kind heran und spricht, indem er dem Kinde die Hand auflegt oder die Hand reicht:

Der Gottesgeist wird sein mit dir, wenn du ihn suchest.

Das Kind antwortet: Ich will ihn suchen.

Das wird zu jedem einzelnen Kind gesprochen... Vordem war es nur zur Gesamtheit gesprochen. Sie müssen das nicht als eine Belehrung auffassen, sondern als eine Zeremonie." Es möge eine Kommunion, eine Einswerdung geschehen. *„Der Handelnde tritt dann wiederum zum Altar zurück und spricht, indem er sich zu den Kindern wendet, mit segnenden Händen:*

Ich rufe zum Gottesgeist, dass er sei bei euch, wenn ihr ihn suchet.

Hierauf wird das Evangelium-Kapitel vorgelesen, das eben zu der betreffenden Zeit in richtiger Weise vorgelesen werden muss. Dann singen die Kinder ein Lied, das Bezug hat auf die ganze Handlung, und zuletzt spricht der Handelnde:

Liebe Kinder! Ich entlasse euch nun,

aber behaltet in guten Gedanken,

Was ihr hier gehört, empfunden, gedacht habt.

Dann folgt noch eine entsprechende Musik. Nun verlassen die Kinder den Raum, nachdem der Handelnde vom Christus-Bilde zurückgetreten ist.

Der Handelnde kann sich in der Weise wirklich in die richtige Gesinnung einführen, dass er vor der Handlung zu sich selber spricht:

„Durch Deine Kraft, o Gottesgeist, soll ich zu Dir weisen die mir anvertrauten Seelen. Dein Licht erhelle meines Denkens Umkreis", wie ich es ja täglich so treu wie möglich übe. *„Deine Lebenswärme durchkrafte meines Fühlens Mitte,"* die ja leider oft noch so kaltherzig ist. Gut ist es, wenn man diese Mitte zu beobachten lernt und spürt, wann sie mit Lebenswärme durchkraftet ist, wann sie leer, kalt und leblos ist. Rudolf Steiner achtete bei der Auswahl derer, die diese Handlung verrichten durften, darauf, ob sie die erforderliche innere feine Wärme für die Kinder hatten. *„Deine Seelenkraft durchgeiste meines Wollens Strahlenleib",* auf dass ich segnen kann. *„Sei in dem Dienst, den ich Dir leisten will".* Dieser Dienst geschehe durch göttliche Gnade im freien freudigen Impuls aus dem eigenen Innersten heraus sowie auf der Grundlage der eigenen vielfältigen Lebenserfahrung. Manchmal können wir das Einströmen der Gnadenkraft konkret miterleben wie der Bauer den Milcheinschuss, wenn er die Kuh zum Melken anrüstet.

„Durch diese Worte, die er in Gedanken zu sich spricht, wird der Handelnde, bevor die Kinder eingelassen werden, sich vorbereiten. Ich sage ausdrücklich, Sie müssen das durchaus im Sinne eines Rituals gedacht verstehen. Sie müssen es nicht auffassen wie eine Lehrunterweisung. Dem wird entgegen gearbeitet dadurch, dass eben in den entsprechenden Religionsstunden der Religionsunterricht gegeben wird. Da ist dann Lehre, da ist nicht Kultus. Der Kultus, der vollzogen wird, meine lieben Freunde, der wirkt, wenn er in der richtigen Weise und in der richtigen Gesinnung vollzogen wird, eben nicht als Menschenlehre."

Eine wahrhaftige, aus dem eigenen Seeleninnern quellende Tat soll vollzogen werden, die heilt und erlöst. *„Das muss durchaus ins Auge gefasst werden. Und nur so werden Sie verstehen können, wie vorsichtig die ganze Sache, um die es sich hier handelt, gemacht wird…"* Ganz ehrlich muss der Handelnde als ein Suchender mit den Kindern feiern, der immer wieder erlebt, wie der Gottesgeist mit ihm ist, wenn er allein ist und wenn er mit Freund und Feind zusammen wirkt – aber auch, wann dies nicht der Fall ist. Mit den Kindern erhebt er sich als ein erfahrener Meditant, Beter, „Hochgebirgsführer"... zum Gottesgeist. Er nimmt die Kinder mit, sodass auch sie sich erheben können, und die gemeinsame Liebe zum Gottesgeist auflebt. Die Feier bekräftigt dann, was in allen Anwesend da ist und im Alltag weiterleben will.

Die Fürbitte für die Kinder will geübt sein. Dann können sie erleben, wie hier jemand für sie, vertrauensvoll gegenüber Gott und Mensch, zum Gottesgeist ruft und um seinen Beistand bittet. Anhand von Biografien kann im Religions-Unterricht über Erlebnisse gesprochen werden, die sich in Menschen einstellen, die regelmäßig oder in Schicksalsmomenten all ihr Empfinden und Denken zum Gottesgeist erheben. Voraussetzung ist immer, dass sie den Gottesgeist wirklich suchen, verehren, lieben und in Freud und Leid des Gottesgeistes gedenken, gleich ob sie allein sind oder ob sie mit Menschen zusammen sind. Aus eigenen Erlebnissen und aus Berichten über das Erfahren des Christus damals und heute können die Kinder ein Verständnis entwickeln, wie es ist, wenn ER mit uns ist und uns das Lieben lehrt.

Die Zeit eines erfahrungslosen Glaubens ist vorüber. Der Aufbruch in eine neue Zeit will geübt sein. Eugen Drewermann hat dazu in seinem Buch über die Kleriker[230] konkrete Schulungswege entwickelt, auf die auch Steiner schon verwies: Selbst- und Welterkentnis üben, Wege gehen zum Entwickeln und Verstehen des eigenen Inneren, wie auch zum Erleben des Göttlichen in aller Natur!

„Wodurch werden wir in übersinnlichen Dingen sicher?" wird Steiner einmal von seinen Schülern gefragt. „Indem Sie sich über Ihre anfänglichen Erfahrungen austauschen!" war sein Rat. Und dem einzelnen Schüler, wie z.B. Hans Kühn, gab er die Übung:

„Suche im Innern das Lichtvolle

Und du findest die Welt;

Suche im Äußern das Sinnvolle,

Und du findest dich selbst."[231]

Rudolf Steiner trug für die Berner Freistudenten ins <Goldene Buch> in Dornach im Oktober 1920 Folgendes ein: [232]

Welterkenntnis, Selbsterkenntnis:

Von der Einen hin zur Andern

Pendelt fragend Seelensehnsucht.

Scheint ihr oft zu winken tröstlich

Lösung ihrer Daseinsrätsel:

Schon die nächste Pendelschwingung,

Sie gebiert ihr aus der Lösung

Nur ein neues Lebensrätsel.

Doch wenn statt im Welterkennen

Nach den Daseinsuntergründen,

Und auch statt im Selbstergründen

Nach des Menschen ew'gen Wesen:

Sie in Weltenweiten Selbstheit

Sucht, und in dem Selbst das Weltall;

Sie erreicht des Wissens Ziele

Zwar nicht; doch ihr werden Wege

In das Leben der Erkenntnis

Sich erschließen; seelentragend

geisterhebend, weltenweisend.

19. Einweihungs-Wege gehen – z.B. in einer neuen Messfeier [233]

Wenn wir heute miteinander als Gemeinschaft feiern, dann mögen uns Kraft und Mut zukommen, gemeinsam den Alltag besser zu bewältigen. Wir mögen „geweiht" werden in unserem Menschsein. Etwas wie bei den alten Mysterienhandlungen möge sich ereignen: Einweihung in die großen Weltgeheimnisse und Weltenkräfte.

„...so, wie wir das Messopfer heute im römischen Katholizismus vor uns haben, so ist es... etwas, was umgewandelt ist aus den ägyptischen und vorderasiatischen Mysterien. Und was war es denn da? ...ein äußeres Bild für die Initiation oder Einweihung." *„Die Grundbestandteile des Messopfers sind ein äußerer bildhafter Ausdruck für die Initiation oder Einweihung. Die vier Teile sind: Das Evangelien-Vorlesen, das Offertorium, die Wandlung - die Transsubstantiation - und die Kommunion."*

1. Teil

„Evangelien-Vorlesen - das Hereinklingen, die Offenbarung des Wortes in die Gemeinde. Dem liegt deutlich das Bewusstsein zugrunde, dass einen wirklichen Inhalt das Wort nur hat, wenn es nicht vom Menschen erkundet wird durch intellektuelle Arbeit, sondern wenn der Mensch das inspirierte Wort, das aus der geistigen Welt herein klingt, erfährt. Ohne das Bewusstsein, dass die übersinnliche Welt im Worte sich verkörpert, ohne dieses Bewusstsein wäre das Evangelien-Vorlesen nicht ein wirkliches Vorlesen. Wir haben also das göttlich verklärte Verkünden des Lehrgutes im ersten Teile des Messopfers vor uns. Dasjenige, was die übersinnliche Welt den in der sinnlichen Welt befindlichen Menschen gibt, das haben wir zunächst in der Evangelien-Vorlesung.

Damit die göttliche Welt sich in unserem Menschenwort verkörpern kann, bedarf es intensiver innerer Arbeit, wie beispielsweise mit den Meditationen, die von Rudolf Steiner bereits in diesem Kurs und dann ausführlich in den Brevier-Vorträgen vom Herbst 1921[234] beschrieben werden. Es ist ein Ringen um die Reinigung des Herzens nötig, damit die Gnade uns erwürdigen kann. Durch göttliche Gnade, die uns dann sehr konkret zukommt, kann SEIN Wort unseren Lippen entströmen. Manche der Teilnehmer/Innen des Kurses hatten bereits zuvor spirituelle

Schulungswege zum Erlangen von Erkenntnissen über höhere Welten beschritten. Sie übten sich darin, jener Kräfte inne zu werden, die sich im Menschenwort verkörpern wollen, wie es z.B. in den Schulungswegen Steiners[235] dargestellt wird. Dieser Weg leitet zum Hören und Aussprechen des „inneren", „göttlichen" Wortes – wo auch immer es durch uns verkündet werden soll, ob in einer Vorlesung, einer Unterrichtsstunde oder in einer Feier. So werden Lesende und Hörende dankbar bemerken, was die übersinnliche Welt durch die jeweilige Darstellung in diesem konkreten Augenblick, an diesem bestimmten Ort, den hier versammelten Menschen tatsächlich zu geben vermag. *„Die übersinnliche Welt verkörpert sich im Worte".* Bereiten wir uns mit Hilfe der Übungen aus dem ersten Teil dieses Buches auf das Verkündigen vor und lassen es dann aus unserem, sich jetzt im Augenblick neu reinigenden, Herzen so von unseren Lippen strömen, wie die Gnade uns aktuell zukommt, dann können die mit uns Feiernden sich von jeweils individuell erfüllenden Worten tief berühren lassen.

„Das erste Hauptstück besteht darin, dass man lernt, dasjenige, was man empfängt als Welterkenntnis und Weltempfindung in abstracto, umzuwandeln, sodass man mit innerer Ehrlichkeit sagen kann: Im Urbeginne war das Wort. Aus dem Wort ist alles Entstandene geworden."[236] Es ist ein langer, schwerer und bedeutender Weg, sich immer tiefer bewusst zu werden, wie alles Gewordene aus einem schöpferischen „Wort"-Prozess hervorgegangen ist, und wie sich auch heute aus Worteskraft die neue Zeit gestaltet.[237]

Als ein Mensch, der in diesem Sinne der Menschheit und dem Universum Gottes dienen will, schreitet man der eigenen Einweihung entgegen, die sich plötzlich, einmalig oder auch in einem lebenslangen Prozess vollziehen kann. Jede spirituell durchdrungene, von einem ehrlich ringenden Menschen gehaltene Feier führt diesen Weg neu. Dazu finden wir in unserer Zeit schon zahlreichere Wege, als dies noch vor hundert Jahren der Fall war: freie Exerzitien in Verwandlung des Schulungsweges des Ignatius[238], meditative Übung mit Austausch über die dabei gemachten Erfahrungen[239], buddhistische Schulung der Achtsamkeit[240], Wahrnehmungen in der Bildekräfte-Forschung[241], Karma-Erkennen[242]...

„...das Verständnis des Einzuweihenden hat aufzurücken dazu, dass dasjenige Wort, das verkündet wird, durchaus aus dem Übersinnlichen ertönt, während unser heutiges gangbares Wort aus dem Intellektuellen,

aus dem Vergänglichen heraus tönt. Das ist der erste Akt der Initiation, dass der Inhalt der Seele sich zum Wort gestaltet als eine übersinnliche Offenbarung, als ein wirkliches Ereignis, das hervor geht aus dem Angelion-All, aus der Summe der geistigen Welt. Was sich heraushebt aus der geistigen Welt, in uns die Form des Wortes annimmt, das ist der erste Akt des Messopfers. ... man sollte sich dessen bewusst werden, dass das eine Verkündigung des Übersinnlichen ist, und dass das nicht eine Verkündigung von der Sinneswelt darstellt." Hier geht es für den Handelnden nicht um ein abstraktes Bewusstwerden, sondern um die Schulung und Vertiefung der Achtsamkeit, die zu bewusst erlebten Erfahrungen des „Immanenten Transzendenten" (Graf Dürckheim) in Fortführung von Meister Eckhart führen. Aus solchem Üben mögen die Worte entspringen, die in Festes-Augenblicken gelesen und gesprochen werden und in eine neue Zeit mögen sie führen.

2. Teil

„Dasjenige, was der Mensch von sich aus an die übersinnliche Welt geben kann, das, was von ihm versucht wird in der Darbringung des Opfers, gewissermaßen als die Gegengabe, das reale Gebet, das tritt bildlich vor uns im Offertorium. Das Offertorium, die Opferung, bringt symbolisch dasjenige zum Ausdruck, was der Mensch in seiner Seele empfinden kann als Weihegefühl zum Übersinnlichen. Das wird durch die symbolische Handlung des Offertoriums gewissermaßen als Antwort zur Evangelien-Vorlesung gesagt. Das ist der zweite Teil." Werden die Menschen von einer Botschaft aus dem Übersinnlichen stark berührt, so entsteht in ihnen der Drang, sich dieser in Gebet und Alltag ganz hinzugeben. Diese spontane Bereitschaft festigen wir im Feiern des Offertoriums. Dabei geht es nicht darum, gute und wertvolle Vorsätze zu fassen, sondern darum, sich innig mit dem zu verbinden, was uns berührt hat.

„Das zweite ist, dass der Mensch in ein reales Verhältnis zu dem Übersinnlichen tritt durch das Opfer. Finden wir die Möglichkeit, das Opfer anzudeuten, ...die Gegengabe gegenüber dem Göttlichen..., dann haben wir eigentlich erst das in der Vielseitigkeit vor uns, was doch da sein muss." Religiöser Egoismus kommt in vielen Formen vor. Man *„möchte eigentlich alles von der Gottheit haben und nichts der Gottheit wiedergeben."*

Die andere Abirrung muss auch bedacht werden: Der Mensch meint dabei, selbst alles tun, leisten und geben zu sollen und zu können. Er vergisst seine Begrenztheit. Um wirklich Gutes tun zu können, muss man schlicht das annehmen, was aus dem Göttlichen als Geschenk, als heilsame Offenbarungen, als heilende Arznei, als Lösung einem entgegenkommt.

3. Teil

„Der dritte Teil, die Transsubstantiation, die Wandlung, besteht darin, dass symbolisch dargestellt wird jenes Bewusstsein, das sich im Menschen entwickelt, ...wenn er in seiner eigenen Seele erfühlt die göttliche Substanz. Für den Christen ist diese Wandlung... der Ausdruck des paulinischen Wortes: Nicht ich, sondern der Christus in mir. - Er opfert sich nicht nur, er wird sich bewusst, dass das Übersinnliche in ihm selber lebt. Das ist dasjenige, was im Bilde der Transsubstantiation einem entgegen tritt. Und es bleibt immer eine schöne, eine bedeutsame Begleiterscheinung der Transsubstantiation, dass, während das Sanktissimum erhoben wird, über den Kelch hinauf gehoben wird, die Gläubigen eigentlich ihre Augen zu schließen haben, also in sich zu kehren haben das Bewusstsein, sodass sie miterleben die Transsubstantiation nicht durch äußerliches Anschauen, sondern im innersten Bewusstsein.

Es ist ja auch bedeutsam, dass das Sanktissimum eigentlich besteht aus dem Brot und dem Brothalter, der mondförmige Gestalt hat, sodass in der Tat im Sakraments-Symbolum, das ja das Sanktissimum umhüllt, Sonne und Mond im Bilde vorhanden sind... Dasjenige, was die Welt empfangen hat in dem Christentum und was sich auferbaut hat auf der Mondreligion des Jahwe, das drückt sich in diesem Aufsitzen der Hostie auf der Mondform durchaus aus, ...und es ist ein Symbolum für das Zusammenfließen des Sterblichen im Menschen mit dem Unsterblichen...

Nun, sehen Sie, in dem dritten Akte wird dann bewusst, dass das Übersinnliche nicht bloß präsent ist, sondern dass die menschliche Seele sich mit ihm verbinden kann." Wer diese Worte für sich selbst und jeden Mitfeiernden ernst nimmt, der überwindet das unzeitgemäße Aufblicken zu einem Pfarrer wie auf einen großen Eingeweihten, der vor den zu „Laien" erklärten Menschen Worte und Handlungen vollzieht, die jenseits des konkret Erfahrbaren - angeblich im Objektiven der Welt - vorhanden sein sollen. Es möge alles Tun eines modernen Leiters von

Feiern vielmehr aus einem realen „Zusammenfließen des Sterblichen im Menschen mit dem Unsterblichen..." entstehen - in tiefem, bewusstem Gewahrsein. „Das Übersinnliche ist nicht bloß präsent! Die ganze menschliche Seele verbindet sich mit ihm."

Eine Skizze für das Geschehen während der Wandlung zeichnete Steiner aus vielem Beobachten im Herbst 1921[243].

4. Teil

„Der vierte Teil des Messopfers ist dann die Kommunion, die ja... dieses ausdrücken soll: Nachdem der Mensch mit diesem Übersinnlichen zusammengewachsen ist, lässt er seine ganze irdische Wesenheit sich hinein ergießen in die Vereinigung mit dem Übersinnlichen. Dieser vierte Teil stellt bildhaft dar, was der zu Initiierende, der Einzuweihende, auch in den älteren und neueren Mysterien zu erleben hatte." An Stelle eines bloßen Empfangens von Brot und Wein begibt sich in der modernen Feier der Mensch mit seiner ganzen Wesenheit in die Vereinigung mit dem Übersinnlichen. Diesen Vorgang in der Messe mögen die Leiter der Handlung vorleben und in den Mitfeiernden anregen. Dann wird es eine Kommunion, ein Zusammenzuwachsen, ein Einswerden!

„Und in dem vierten Akt des Messopfers, in der Kommunion, wird dann der vierte Akt der Initiation dargestellt, der darin besteht, dass der Mensch sich ganz durchdringt mit dem Übersinnlichen, sodass er sich selber nur mehr fühlt als ein äußeres Zeichen, ein äußeres Welt-Symbolum, dass er das Wort wahr macht: Der Mensch ist das Ebenbild der Gottheit."

Jeder die Messe mitfeiernde Mensch kann sich so als Ebenbild Gottes erleben. Als unwürdiges Geschöpf opfert sich der Mensch (2) nach den ergreifenden direkten Offenbarungen der Gotteswelt (1). Er wird erwürdigt und erlebt das Göttliche in sich selbst (3). Dann fließt er mit dem Göttlichen zusammen, vereint sich mit IHM (4). So sprechen wir immer echter aus eigener Erfahrung, erlebbar wahrhaftiger aus: Christus in uns!

„Es ist ja so sehr das Bewusstsein abhandengekommen von diesen Zusammenhängen, dass man heute eben nur mit gewissen Schwierigkeiten auf sie hinweisen kann. Man kann also sagen, man hat in dem Messopfer - das natürlich nicht einfach vom Katholizismus übernommen werden kann, sondern im Sinn unserer heutigen Zeit *ausgestaltet werden muss - dasjenige vor sich, was so und so oft dem Menschen im Bilde vorstellt den zutiefst bedeutsamen geistigen Weg des Menschen."* Und immer kraftvoller können Menschen vom Symbol zur Realität durchdringen, und kann sich die Einweihung tatsächlich im Leben der Menschen immer weiter ereignen.

Eine Meditation, die Rudolf Steiner in früher Zeit einem Pfarrer gab[244], lautet: *„Im Laufe des Tages ist die Seele zu versenken in die vier Teile der Messe:*

> *I. Evangelium, wobei man sich darunter vorzustellen hat, dass durch dasselbe für den Intellekt «Gottes Wort» zu den Menschen kommt.*

> *II. Offertorium, wobei man sich vorzustellen hat, dass man dasjenige, was man von Gottes Wesen schon in sich hat, freiwillig Gott zum Opfer bringt.*

> *III. Transsubstantiation, wobei man sich vorzustellen hat, dass sich das geopferte Menschliche in wahrhaft Göttliches umwandelt.*

> *IV. Kommunion, wobei man sich vereinigt denkt mit Gott.*

Wenn in wirklicher Priesterschaft der Messe mit diesen Gedanken beigewohnt wird, so vollzieht sich das hier angedeutete magisch."

Dazu wird diesem Pfarrer empfohlen, sich zu vergegenwärtigen:

„dass Christus im ersten Drittel der kosmischen Evolution der Führer einer Geisterschar war, in deren Schoß ich unbewusst war;

dass ich zur Erlangung des Bewusstseins mich heraussondern musste aus dieser Geisterschar, bis durch Jahwes Vorbereitung meine Seele so weit war, bewusst die Christus-Kräfte zu empfangen;

Jetzt kann ich diese Christus-Kräfte empfangen, wenn ich den geistigen Blick richte auf den fleischgewordenen Christus und sein Wesen aufnehme in mein Wesen. (Dabei ist zu denken an das Wesen des Christus, wie es im Johannes-Evangelium dargestellt ist.)

Dann ruft man sich die Gestalt des Christus Jesus vor die Seele und geht über zu der Vorstellung, in die man sich lange versenkt: Ich, in Deinem Geiste. Dein Geist in mir ..."

Die Chancen
für spirituell-religiöses
Wirken
ergreifen

im Heilen

Ur-Weihenacht

„In der Zeiten Wende
trat das Welten-Geistes-Licht In den irdischen Wesensstrom;
Nacht-Dunkel hatte ausgewaltet;
Taghelles Licht erstrahlte in Menschenseelen;
Licht, das erwärmet die armen Hirtenherzen;
Licht, das erleuchtet die weisen Königshäupter -

Göttliches Licht, Christus-Sonne,
Erwärme unsere Herzen; Erleuchte unsere Häupter;
Dass gut werde, was wir aus Herzen gründen,
Was wir aus Häuptern zielvoll führen wollen." [245]

20. Segnend die Hände auflegen

Im Kurs wird gefragt, was in der früheren Christenzeit die Handauflegung für eine Bedeutung gehabt hat? An diesem Beispiel der Handauflegung können wir uns viel Zukunftsweisendes erarbeiten. Welche wunderbare Kraft kann aus lebendiger religiöser Übung werden! R. Steiner[246]:

„Da müssen Sie sich klar sein darüber, dass die Menschheit eine Entwickelung durchgemacht hat und dass gewisse geistige Kräfte, die in der Vormenschheit da waren, immer mehr und mehr im Rückgang sind, indem der Mensch intellektueller wurde, die Freiheit ausbildete. Gegenüber dem natürlichen Leben gingen gewisse Kräfte durchaus zurück, und deshalb versteht man viele Dinge nicht, die in der biblischen Geschichte erzählt werden und die etwas ganz anderes bedeuten, als was der Mensch heute damit verbindet.“

Diese Entwicklung müssen wir auch heute bedenken, wenn wir z.B. das Evangelium lesen. Manches von dem, was im Urchristentum lebte, war im 20. Jahrhundert kaum denkbar und nur selten möglich. Aber die Berichte der Evangelien weisen zugleich auf kommende Zeiten hin, wo wieder so gewirkt werden kann, wie es Christus und seine Jünger damals schon taten. Halten wir uns selber und den sich uns anvertrauenden Kindern, Jugendlichen und allen Mitmenschen diese Zukunft bereit! Üben wir!

Heilsames Beisammensein

„Ich mache Sie da zum Beispiel aufmerksam, wie gemein, widerlich gemein die moderne Zeit so etwas auffasst wie das Verhältnis des Sokrates zu seinen Schülern. Man redet da von einer Art Homosexualität, während das auf eine Seite der Seelenkräfte hinweist, wo nicht nur durch das Wort, sondern durch das Beisammensein des Sokrates mit seinen Schülern etwas bewirkt wurde. Die Anwesenheit des Menschen bedeutete ihnen etwas...“

Auf die Verbundenheit der Menschen gilt es auch heute wieder zu achten. Viel Heilung, Wegweisung, Ernährung... ist damit möglich. *„Die beste Arznei für den Menschen ist der Mensch. Der höchste Grad der Arznei ist die Liebe“* sagte der erfolgreiche Arzt Paracelsus.[247] Als Jesus, der Christus, die anfragenden Jünger zu sich einlud, und sie zu IHM kamen, sahen sie, wie ER mit den Menschen zusammen war. Das prägte ihr Erleben. Immer wieder durften Schüler mit ihren Meistern zusammenleben, den Alltag teilen. Auch wir mögen an SEINEM Tisch das Mahl mit IHM halten und durch unsere innere Verbindung mit IHM diese Ausstrahlung wieder bekommen. Unsere Hände mögen wir auflegen, wie ER es tat, wie ER uns beauftragte und wie ER in und durch uns es oftmals gerne tun möchte.

Das segnend-heilende Handauflegen

„... so ist es auch mit der Berührung bei der Handauflegung. Die Hand des Menschen hat... nicht nur eine fühlende Bedeutung, sondern sie hat auch eine Ausströmung, und die Ausströmung war in früherer Zeit stärker, sie kann etwas Gesundendes bekommen."[248]

Diese Ausströmung können wir erlernen. Und wir können sie beobachten. Wir können uns darüber austauschen, und die Ausstrahlung der Hände weiter übend vertiefen, damit sie stark und kraftvoll werde.

„Ich habe das öfter in Vorträgen in eine bestimmte Formel gebracht: Das menschliche Leben ist ein Ganzes, und die Kindheit gehört zusammen mit dem späteren Lebensalter. Kein Mensch bekommt im späteren Lebensalter die Gewalt, zu segnen, der nicht in der Kindheit zu beten vermag. Wer niemals in der Jugend betend die Hände gefaltet hat, kann die Hände niemals segnend halten... Das Handauflegen war ein Einweihungs-Vorgang... Das war etwas, was früher ausgebildet worden ist, und die gesundende Wirkung des Handauflegens, die sollte man durchaus ins Auge fassen."

Dann können die Menschen auch uns, die wir in die Lehre unseres Meisters durch spirituelle Lehrer gehen, bitten: „Lege meinem Kind segnend Deine Hände auf! Es kann von unseren Händen eine gute Kraft heilend, bekräftigend, konfirmierend... ausströmen, wenn die freilassende, doch nahe Beziehung im jeweiligen Augenblick vorhanden ist. Auch unsere Vorbereitung zum Handauflegen gehe immer neu den Weg über die Demut, das inständige, kindliche Beten, das wir noch als Erwachsene pflegen und neu erlernen können. Auch wir sollen weiter werden wie die Kinder. ER möge in und durch uns, zwischen und über uns segnend, heilend bis in Körper, Seele und Geist wirken!

Die drei goldenen Regeln der spirituellen Pädagogik gelten auch für diesen Augenblick: *„Religiöse Dankbarkeit gegenüber der Welt, die sich in dem Kinde offenbart, vereinigt mit dem Bewusstsein, dass das Kind ein* *göttliches Rätsel darstellt, das man mit seiner Erziehungskunst lösen soll. In Liebe geübter Erziehungsmethode, durch die das Kind sich instinktiv an uns selbst erzieht, sodass man dem Kinde die Freiheit nicht gefährdet, die auch da geachtet werden soll, wo sie das unbewußte Element der organischen Wachstumskraft ist. - Das Kind in Ehrfurcht aufnehmen, in Liebe erziehen, in Freiheit entlassen"*[249]. Auch für den Moment des Handauflegens gilt: „Jede Erziehung ist Selbsterziehung, und wir sind als Lehrer und Erzieher nur die Umgebung des sich selbst erziehenden Kindes.[250]

1. Ich muss dieses konkrete Kindes-Wesen zu empfinden versuchen, das sich in vielen Erdenleben entwickelt hat und sich für dieses Leben etwas vorgenommen hat, das ich zu suchen habe. Dann entsteht eine tiefe **Ehrfurcht vor der Individualität**, die sich mir anvertraut. So kann ich ihr die Hände auflegen. Die aus dem Göttlichen alles durchstrahlenden Kräfte strömen dann segnend durch meine Hände.

2. Meine feine **Liebe** zu dem sich mir anvertrauenden Wesen wächst, wenn ich es in seinem göttlichen Wesenskern spüre, die große Not und Chance seiner Biografie empfinde, die Krankheit wahrnehme und es liebevoll erziehend begleite.

3. In jedem Augenblick **entlasse ich** es **in die Freiheit**. Meine Hände lege ich auf – aber nie niederdrückend! Ich ermögliche es dem mir anvertrauten Wesen gleichsam, sich nach oben zu erheben und gebe ihm mit meinen Händen die Kraft, seine ihm eigene innere Freiheit kraftvoll und mutig zu entfalten! „Werde, der DU bist!" Und gesegnet zieht es in sein eigenes Leben!

„Nicht wahr, der heutige Mensch ist nicht mehr in derselben Lage, er wird gar nicht in seiner Jugend dazu angehalten, so etwas auszubilden. Solche Dinge hat man früher ausgebildet, das ist schon eine Realität gewesen einmal. Es ist aber gar nicht ausgeschlossen, dass in einer vergeistigteren Zukunft diese Dinge wieder ausgebildet werden. Würden Sie das nicht für wünschenswert halten?" [251]

Dieser Zukunfts-Fähigkeit ist die Menschheit in ganz verschiedenen Gruppen in den hundert Jahren seit dem Kurs vom Juni 1921 entgegengewachsen. Es gibt Ausbildungskurse zum Handauflegen[252]. Dennoch bleiben wir leicht in alten Umgangsformen stecken, statt radikal und mutig das Neue, Ganzheitliche achtsam zu ergreifen, in dem die Kultur wieder spiritualisiert wird durch erweiterte Wissenschaft und geduldiges Üben. Bei jedem Händegeben, beim Massieren, beim Handauflegen, in der Taufe, Konfirmation, heiligen Ölung... geschieht dann ein realer heilender Vorgang!

> *„Das Händefalten ist eine Vorbereitung zum Segnen. Ebenso ist zum Beispiel im älteren Katholizismus durchaus gelehrt worden: Lernst du knien, so lernst du in der richtigen Weise das «dominus vobiscum» sagen. Das ist Ihnen sonderbar? Sie wissen ja, wie man das «dominus vobiscum» sagt... Das wird erlernt durch das Knien, sonst hat es nicht die Gewalt."*

Immer weiter gilt es, zu „werden wie die Kinder" und wie die Eingeweihten in der Nachfolge des höchsten Priesters Melchisedek[253]. Auch hier geht es darum, vom erfahrungsleeren Glauben und Reden zum Wahrnehmen und Handeln zu gelangen. So mögen wir bereit werden, dass man uns rufen kann, wenn die Zeit dafür reif ist. Der Segen möge frei, heilsam und lebensvoll auferweckend durch unsere Worte und Hände strömen: „Christus in Dir, in Euch!"

Eine neue Kultur will erstehen in Religion, Kunst und Wissenschaft,[254] im praktischen Leben miteinander, in lebendigem Kontakt und Zusammenwirken. Aller Unterricht in den Schulen und Hochschulen, jedes pharmazeutische Wirken, alle Landwirtschaft, jede Gemeinschaft sei von der Kraft des Schöpfergottes, des Christus, durchdrungen. In der Zeitenwende trat ER in die Welt. Seit dem Beginn des 20. Jahrhunderts ist ER den Menschen neu nahe.[255] Durch unsere Hände wirke ER segnend in diese Welt. So können wir immer wieder meditieren:

> *„In den reinen Strahlen des Lichtes erglänzt die Gottheit der Welt.*
>
> *In der Liebe zu allen Wesen erstrahlt die Göttlichkeit meiner Seele.*
>
> *Ich ruhe in der Gottheit der Welt.*
>
> *Ich werde mich finden in der Gottheit der Welt."[256]*

21. Leben in echter Gemeinschaft

Unsere Aufgabe ist es, *„dass die Gemeindemitglieder durch uns das Bewusstsein bekommen, in einer gewissen Brüderlichkeit zu leben. Die Gemeinden müssen konkrete brüderliche Gefühle in sich haben...“*[257]. Bis in die wirtschaftlichen Belange möge, wie in den urchristlichen Gemeinden, eine echte Bruderschaft entstehen, in der keiner Not leidet. Die Apostelgeschichte berichtet ausführlich darüber. Wie kann dies in einer heutigen freien Gemeinschaft entstehen?

So... ist nun die Zeitaufgabe, dass vertraut wird auf die göttliche Harmonie. Und das, meine lieben Freunde, hat man absolut nicht verstanden in meiner <Philosophie der Freiheit>. Aber es ist etwas, was im aller-eminentesten Sinne verstanden werden sollte in der Gegenwart. In meiner «Philosophie der Freiheit» baut auch das Rechtsleben auf den völlig aus sich heraus wirkenden individuellen Menschen.

Einer der ersten, und zwar der geistvollsten Kritiker, die über meine <Philosophie der Freiheit> geschrieben haben..., schrieb einfach, diese ganze Anschauung führe hinein in einen theoretischen Anarchismus. Dieses ist selbstverständlich der Glaube der heutigen Menschen. Warum?“

Im Sinne der Freiheits-Philosophie liegt es, eine moderne individualistische Anarchie zu erüben, wie es die Jünger und der beste Teil der aktiven Anarchisten es in ihren Gründungen taten.[258] Wie steht es nun um unseren Glauben an den freien Menschen? Was sind unsere Erfahrungen mit der Freiheit? Wie viel „Furcht vor der Freiheit“[259] haben wir noch? Erich Fromm kann helfen, unsere Furcht zu entdecken und Vertrauen in die Freiheit und in die Anarchie zu erlangen.[260] Arno Gruen kann helfen, die notwendigen Gedanken „wider den Gehorsam“ zu entwickeln, uns von „falschen Göttern“ zu trennen und unseren Verrat am Selbst“ zu beenden. Auch Wilhelm Reich kann uns begleiten, um konsequent und radikal die „Charakterpanzer“[261] untersuchen und auflösen zu können. Vor allem aber Jesus, der Christus. ER steht uns durch sein Vorbild und seine Siege bei, souverän gegenüber allen Machthabern zu bleiben.[262]

„...weil dem heutigen Menschen jedes wirkliche durchgöttlichte soziale Vertrauen eigentlich fehlt, weil die Menschen das Folgende, für unsere

Zeit Allerwichtigste nicht begreifen können, und das ist das: Wenn man den Menschen wirklich dazu bringt, dass er aus seinem Innersten heraus spricht, dann kommt nicht durch seinen Willen, sondern durch die göttliche Welteinrichtung die Harmonie unter die Menschen. Die Disharmonie rührt davon her, dass eben die Menschen nicht aus ihrem Inneren heraus sprechen."[263]

Wann können auch wir dieses Weltgesetz erkennen und nutzen? Wann und wie können wir selber aus unserem Innersten heraus sprechen? Wird unser Erkennen durch viele Erfahrungen so klar, dass wir auf unser und das Innerste aller Menschen bauen können? Und wie gelingt es uns in all den verschiedenen Berufen, die Menschen zu ihrem Innersten zu geleiten? Welche Arten der Krisenintervention, welche Settings für Klärungen und Entscheidungen ergeben sich daraus? Auch dazu ist in den hundert Jahren, seit Steiner darauf aufmerksam machte, viel geforscht und erprobt worden.[264] Sogar Kriege können verhindert werden, wie Dag Hammerskjöld[265] es in der UNO schaffte. Gewaltfreie Kommunikation ist in kleinen und großen Gruppen möglich!

„Man kann die Harmonie nicht erzeugen auf direkte Weise, sondern nur durch diese indirekte Weise, dass man die Menschen wirklich bis zu ihrem Innersten bringt. Dann tut der eine ganz von selber dasjenige, was dem anderen frommt, spricht auch dasjenige, was dem anderen frommt. Die Menschen reden und handeln nur aneinander vorbei, solange sie sich nicht selbst gefunden haben." Wie können wir ein modernes Gemeinschaftsleben gestalten, wo dies erübt wird? Wie können wir Arbeitskreise, Versammlungen, Freizeiten so leiten, dass viele Mitglieder eine Gelegenheit finden, aus ihrem Innersten zu sprechen? Jeder Konflikt unter Mitgliedern ist geeignet, gewaltfreie Kommunikation zu erproben. Konflikte gibt es ja genug, wo Menschen wirklich brüderlich miteinander zusammenleben wollen.

„Begreift man das als ein Mysterium des Lebens, dann sagt man sich: Ich suche den Quell meines Handelns in mir selber und habe das Vertrauen, dass der Weg, der mich da ins Innere führt, auch in die göttliche Weltordnung im Äußeren mich einschaltet und ich dadurch in Harmonie mit den anderen wirke." Wenn der Einzelne dies vorlebt, und die Leitung von Brüder-Gemeinschaften es jedem Einzelnen bewusst zugesteht, kann die Vision einer anarchistischen Gemeinschaft von Individualisten gerade

durch einen spirituell-religiösen Aufbruch verwirklicht werden. In den Feiern erscheint das ICH des Einzelnen, und es entsteht Gemeinschaft.

Offen sollten wir einander darauf hinweisen, wenn wir dagegen verstoßen, und gemeinsam wieder neue Wege finden. *„Dadurch wird erstens das Vertrauen in das menschliche Innere gebracht, zweitens aber auch das Vertrauen in die äußere soziale Harmonie. Einen anderen Weg als diesen gibt es nicht, um die Menschen zusammen zu bringen."*

Hierzu gibt es kaum Vorbilder. Wir müssen achtsam experimentieren und uns wertschätzend austauschen. Mut braucht es, durch Versuch und Irrtum zu lernen! Der Erzengel des Mutes, Michael, ist für alle strebenden Menschen der helfende Regent unserer Zeit. Er hilft uns, wenn wir so zur neuen Weltenzeit des ICH und der freien Bruderschaft aufbrechen! Alles, was uns in irdischen *„Sklaven-Ketten fesseln will, tritt ER unter seine Füße... Und aus den Herzen der Menschen holt er eine freie Kraft, die Gewordenes transformieren kann!"* (Michaels-Gebet)[266]

„Was daher von Ihnen errungen werden muss, wenn Sie durch Ihren Beruf tatsächlich auch sozial wirken wollen, göttlich sozial wirken wollen, geistig sozial wirken wollen, das ist die Möglichkeit, wirklich aus Ihrem Inneren heraus zu wirken, das heißt, dass jeder für sich, weil er sich gefunden hat, die Möglichkeit hat, eine Autorität sein zu dürfen."[267]

Bei der Begründung der Christengemeinschaft half Steiner, eine Hierarchie[268] einzusetzen, die nur mit achtsamer Liebe die Einzelnen und die Gemeinschafts-Prozesse begleitet, nicht mit Gewalt und nicht mit intellektuellen Reden und „Ratschlägen".

Als Krönung leuchtete im Herbst 1924 der Aufbruch in eine neue Zeit von spirituell-religiösem Gemeinschaftsleben auf: *„Wie lange bedarf es denn der Gebote äußerer Herren, selbst der Gebote äußerer Geistesherren über die Erde? - Nur bis zu dem Zeitpunkt, wo der Christus... den Menschen inne wohnt. Dann wird jeder Mensch auch dem Christus in seinem eigenen Wesen, in seiner eigenen Seele folgen können. Dann wird jeder in sich dasjenige zu verwirklichen streben, was aus der inneren Liebe heraus den Willen des Menschen realisieren will; dann wird der Herr der Herren, der König der Könige in jedem einzelnen wohnen.*

Geistig gesehen ist das die Zeit, in der wir selber jetzt leben. Und die Tatsache, dass wir in ihr leben, ist nur dadurch verhüllt, dass die Menschen fortfahren, in alten Bahnen zu leben und wirklich zunächst so viel als möglich diese Christus-Innewohnung verleugnen, auf allen Gebieten so viel als möglich verleugnen... Aber die Menschen müssen sich dazu vorbereiten dadurch, dass sie den Quell ihres Handelns, ihres Tuns in sich selber finden."[269]

Die Gegenmächte dieses Weges hin zur menschlichen Individualität haben in den letzten hundert Jahre vielfach gewütet. Viele Ansätze zu freier Bruderschaft, die aus dem Göttlichen entstand und gefördert wurde[270], wurden nachhaltig, heimlich oder auch öffentlich, zerstört und zersetzt. Die Widersacher sind auch heute aktiv, und dennoch: *„Einen anderen Weg als diesen gibt es nicht, um die Menschen zusammenzubringen."*

Immer wieder leuchten freie Brüdergemeinschaften auf, die eine Zeit lang in diesem Sinn erfolgreich wirken können, ehe der Anti-Christ auch sie wieder zerstört. Auch wenn das Gute bekämpft wird, mögen wir wissen: Jeder kleine Schritt in dieser Richtung ist und bleibt ein ewiger Baustein der neuen Welt! Es gilt der *„Aufruf zur Wachsamkeit!"[271]*:

„Nun, meine lieben Freunde, die warnenden Stimmen werden auch wider Euch erhoben werden. Ihr müsst Euch klar sein, dass es selbst denjenigen, die die Dinge betrachten wie sie sind, durch die Verfinsterungen, die heute in den Seelen der Menschen sind, nicht leicht ist einzusehen, dass es in der Weltentwickelung in derjenigen Zeit, in der die Menschheit im Laufe der neuzeitlichen Entwickelung zur Freiheit den ersten Impuls erhalten soll, immer Seelen gegeben hat, die den Weg zu der göttlich-geistigen Welt gefunden haben. Die Stimmen, die daher kommen, werden nur einfach nicht gehört, weil sie von keinem Lichte erhellt werden. Denn um sie erklingen zu machen, müssen sie vom rechten Lichte erhellt werden. Die Finsternis nimmt zugleich von den Menschen auch dasjenige weg, was zu ihnen ertönen möchte als die Stimme des Geistigen.

Ihr möget daher zu all dem, was Ihr an Begeisterung durch das Erfülltsein mit dem lebendigen Worte, was Ihr an Kraft der Sündenheilung hinaus traget in die Welt, was Ihr gewissermaßen einzuschließen habt in das, was die Menschheit ihr Gebet, ihre Meditation nennt, Ihr möget zu alldem die Wachsamkeit aufnehmen in Euch, damit Eure Wahrheit wirksam sein kann. Ihr werdet wachsam sein müssen, erstens darauf, wie stark der Geist der Verfinsterung die Seele selbst verfinstert, und Ihr werdet wachsam sein müssen, dass in keiner Stunde, in keiner Minute, in keiner Sekunde Eures wirksamen Daseins Euch der Geist der Verfinsterung selbst ergreift. Deshalb sage ich Euch, meine lieben Freunde, da ihr Euch hinauszugehen entschließen müsst zu Eurer Sendung, indem ich nochmals die Worte spreche, die ja oft gesprochen worden sind, aus diesem Geiste heraus, der nun Eure Bewegung inaugurieren soll:

Wachet und erhebet Eure Seelen zu dem Geiste, der da waltet durch alle Weltenräume, durch alle Zeitenkreise. Wenn Ihr die Stärke dazu entwickelt, so werdet Ihr es können. Dann werdet Ihr nicht allein sein. Es werden Euch helfen diese geistigen Mächte selber. Sie werden Eure Gedanken erleuchten. Sie werden Euer Gemüt durchkraften. Sie werden Euren Willen erstarken. Und mit von der geistigen Welt aus erleuchteten Gedanken, mit von der geistigen Welt aus erkrafteten Gefühlen, mit dem aus der geistigen Welt heraus erstarkten Willen werdet Ihr wirken können. Nehmet die Versicherung mit, dass meine Gedanken Euch immer begleiten werden und dass, wo Ihr im rechten Sinne Hilfe braucht, Ihr mich immer zu dieser Hilfe bereit finden werdet. Das sind die Worte, die ich Euch jetzt am Schluss mitgebe, wenn Ihr den Weg antretet zu der von Euch selbst gewählten, aus der Kraft des Christus gewollten Sendung."

Darauf sprach Dr. Friedrich Rittelmeyer, der langjährige spirituelle Schüler Steiners und anerkannte evangelische Prediger am Deutschen Dom in Berlin sowie erster Mittelpunkt der nun gegründeten Gemeinschaft zum Abschied: *„Es ist uns ein Bedürfnis, ein kurzes Wort zu sagen über das, was sich eigentlich mit Worten gar nicht aussprechen läßt: über den tiefen und großen Dank, den wir alle gegen Sie im Herzen tragen. Sie sind uns ein starker, ein außerordentlicher Vermittler zu Christus hin geworden, und ich glaube, ich kann im Namen von uns allen das Gelöbnis ablegen, dass wir kämpfen werden wie die Löwen für das, was durch Sie uns geworden ist...Wir haben öfters im Freundeskreis nach Vergleichen gesucht für das, was wir erlebt haben, um es in seiner ganzen Bedeutung möglichst nicht zu verschlafen, während wir darin stehen. Wir haben an dies und das gedacht, das uns aus der Geschichte bekannt ist. Wir haben nichts gefunden, das sich vergleichen ließe seit der Zeit, da der Christus auf die Erde gekommen ist."*

22. Mithelfer beim spirituellen Aufbruch finden

Wegweisend für die Zukunft kann sein, was die 18 Studenten, die am grundlegenden Kurs für eine spirituell-religiöse Erneuerung im Juni 1921 teilnahmen, miteinander besprachen: Welche Möglichkeiten zur Vergrößerung des Kreises von Mitarbeitern gibt es? Sollen alle Anthroposophen sein? Brauchen sie eine theologische oder sonstige Vorbildung?

Die Frage der weiteren Mitarbeiter machte schon deutlich, was später zum großen Problem wurde: Teilnehmer, die sich bald als Sprecher hervortaten, waren angetan von der Anthroposophie, kamen aber selber kaum zu eigenen spirituellen Erfahrungen oder in einen ganz persönlichen Kontakt mit dem Göttlichen. Diese fanden schwer zu jenen, die ein persönliches Verhältnis zu Jesus Christus, zum Vater aller Wesen, zum heilig-heilenden Geist hatten.

Für ernsthaft spirituell suchende und arbeitende Menschen heute ist es hilfreich, ein ganz persönliches Verhältnis zur göttlichen Kraft und zu göttlichen Wesen, zum Jesus Christus, zu den Engeln... auszubilden. Erst dadurch kann wirklich bemerkt werden, wie ein Engel, wie Christus mit uns wandelt, wenn wir irgendwo hingehen. Seine Gegenwart mögen wir fühlen. Unsere eigenen Willensimpulse mögen wir gründlich fassen, aber dann ganz offen mit Christus ins Gespräch bringen, und den eigenen Willen erst recht durch seine Gnade empfangen. Durch die Liebe-Beziehung zu dem gotterfüllten Menschen, wie er in Jesus Christus unter uns ist, kann sich ein außerordentlich fruchtbares religiöses Leben entwickeln.

„... Ebenso wie man zur Zeit der Begründung des Christentums ein guter Christ sein konnte, ohne zu wissen dass die Erde rund ist oder dass es Amerika gibt, und andererseits das Christentum bei der Entdeckung Amerikas nicht erschüttert wurde, so kann jemand ein guter Christ sein, ohne einen Zugang zu haben zur Wahrheit der wiederholten Erdenleben." Zu vielen nicht sichtbaren Wesen und Vorgängen gibt die Anthroposophie Forschungsergebnisse. Aber „im Grunde genommen ist ein Wesentliches ... beim Christen sein Verhältnis zu dem Christus Jesus selber, zu diesem ganz konkreten Wesen; das ist das Wesentliche. Es ist *das Wesentliche des Christentums ein persönliches Verhältnis zu dem Christus Jesus. Und eine Lehre als solche, die als Lehre gewiss gesichert ist, die eben eine Lehre über den Weltzusammenhang ist, die kann eigentlich nicht das Kennzeichen für das Christliche in einem Menschen sein. Christ ist man natürlich durch sein Verhältnis zu Christus, wie man Buddhist ist durch sein Verhältnis zu Buddha, nicht eigentlich durch einen Lehrinhalt. Man braucht einen Lehrinhalt, wie wir sehen werden..., aber man ist nicht durch den Lehrinhalt eigentlich Christ. Es kann niemand in dem Sinn heute Christ sein, wie man das eben auffassen muss, der nicht ein positives Verhältnis zur übersinnlichen Christus-Wesenheit hat."*[272]

Die Anthroposophie zu studieren, kann hilfreich sein, aber das persönliche Verhältnis zum göttlichen, unsterblichen Bruder der sterblichen Menschen zu entwickeln und zu pflegen, ist das essentiell Nötige. Es ist die Vorbedingung der Priesterweihe, dass man den einmaligen, historischen und den immer gegenwärtigen Jesus Christus kräftig erfühlen und ihn an seinem eigenen Tisch sitzend erleben kann, um jene Menschen taufend zu IHM zu geleiten, die ebenfalls zu IHM streben. Diesen Christus sollte man lieben wie einen geliebten eigenen leiblichen Bruder und wie die Jünger, die mit ihm damals durch Israel zogen und seine Freuden und Leiden teilten.

Bei allem energischen, guten, idealistischen Willen sollte man doch immer wieder nur lauschend IHM dienen und SEIN Wirken pflegen. Das kann man nur, wenn man das eigene Ich lebenslang immer weiter *„in aktiver Sehnsucht"* nach einem Erkennen und Erfühlen des Göttlichen lenkt und *„nach einem Arbeiten aus der göttlich-geistigen Welt heraus,"* wie man es vor der neuen Weihe zum spirituellen Gemeinschaftsleiter gelobte.[273]

Rudolf Steiner verweist die Fragenden an die Universitäten zu den Theologie-Studenten: *„Also einen zubereiteten Boden finden Sie sicher unter den jüngeren Theologen. - Darauf antwortet ein Teilnehmer: Die Theologen, die sich frei machen wollen von der Kirche, sind meist Persönlichkeiten, die sich nicht mehr auf den Boden der Trinitätslehre stellen können und den Christus nicht als übersinnliche Wesenheit anerkennen wollen, oder es sind Menschen der Gemeinschafts-Bewegung."* Emil Bock, der sich schnell zum Sprecher des Kreises machte, wollte jene nicht, die sich von der Gemeinschaftsbewegung angezogen fühlten bzw. jene, die *„sich frei machten".* Rudolf Steiner verweist sie darauf, dass die Betreffenden sich nicht frei machen müssten von der Kirche, dass sie durchaus Probleme haben dürften mit der Trinitätslehre und den Christus nicht als übersinnliches Wesen anerkennen müssten... Nur ein persönliches Verhältnis zu Jesus, dem göttlichen Mittelpunkts-Menschen der Menschheit, sollten sie unbedingt besitzen:

„Wenn ein Kern von Anthroposophen da ist, ist es nicht hinderlich, wenn wir auch diese Persönlichkeiten in der losen Zusammenschließung haben. Dafür scheint ein Beweis doch zu sein, dass zum Beispiel Herr Dr. Rittelmeyer zur Anthroposophie kam, unmittelbar nachdem er dieses kleine Werkchen über die Persönlichkeit des Jesus geschrieben hat..."

Das greift ein Teilnehmer auf: *„An der Universität Münster wollten sich die Theologen frei machen. Da würde man schon Theologen, wie es unserem Bedürfnis entspricht, finden. Ob viele Anthroposophen da sein werden, das ist die Frage."* Nach dem Ausblick Steiners wird es jetzt schon wieder eng. Steiner muss immer wieder davon befreien, dass die Hinzukommenden Anthroposophen sein sollen: *„Ich glaube, dass in Münster der Boden bereitet wurde durch Gideon Spicker; er war ja Philosophieprofessor in Münster. Sie wissen nichts von ihm?"*[274]

Steiner ging es im Einklang mit den göttlichen Mächten dieser Zeit, die ihn leiteten, um einen starken Impuls für die Menschheit, der so schnell wie möglich weite Kreise vereinen sollte. Es stand ja die unmenschliche NS-Bewegung bereits in den Startlöchern. Mit seiner Eile waren viele Begründer-Persönlichkeiten überfordert. So konnten sie letztlich auch nur eine kleine religiöse Bewegung begründen und nicht dazu beitragen, einen umfassenden gesamtmenschlichen Aufbruch in der damaligen schweren Zeit zu ermöglichen. Sie hielten sich nach der Begründung der Christengemeinschaft, entgegen der Verabredung, an die anthroposophischen Kreise, statt in alle Welt zu gehen und jene zu sammeln, die ihre persönliche Beziehung zu Jesus Christus als dem Menschheitsführer entwickeln wollten. Manche von ihnen sahen[275] später ihr Versagen auch als Beitrag zum Aufkommen des Anti-Christ, des „Führers"... Steiner hatte deutlich auf die Gefahr aufmerksam gemacht.

Und weiter ringt er mit diesen Anfragenden, sich zu öffnen für alle Menschen, denen es ernst ist: *„Also ich glaube, wenn es nur ernst studierende Menschen sind – es müssen nicht Streber sein, aber es müssen ernst studierende Menschen sein -, dann schadet es nichts, wenn sie vom aufgeklärten Protestantismus herkommen. Sehen Sie, die besten*

Kandidaten, die Sie sich wünschen könnten, wären eigentlich diejenigen jüngeren Leute..., die eben ihr katholisches Theologiestudium fertig gekriegt haben und ganz gründlich mit der katholischen Kirche gebrochen haben; das wären die besten Kandidaten, die Sie sich wünschen können."

Aber wieder fragt ein Teilnehmer: *„Wir sind zum Teil Philosophen, zum Teil Naturwissenschaftler, nachdem wir ein unbefriedigendes Theologie-Studium abgebrochen haben. Sollen wir einen Doktor machen und nach dem Doktorexamen uns dem Theologiestudium wieder zuwenden? Oder sollte man sagen, dass wir kraft unserer Vorbildung dann gleich die religiöse Arbeit beginnen können?"* Steiner: *„Sehen Sie, das ist lediglich eine Frage des Erfolges, den wir haben werden. In dieser Beziehung darf man nicht den Charakter eines Überganges unterschätzen. Ich habe, als die Waldorfschule begründet worden ist, bei der Auswahl der Lehrer gar nichts anderes im Sinn gehabt als die rein persönliche Eignung, und was an Pädagogik und Didaktik da sein sollte, wurde in verhältnismäßig wenigen Wochen gegeben. So etwas muss einfach im Übergangszustand möglich sein."*

Für R. Steiner, der selber schon bald in München keine Vorträge mehr halten konnte, weil die Polizei ihn nicht vor den Nationalsozialisten schützen konnte bzw. wollte, war nur wichtig, dass eine starke religiöse Aufbruchsstimmung aller spirituell-religiös Engagierten entstehen könne, die mit ihren lebendigen Gemeinden das drohende Schicksal noch abwenden könnte. Die persönliche Eignung sollte den Erfolg ermöglichen! Immer wieder hatte er im Laufe seines Wirkens versucht, bedeutende Prediger aller Kirchen kennenzulernen und sie zu gewinnen für einen Beitrag zum Abwenden der Katastrophen der Weltkriege, der „Deutschen Christen" und der kommenden materialistischen Beherrschung, Ausbeutung und Vernichtung der ganzen Welt. Aber wieder verengt sich tragisch der Blick. Emil Bock, in Verkennung des Ernstes der Weltlage, fragt erneut: Nun ist noch die Frage, ob nicht Anthroposophen, die nicht Theologen sind, für unsere Zwecke herangeholt werden könnten. Immer wieder ringt Steiner mit E. Bock, dass er helfen möge, aus allen religiösen Gruppen Menschen für den nötigen spirituellen Aufbruch zu sammeln und versteht nicht, was Bock schon wieder will: *Meinen Sie mit dieser Frage, ob in diesem loseren Zusammenschluss Anthroposophen drinnen sein sollten, die nicht eigentlich in Ihrer Lage sind, in den Priesterberuf hineinzukommen?* Und Emil Bock antwortet: *„...die hinein kommen in die Lage, die vorläufig noch in einem anderen Beruf sind."* Rudolf Steiner: *„Ja, es ist natürlich dann die Frage, was sollen solche Menschen da tun?"* ... Und er beschreibt diese Menschen später:

„Mir ist nicht eigentlich jemand bekannt, der – ohne selbst ein Prediger-Amt anzustreben, wenn auch in einer noch so freien Form - als Anthroposoph dafür brauchbar wäre. Denn die Anthroposophen sind im Allgemeinen nicht so sehr darauf aus, religiöse Gemeinschaft zu regenerieren."

Und so kam es dann, dass im Begründerkreis, und besonders später, jene Menschen zusammen kamen, die nicht primär engagierte Leiter freier Gemeinschaften werden wollten, sondern mehr eine alte Art des Pfarramtes mit anthroposophischem Hintergrund ausleben wollten. Es entstanden kaum große, lebendige, innerlich freie, brüderliche Gemeinden, die eine starke Ausstrahlung in die Welt-Ereignisse hätten haben können. Es entstanden kaum echte Gemeinden, die sich als Brüder aus ihrem Innersten wirkend und sprechend erlebten. Es wurde mehr etwas wie eine Volkshochschule mit Vorträgen und dazu „korrekten" Sakramenten. Zäh bleibt man an der Idee, dass man anthroposophische Studenten anderer Fächer fragen will, ob sie nicht mitwirken wollen, statt jene zu *„versammeln, die wirklich zu IHM streben,"* *„die nach IHM blicken und IHM folgen wollen".*

R. Steiner: *„Ob viele der Studenten umsatteln möchten? Meinen Sie Studenten vom Bund für anthroposophische Hochschularbeit?"* Ein Teilnehmer: *„Studenten, die deshalb nicht Theologie studieren, weil sie zwar ein starkes religiöses Interesse haben, aber nicht für dasjenige, was heute in der Kirche gegeben wird."* Steiner: *„Sie meinen, dass die auch den aktiven Enthusiasmus aufbringen?"* Wie Recht hatte R. Steiner mit dieser Nachfrage! So fand sich in der Bewegung nicht der aktive Enthusiasmus wie ihn Petrus zu Pfingsten, Paulus oder Johannes in ihren Gemeinden in Ephesus, Griechenland, Rom... hatten. Auch der von Steiner besonders geschätzte Dr. Rittelmeyer wurde gerade wegen seiner persönlichen Beziehung zu Christus innerhalb des Kreises von vielen abgelehnt. Bald nach der Begründung begannen schon die Ausschlüsse von Priestern. Dabei traf es vor allem jene, die einen starken

Enthusiasmus für religiös-soziales Wirken, Ich-findung, Brüderlichkeit, Meditation... hatten und ursprünglich auch leitend tätig waren.[276]

Im Herbst 1921 will man eine Erklärung zur Mitarbeit entwickeln, die von allen unterschrieben werden soll, die es ernst meinen. Sie wird Steiner vorgelegt, der sagt: *„Ich würde zum Beispiel gar nicht der Meinung sein: <Ich erkenne an, dass die Anthroposophie in entscheidenden Punkten die für eine religiöse Erneuerung heute vorauszusetzende neue Weltanschauung ist.> Ich würde von meinem Gesichtspunkt aus ... lieber sagen: Ich erkenne an, dass man heute für eine religiöse Erneuerung notwendig hat, sein Augenmerk hinzuwenden nach denjenigen Erscheinungen, die heute aus ursprünglichen Quellen heraus behaupten, zur übersinnlichen Welt zu kommen, wie zum Beispiel die Anthroposophie."*

Dieser weite Blick wurde für all jene, die ihn hören konnten, eine fruchtbare Hilfe. Sie leisteten eine überzeugende sozial-religiöse Arbeit, wie die Pfarrer H. von Hinüber, G. Spörri, A. Schreiber, C. Stegmann, H. Weidelehner, Friedrich Doldinger, A. Heidenreich... Ihnen standen immer „Schriftgelehrte", „Hohepriester", „Anthroposophen" gegenüber, die ihnen das ehrliche, tiefe, menschliche Ringen zugunsten einer straffen Organisation verwehrten und darin siegten. Aus dieser Tragik leuchtet umso heller die gemeinsam dann angenommene *„korrigierte Fassung der ERKLÄRUNG"* in die Zukunft: *„Ich erkläre meine Entschlossenheit, nach Maßgabe folgender Leitsätze mitzuarbeiten bei den Bemühungen um eine umfassende und eingreifende religiöse Erneuerung...*

1. Ich erkenne an, dass heute jede Bemühung um religiöse Erneuerung zusammengehen muss mit der Bemühung um eine neue Weltanschauung, die behaupten kann, aus ursprünglichen Quellen heraus zur übersinnlichen Welt zu kommen, wie z.B. die Anthroposophie."
Diese Aufforderung verhindert Sektenbildung und Hochmut. Sie fördert einen echten spirituellen Aufbruch in neue Zeiten - zusammen mit allen, die das Göttliche aktiv zu erkennen suchen.

23. Versammle taufend, die zu IHM streben![277]

„Ganz besonders soll uns beschäftigen die Frage nach der Gemeindebildung, und nach den Vorarbeiten dazu. Denn das sind natürlich Dinge, die ganz andere Schwierigkeiten finden werden. Auf der einen Seite sind wir heute fast angewiesen darauf, Vorarbeiten durch Unterweisung zunächst so zu führen, dass wir eine genügend große Anzahl von Menschen finden, in deren Seelen zunächst Verständnis ist für das, was eigentlich gewollt werden kann, und auf der anderen Seite stehen wir eben der ganz und gar zersplitterten Menschheit gegenüber. Schon die einfache Tatsache, dass wir mit der Prätention auftreten, über irgendetwas etwas zu wissen, was ein anderer vielleicht, um es zu beurteilen, sich einen Tag überlegen sollte, schon das ist heute fast genügend, dass wir gleich im Augenblick abgekanzelt werden. Die Wirkung von Mensch zu Mensch ist heute ungeheuer schwer. Und das erschwert natürlich auch die Gemeindebildung.

Dennoch aber, wenn Sie etwas in dem erreichen wollen, was Sie einzig und allein angestrebt haben können, indem Sie hier erschienen sind, dann werden wir gerade über diese Frage der Gemeindebildung uns in ausgiebigstem Maße unterhalten müssen und vor allen Dingen auch über die Vorarbeiten dazu, die im Wesentlichen eigentlich darin bestehen müssten, dass wir uns fühlen, schon spirituell, geistig, als Gemeindebildner. Und das können wir kaum anders, als indem wir - vielleicht wird es auf den ersten Anhub nicht gleich verständlich sein, was ich sagen will, denn es berührt eine der tiefsten Fragen der Gegenwart - zunächst versuchen, möglichst darauf zu verzichten, die anderen Leute zu belehren. Die Leute lassen sich einfach nicht belehren heute; dies soll nicht unsere Hauptaufgabe sein.

Sehen Sie, immerhin, so klein auch der Erfolg der anthroposophischen Arbeit ist, die ich mir zu meiner Aufgabe setzen musste, in einem gewissen Sinne ist doch dieser Erfolg da, wenn auch in kleinem Kreise; er ist da. Und das, was da ist, beruht darauf, dass ich eigentlich - in dem Sinne, wie man das auffasst an unseren Bildungsanstalten - nie habe in erster Linie gewaltmäßig jemanden belehren wollen. Ich bin nach einem Naturgesetz eigentlich immer vorgegangen. Ich sagte mir immer: Die Heringe legen unendlich viele Eier ins Meer ab, die allerwenigsten davon werden zu Heringen, sondern da muss eine gewisse Selektion stattfinden. Und wer weiß, dass dasjenige, was über das Materialistische hinausgeht, weiter wirkt, der weiß, dass auch die unbefruchteten Heringseier schon ihre Aufgabe in der Gesamtwelt haben - die haben ihre große Wirkung in der Ätherwelt.., der kommt dann über diese Frage hinweg: Warum bleiben solche Heringseier unbefruchtet?

Dasjenige, was unbefruchtet bleibt, das hat seine große Aufgabe in einer anderen Welt. Diese unbefruchteten Heringseier sind nicht ganz ohne Bedeutung. Und so steht es im Grunde genommen mit der Unterweisung der Menschen. Ich habe nie geglaubt, wenn ich zu einem Auditorium von fünfzig Menschen gesprochen habe oder zu einem Auditorium von fünfhundert - ich habe auch schon zu größeren Auditorien gesprochen -, dass man etwa die Hälfte oder ein Viertel davon belehren kann, sondern ich habe angenommen, unter fünfhundert werden vielleicht fünf sein.., deren Herzen man anspricht mit dem, was man zu sagen hat, die gewissermaßen zunächst prädestiniert sind dazu. Unter fünfzig einer und unter fünf Menschen ein Zehntel von einem Menschen.

Das ist nicht anders, und darauf muss man sich einstellen. Dann geschieht dasjenige, was durch Belehrung in der heutigen Zeit nicht geschehen kann, durch Selektion. Die Menschen finden sich zusammen, bei denen man einen Widerhall erregt hat. Selektion ist das, was wir heute zunächst suchen müssen; dann werden wir doch vorwärts kommen.

Es gehört eine gewisse Resignation dazu, nicht in diesem Machtgefühl zu leben: man will belehren, man will den anderen überzeugen. Aber diese Resignation muss man unbedingt haben. Und warum man diese so vielfach nicht hat, das hängt gerade - ich habe ja hier nur von Religions-Ausübenden zu sprechen - das hängt gerade mit der theologischen Vorbildung zusammen. Diese theologische Vorbildung fußt ja im Grunde genommen ganz darauf, dass man jeden belehren kann, dass man nicht eigentlich auf Selektionen ausgehen soll. Daher müssen Mittel und Wege gefunden werden, wie man in die theologische Vorbildung aufnehmen kann vor allen Dingen das Gemütsverhältnis zum Inhalt des Geistigen.

Sehen Sie, auch die Theologie ist ja leider bei dem Standpunkt angekommen, dass man das Wissen von Gott immer höher stellt als das Leben in Gott, das Erleben des Göttlichen in der Seele. Das Erleben des Göttlichen in der Seele, das ist dasjenige, was einem die Kraft gibt, *gerade auf den einfachsten, unverbildetsten Menschen zu wirken, und das müsste eigentlich ausgebildet werden. Die neuere Zeit hat dem ganz entgegen gearbeitet. Man wird dem umso mehr entgegenarbeiten, je mehr man anstrebt, abstrakte Begriffe von irgendeinem übersinnlichen Sein zu suchen, und weniger dieses übersinnliche Sein in der Seele selber aufzunehmen. Wir brauchen wirklich eine lebensvolle Vorbereitung und Vorbildung für die theologische Wissenschaft.*

Und da tritt ja allerdings etwas Esoterisches ein, sehen Sie, wo man hinweisen muss auf ein Gesetz, das schon einmal existiert. Sie müssen erstens das in sich haben, was ich vorhin erwähnt habe, dass Sie nicht nur als gescheiter Mensch nachdenken, wie sollen Sie ein Bild oder irgendetwas einem anderen beibringen - das müssen Sie in vollem Maße haben -, aber Sie müssen auch das andere haben, dass Sie jederzeit noch mehr wissen müssen als das, was Sie sagen. Ich meine das gar nicht in üblem Sinne. Aber wenn Sie auf den Standpunkt sich stellen, auf dem heute eigentlich die professorale Welt steht, dass man sich selber nur das aneignen soll, was man dann den anderen mitteilen will, dann werden Sie ganz gewiss mit der religiösen Mitteilung nicht viel erreichen können. Sie müssen zum Beispiel, wenn Sie über die Bibel sprechen, neben dem Exoterischen - das ja nichts anderes ist als ein ausgesprochenes Esoterisches, es gibt keine absolute Grenze zwischen exoterisch und esoterisch, das eine fließt in das andere über und das Esoterische wird exoterisch, wenn man es ausspricht -, Sie müssen immer noch einen eigenen Inhalt haben, in dem Sie leben.

Darauf beruht im Grunde genommen das Wirkungsvolle der katholischen Pfarrer. Das ist das, was in dem Brevier-beten besteht. Er sucht sich in einer über das Laienhafte hinausgehenden Weise dem Göttlichen zu nähern durch dieses Brevier-beten. Und der besondere Inhalt des Breviers, der über das hinausgeht, was man lehrt, der gibt zu gleicher Zeit eine Kraft, in der Predigt und sonst zu wirken. Es ist mir immer interessant gewesen - das ist nicht etwa einmal geschehen, sondern das habe ich ganz besonders häufig erlebt -, dass evangelische Pastoren, die lange schon im Amt waren, zu mir gekommen sind und gesagt haben, es müsse für sie doch etwas Ähnliches geben wie das katholische Brevier. Bitte, missverstehen Sie mich nicht, ich rede nicht dem Katholizismus das Wort, am wenigsten dem römischen. Es sind eben Pastoren zu mir gekommen, die, wie gesagt, lange im Amt standen, die gesagt haben:

Worauf beruht denn das, dass wir nicht in dieser Weise mit den Seelen in Kontakt kommen können wie der katholische Priester, der das natürlich missbraucht? - Das beruht im Wesentlichen darauf, dass der katholische Priester ein esoterisches Verhältnis zu der geistigen Welt sucht."

R.Steiner entwickelte im Herbst 1921 Brevier-Meditationen und lehrte sie zu erüben[278] (GA 343a). Er formte eine freie Art von Priesterweihe[279], in der nach der Bekräftigung der entwickelten Fähigkeiten dann dem Einzuweihenden der eigentliche Auftrag zukommt:

„Du, den Vatergott tätig Erdenkender,
den Sohnesgott kräftig Erfühlender,
den Geistgott mächtig Erwollender,
diene dem Christus."

Darin muss also eine moderne Vorbereitung für ein meditativ-religiöses Wirken in vielen Zusammenhängen bestehen, dass der Einzelne das Göttliche wirklich erdenken will und es auch tätig vollbringt, dass er den Mensch-werdenden Gott, den Christus, ganz konkret kräftig fühlt, und dass es ihm ein starkes Anliegen ist, den Heiligen Geist mächtig in diese Welt zu tragen. Dann kann der Einweihende diesen stark spirituell denkend, fühlend und wollend gewordenen Menschen dazu berufen, nun zu dienen. Er soll kein Herrscher als Pfarrer oder Lehrer im Amt werden, sondern bescheiden dem Christus dienen:

„Am Tische da er sitzet, versammle taufend die zu ihm streben.
Kündige ihnen sein Seelen heilendes Wort-Wesen."

Das kann konkret heißen: Beobachte, wer zu IHM strebt. Diesem Menschen diene und kündige ihm reinigend, ihn eintauchend, taufend das heilende Wort für die verwundete Seele. Und komme immer wieder sehr bewusst und achtsam selber zu dem Tisch, da ER mit seinen Jüngern, der Auferstandene mit den Auferstandenen, heute sitzt. Dahin führe die dorthin strebenden Menschen und sorge, dass die Suchenden sich zusammenfinden und sich mit IHM versammeln. Er gibt Kraft dazu:

„Mit der Kraft der priesterlichen Würde wirst du hiermit begabt.
Im Geiste soll getan sein, was Du im Zeichen vollziehest,
Göttliches ströme in Menschendenken,
wenn Du sprichst vor Christi Altar.
Geistbereites wirke in Menschenwollen
durch dein Walten in Christi Gemeinschaft."

So können wir Christus in uns wirken lassen, und die Menschen, die sich uns anvertrauen, können spüren, wie der Priester durch Christi Kraft vor seine Gemeinde gesandt wird. Er beachtet ganz lebenspraktisch die Worte, die zu seiner Segnung gesprochen wurden: *„Wohin Du gehst, wandelt Christus mit Dir!"* Das spricht in dieser Feier ein religiös erfahrener, weiser, kraftvoller Mensch[280], und legte seine Hände liebevoll segnend auf das Haupt des/der suchend Übenden: *„Fühle stets Seine Gegenwart!"* Verpflichtend legte er dann seine Hände zart und nah aufs Herz: *„Vollbringe nichts ohne dieses Fühlen!"*

Mit Mut sucht auch der spirituell-religiös Wirkende in jedem Augenblick neu das Göttliche konkret zu fühlen und vollbringt nichts ohne dieses Fühlen. Was er spricht, ist dann unter denen, die Christus suchen, auf ihn aktiv blicken, ihm aufrichtig folgen wollen, aus Christi lebendigem Geist gesprochen. Die altehrwürdigen Bücher treten in ihrer Bedeutung zurück zugunsten der realen Beziehung zum Mensch gewordenen Gott. So möge wahr werden, was über diesen geweihten Menschen gesagt wurde: *„Was er spricht, ist unter Euch aus Christi Geist gesprochen. Was er tut im Geistesauftrag, ist aus Christi Geist getan. Stehet er vor Euch, so stehet Christi Geist vor Euch."*

Und immer dürfen wir einander und uns selber sagen: *„Nur wenn Du aus Christi Kraft vollbracht, was durch dich geschehen ist, ist es gut getan und wird die rechten Früchte tragen in Christenherzen für alle Zeitenkreise!"* Es geht nicht um die Erfüllung vorgeschriebener Taten und „heiliger" Texte!

„Nur wenn aus reinem Willen, erleuchtet vom Licht des Geist-Gottes, getan ist, was sich vollzogen hat, wird es Rechtes wirken durch Christen-seelen für alle Zeitenkreise." Diese Erleuchtung gilt es täglich für alles Tun zu erringen. Und immer müssen sich die Menschen dabei brüderlich unterstützen: *„Nur wenn wir auch künftig helfend verfolgen die Taten"* derer, die aus der Menschenweihe Christi handeln wollen, *„werden sie die rechten Wege weisen den Christengeistern für alle Zeitenkreise!"*

Immer wieder gibt es im Leben Zeiten, da können wir Christus in uns nicht recht verspüren und IHN nicht befreiend und erlösend aus uns wirken lassen. Da mögen wir bewusst innehalten, nichts tun, bis wir IHN erneut bemerken, SEINE Gegenwart neu fühlen. Durch Krisen vertieft sich so unsere spirituelle Kraft. Viele spirituelle Gruppen und Kirchen haben dafür Orte geschaffen wie Retreat-Zentren, Klausen, Klöster, das katholische Recollection-Haus und das evangelische Respirativa-Haus.[281]

Christus, dich werd' ich inne

Mit reinem, wahren Sinne

Ich blicke zu dir

Du lebest in mir

Ich lebe durch dich

Du strömest durch mich

So darf ich vertrauen

Und immer bauen

Auf mein eignes besseres Wesen

Um so ganz zu genesen.

Rudolf Steiner Notizbuch 1921 [282]

Ein Stück

Kirchengeschichte

am Beispiel
der Christengemeinschaft

24. Wie dieser Zukunftsimpuls entstand, welche Tragik er erlebte und wie heute aus den Keimkräften neu gewirkt werden kann

Die Anregungen Rudolf Steiners für einen grundlegenden religiösen Aufbruch allgemeinmenschlichen Ursprungs stellen sich jeweils verschieden in die zeitgenössische Situation und Epoche, in denen sie aufgegriffen werden und welche sie beleben sollen. In diesem Sinne mögen auch in das gegenwärtige Ringen die besten Kräfte einströmen. Dabei mag ein Gebet helfen, das Steiner als *„Ritualtext für die Logeneröffnung"* verfasste. Zwischen 1912 und 1914 wurde es bei der *„erkenntnis*kultischen" Arbeit vom *„leitenden* MEISTER" gesprochen[283]:

„Brüder der Vorzeit, euer Schaffen werde unsere Weisheit; wir nehmen Zirkel und Richtmaß aus euren Händen. Eure getane Arbeit sei Kraft unserer Seele, sei Kraft unserer Hände.

Brüder der Gegenwart, so ihr weiser seid als wir, lasset leuchten eure Weisheit in unsere Seelen, auf dass wir Offenbarer werden eurer Gottesgedanken.

Brüder der Zukunft, so ihr des Baues Plan in eurem Willen traget, ströme eure Stärke in unsere Glieder, auf dass wir Leib werden den großen Seelen."

Wenn wir heute neu versuchen, aus den Idealen zu handeln, die Steiner vor hundert Jahren verdichtete, gilt es im Sinne dieses Gebetes, alle Menschen einzubeziehen, die eines guten Willens sind. Es ist unendlich viel geleistet und gelitten worden, um diese Anregungen in die Welt zu tragen.[284] Man kann sich nur zutiefst dankbar vor den Leiden und Leistungen derer verneigen, die sie erlitten und vollbrachten. Das darf aber nicht blind machen gegenüber allem Scheitern, dem einzelne Menschen erlagen und das die Gruppe als Ganzes heimsuchte, die sich des religiösen Aufbruchs auf der Grundlage der Steinerschen Anregungen seinerzeit annahm. So forderte dieser am Ende seiner Kurse jene Menschengruppe auf, apokalyptisch zu denken: *„Richten wir als verstehende Menschen, die die Zeichen der Zeit zu deuten wissen, unser Leben ein im Sinne dieser drei Mysterien unserer Zeit: des Michael-Mysteriums, des Christus-Mysteriums und des Sorat-Mysteriums, dann werden wir auf dem Gebiete, das uns unser Karma angewiesen hat, in* *der richtigen Weise wirken...*"[285] Das Mysterium des mit dem Schwert kämpfenden Erzengels, das Mysterium des alle Menschen in ihrem Ich bestärkenden Christus und das Mysterium des großen Gegners der göttlichen Weltenziele in dieser Zeit sollten zum Abschluss allen Beteiligten deutlich vor das Bewusstsein treten.

Wer aus spirituellem Erkennen und religiöser Kraft heute wirken will, wird voller Dankbarkeit und immer neu an das gegenwärtige Wirken Christi anknüpfen. Es lohnt sich, die Gott-gesegneten Taten derer, die in den Wirren und Nöten des 20. Jahrhunderts unter unendlichen Entbehrungen und Erniedrigungen die Impulse Christi in die Welt zu tragen suchten, immer wieder vor das eigene innere Auge zu stellen und in den einschlägigen Büchern[286] nachzulesen. Zugleich aber muss auch erkannt werden, wie gerade in den Kirchen der Antichrist wütet, um die Seelen aus der gottgewollten Entwicklung zu Freiheit und Bruderschaft herauszureißen. Oft streben gerade jene Menschen in religiösen Zusammenhängen nach der Macht und übernehmen diese, die das ihnen so vorbildlich erscheinende Leben des Jesus Christus und seiner Jünger nur diesem zugestehen sowie einigen Märtyrern, die zu Heiligen erklärt wurden.[287] Diese Mächtigen erlauben es sich selbst, im oft sehr bewussten Gegensatz zum Leben Jesu, „für IHN" straffe weltliche Organisationen zu begründen und aufrechtzuerhalten. Der Schmerz und die Leiden, die Jesus durch die damals herrschende religiöse Oberschicht erfuhr und die er auch seinen Jüngern für deren Tätigkeit in seinem Namen vorhersagte, sie setzen sich daher vielfach in den neuzeitlichen Kirchen fort, wie Prof. Eugen Drewermann es in seinen Büchern über die „Strukturen des Bösen"[288] und die Tragik des „Psychogramms der Kleriker"[289] aufgedeckt und beschrieben hat. Der Kardinal und Prof. Hans Küng setzte ein Fragezeichen hinter den kirchlichen Anspruch der „päpstlichen Unfehlbarkeit"[290] und verlor in der Folge seine Lehrbefugnis der katholischen Theologie.

Immer wieder gibt es Kämpfe wie zur Zeit der Katharer, der Templer, der Waldenser, der Inquisition und des Brudermordes. Heute wird der Kampf gegen ein souveränes Leben in der Kraft Christi häufig mit den Mitteln der Geheimdienste fortgeführt, was evangelische Pfarrer wie Rainer Eppelmann und Edmund Käbisch anhand der Stasi-Unterlagen erforschten und anschaulich darstellten[291] und katholische Theologen wie Hans Küng und Eugen Drewermann in ihren Lebenserinnerungen aufzeigten.[292] Manche „68er" und „89er" haben den „Marsch durch die Institution"[293] versucht und sind gescheitert. Mit „struktureller Gewalt"[294], nach außen unauffällig, wurden ihnen Wirkensmöglichkeiten entzogen.[295] Ein Kirchenleiter der Christengemeinschaft, Johannes Lenz[296], beschreibt selbst seinen Beitrag, die Christengemeinschaft aus den „chaotischen Anfängen" hin zu einer geordneten Beamten-Organisation und einer staatlich anerkannten Kirche umzugestalten. In ihr wurden auch Pfarrer mit Geheimdienst-Qualitäten aufgenommen.

Von der Stasi wurde z.b. ein Physiker nach der Richtlinie zur Zersetzung von Gruppen und Personen zum inoffiziellen Mitarbeiter ausgebildet. Er wurde ab 1976 in Westdeutschland als Pfarrer der Christengemeinschaft tätig.[297] Solche Beispiele gibt es in allen Gruppierungen, die aus einem idealistischen Impuls zu wirken bemüht sind. Die Betroffenen können oft genug leider nur die Vorhersage Jesu bestätigen: *„Niemand kann zwei Herren dienen!*[298] Und schon den Katharern wurde als Anklage vorgeworfen: *„Sie glaubten, dass Christus das Fundament ihrer Kirche war und nicht der Papst."*[299]

Der sich frei und individuell in die Welt stellende und in ihr wirkende Christus Jesus lebte bereits vor, wie man aufrecht stehen und wirken kann im Angesicht von Scheinheiligkeit und Macht.[300] Zu allen Zeiten half ER seinen Aposteln und Schülern, in ihren Seelen stark zu werden und zu bleiben.[301] Aber ER errettete sie nicht aus den Händen der Feinde. IHM gelang ein wesentlicher Durchbruch, ER hat, „im Tod den Tod besiegt", wie die orthodoxe Liturgie singt.[302] So hat er uns die Kraft errungen, die uns zur Verfügung steht, wenn wir den Weg gehen, Verleumdungen und die uns aufgedrückte Dornenkrone anzunehmen, die Geißelung zu ertragen, ohne daran zu zerbrechen.[303] Ein verstoßener evangelischer Pfarrer nannte dies: „Das Kreuz mit dem Kreuz auf uns zu nehmen". Steiner entwickelte für seine Schüler spezielle Meditationen zu diesem christlichen Einweihungsweg.[304]

„Ich weiß keine Kirche, in der das freie Wort eines freien Mannes geduldet wird!" sagte mir, während meines Studiums der evangelischen Theologie, der Leiter einer Weltanschauungszentrale der evangelischen Kirche[305], der über viele religiöse Gruppen genauestens Bescheid wusste und manche heutigen „Ketzerprozesse" miterleben musste, ohne sie verhindern zu können.

Steiner hilft in seinem letzten Kurs (GA 346) den Teilnehmenden dabei, apokalyptisch zu denken, ja selber zum „Apokalyptiker" zu werden. So mögen die gegenwärtigen Probleme verstanden und erlebt werden. Aus allem ehrlichen Ringen und gesegnetem gemeinsamen Wirken haben sich bereits „Bausteine" für die NEUE Welt im Universum gebildet. Zu solchen Bausteinen mögen auch künftige gesegnete Taten werden und die Werke all jener, welche die spirituellen Anregungen der göttlichen Welt in ihren jeweiligen Berufen, religiösen Gruppen und Zusammenhängen auf ihre einmalige, ganz persönliche Art aufzugreifen vermögen. Wir können das aufgreifen, was im Himmel geschaffen ist und sich heute bereits „von oben herab" der Menschheit neu zuwendet. Das neue Jerusalem wird sich dereinst nach dem Untergang dieses Planeten aus dem Himmel niedersenken. Im Studium der Apokalypse kann sich der Mut bilden, an Gutem und Neuem mitzuwirken, gleich was auf Erden auch geschehen mag. In der geistigen Welt bleiben die Taten eine Realität.

Ein energischer, guter und idealistischer Wille für eine erstrebenswerte und heilsame Zukunft der Menschheit kann leicht übergriffig werden. Die Leitenden sollen, wie sie es vor ihrer Priesterweihe gelobten, immer wieder nur lauschend IHM dienen[306], der das Leben der Welt auf seine ganz eigene Weise trägt und ordnet. SEIN Wirken gilt es zu ermöglichen und zu pflegen. Das kann nur gelingen, wenn alle, die dies anstreben, immer wieder ihr Ich „in aktiver Sehnsucht"[307] dem Erfühlen und Erkennen des Göttlichen widmen und sich mit Herzensmut dem ganz „eigenen Tätigsein aus Impulsen der göttlich-geistigen Welt heraus"[308] verbinden. „Wie heilt Dr. Jesus?" fragte einst Christa Wolff.[309] Die dazu nötige Selbstfindung und die Liebe zum Mitmenschen, sowie die Techniken individualistischer Anarchie, gilt es zu schulen. Auch ein einseitig bzw. unreflektiert gepflegtes geistiges Leben kann Menschen schädigen, die Persönlichkeit sogar spalten. Steiner warnte mehrfach davor und gab Übungen, die solches verhindern können.[310]

Das Studium der Nöte und Tragiken der Kirche, die 1922 aus jenem Lehrkurs entstand, der diesem Buch zugrunde liegt, mag für eine Auferstehung dieses Menschheitsimpulses hundert Jahre nach seiner Geburt in befreiendem Sinne hilfreich werden. Es möge nicht umsonst so viel gelitten worden sein. Und es sei nicht umsonst all das NEUE in die Welt hereingerufen und hereingeströmt!

Entwicklung 1921 bis 2000

Es gibt zahlreiche Schilderungen über Beginn und Entwicklung der Bewegung, die aus den Anregungen Steiners für eine religiöse Erneuerung der Menschheit hervorging und die zur Kirche „Die Christengemeinschaft" wurde. Solche Schilderungen finden sich in Berichten und Büchern, wie z.b. jenen von Friedrich Rittelmeyer[311], Alfred Heidenreich[312], Johannes Werner Klein[313], Gertrud Spörri[314], Emil Bock[315], Eduard Lenz[316], Rudolf Gädeke[317], Hans-Werner Schroeder[318]. Manches findet sich nur in Privatdrucken, z.b. von Joachim Sydow[319], Hans-Werner Schroeder[320] und internen Mitteilungen einzelner Pfarrer[321].

Persönlichkeiten wie z.b. Andrej Belyj[322], Gerhard von Beckerath[323] oder Werner Georg Haverbeck[324] stellten ausführlich und anschaulich das Leiden Rudolf Steiners an seinen Schülern und an der Anthroposophischen Gesellschaft dar. In vielen Veröffentlichungen kann man von den Spannungen und Ausschlüssen lesen, die Steiners Schüler untereinander erlebten.[325]

Rudolf Steiners Anregungen für eine religiöse Erneuerung haben sich vielerorts segensreich entfaltet und vielfältige Frucht getragen, so z.B. durch Hilmar von Hinüber, der aus den genannten Impulsen für viele Generationen wahrhaft sozial anregend wirkte[326.] Auch durch Friedrich Rittelmeyer, der tätigen Menschen in allen Berufen dankbar aufgegriffene Anregungen für Meditation und religiöse Dimensionen ihres Wirken gab. Vieles aber wurde im Keim erstickt[327]. So manches litt unter der Wucht der Organisation und ihrer autoritären Führer[328], weiteres wurde ins Gegenteil verkehrt[329]. Rudolf Steiner selbst warnte die Begründer vor dem machtvollen und zerstörerischen Wesen, das in der Apokalypse der „Sorat" genannt wird, jenem Gegenspieler Christi und Diener des Antichrist, der durch scharfen Intellekt, straffe Organisation und Gewissenlosigkeit die Menschheit ihrer freien, liebevollen Menschlichkeit und Berufung berauben will.[330]

Manche Samen erhalten sich außerordentlich lange Zeit keimfähig im Erdboden. Derjenige des weißen Gänsefußes bleibt bis zu 1.700 Jahren keimfähig.[331] Auch die Keime einer neuen Zeit spirituell-religiösen Wirkens sind in den Herzen vieler Menschen tief verwurzelt. Sie sprießen, sowie eine Möglichkeit dazu besteht.[332] Um solche kommenden Gelegenheiten ergreifen zu können, sprach Rudolf Steiner 1921 zu den jungen Theologiestudenten. Das Studium der tragischen Seiten und Aspekte der Kirchengeschichte kann dazu verhelfen, das Zukunftsweisende seiner Worte noch deutlicher zu verstehen.

Der erste Band des Kurses von Rudolf Steiner über christlich-religiöses Wirken erschien unter der Bezeichnung „Anthroposophische Grundlagen für ein erneuertes christlich-religiöses Wirken. Sechs Vorträge und zwei Besprechungen, gehalten in Stuttgart vom 12. bis 16. Juni 1921" (GA 342). Die Herausgeber Ulla Trapp und Paul G. Bellmann fügten unter Mitarbeit von Hella Wiesberger und Klas Diederich den Mitschriften eine chronologische Übersicht bei. Diese wird hier mit freundlicher Genehmigung des Rudolf Steiner Verlags abgedruckt und durch die Berichte der Begründer ergänzt.

CHRONOLOGISCHE ÜBERSICHT über das Zustandekommen dieses Kurses sowie über weitere Vorträge, die Rudolf Steiner für die Bewegung für religiöse Erneuerung gehalten hat.

7. Februar 1920

Der 21jährige Student der Philosophie Werner Klein kommt mit seinen Freunden Martin und Elisabeth Borchart nach Dornach. Die drei Freunde hören den Abendvortrag Rudolf Steiners in der Schreinerei (siehe GA 196). Danach findet Klein Gelegenheit, Rudolf Steiner um eine persönliche Unterredung zu bitten. Diese fand am folgenden Tag statt.

8. Februar 1920

Unterredung Werner Kleins mit Rudolf Steiner. Im Verlauf des Gesprächs stellt Klein die Frage: «Ist die Zeit gekommen, einem dritten Christentum, dem johanneischen, die Bahn zu bereiten?» - Über seine Begegnung mit Rudolf Steiner berichtete Klein in seinem Buch «Leben . . . wofür?» (Hamburg 1979): «Am Abend noch hörten wir seinen Vortrag. Innerhalb der Schreinerei des Baues war ein großer Raum für diese Veranstaltung ausgespart. Die Rede bestand zu einem erstaunlich großen Teil aus einer Philippika gegen seine Anhänger [am Schluß des Vortrages vom 8. Februar 1920, siehe GA196]. Die Ansprache, so überraschend sie war, tat mir gut, wie sich leicht denken läßt. Nach dem Vortrag nahm ich mir ein

144

Herz und ging auf den fast grazil aussehenden Mann mit seinen dunklen Augen zu. Er hatte mich schon gesehen. Ich machte eine kurze, militärische Verbeugung. Gleichzeitig bat ich um eine Unterredung. Sie wurde mir für den nächsten Tag gewährt.

Sie fand statt. Wir saßen vor einer mächtigen Holzplastik in der Werkstatt. Es war jene Gestalt, an der Rudolf Steiner bis in die letzten Tage seines Lebens meißelte. — Das Gespräch begann in einem allgemeinen Rahmen. Wir sprachen über das Mittelalter, die Kreuzzüge. Dann fühlte ich den Zeitpunkt gekommen, wo ich mein Anliegen vortragen mußte. Ich begann, ich hätte auf einem Gebiet Fragen, das er von seiner Blickrichtung her wahrscheinlich ablehnen müsse, dennoch wollte ich sie stellen, um sein Urteil zu hören.

In meinen philosophischen Bemühungen sei ich dem deutsch-idealistischen Denker Schelling begegnet. Er habe die Unterscheidung zwischen einem petrinischen, paulinischen und johanneischen Christentum gemacht. Er sähe darin Stufen und Wanderwege des einen sich bewegenden Geistes innerhalb der christlichen Räume. Das petrinische Christentum sei offenbar in Rom hervorgetreten; nicht zuletzt durch die Schlüsselgewalt und das richtende Schwert dieser Kirche. Das paulinische Christentum in seiner Ablehnung einer Werkgerechtigkeit, wonach uns allein der Glaube der erbarmenden Gnade Gottes versichern kann, sei ebenso durchsichtig das Stigma der protestantischen Kirche. Auch sie - als die zweite Gestalt eines möglichen Christentums - scheine mir heute überholt und von der Geschichte beiseite getan. Frage: Ist die Zeit gekommen, einem dritten Christentum, dem johanneischen, die Bahn zu bereiten? Ich sähe dieses Christentum wesentlich als Ruf zur Mündigkeit des menschlichen Geistes und seiner substantiellen Identität mit dem Ewigen. Wir sind zu der Kraft des in uns quellenden Geistes gerufen. <Gott ist Geist, und die ihn anbeten, die sollen ihn im Geist und in der Wahrheit anbeten.> Nicht mehr in Jerusalem oder an einem sonstigen bevorzugten Ort und nicht mehr in den gegrabenen Formen der Väter. Daraus erstelle sich die Aufgabe, das Christentum nicht etwa auszulöschen, sondern im Gegenteil es zu steigern und in seinen Dokumenten neu zu lesen. In einem gewissen Sinne begänne damit das Christentum zum ersten Mal.

Er hörte aufmerksam zu. Dann richtete er sich auf und sprach mit bedächtiger, klarer Stimme: <Wenn Sie das tun wollen und die nötigen Formen dazu finden — die Formen lassen sich finden —, dann bedeutet das etwas ganz Großes für die Menschheit.> - Das war es. Es war ausgesprochen. Nach einer Pause fügte er etwas lebhafter, wie in den Alltag zurückkehrend, hinzu: <Sie haben ganz recht gesagt, dass ich das nicht machen kann. Meine Aufgabe ist eine andere. Ich habe die Geisteswissenschaft zu bringen und die Menschen von daher anzusprechen. Dabei muss es bleiben. Was Sie sehen, ist groß und notwendig, aber machen müssen Sie das selbst.> -

Die Worte durchfuhren mich wie ein Schlag der Freude. Er sah die geschichtlich-religiöse Aufgabe und bejahte sie. Es war das Äußerste, das ich erwarten konnte... Auch über den Namen <johanneisches Christentum> hatte es keinen Zweifel gegeben. Es wird sich der eine oder der andere darüber wundern, warum ich dies mit solchem Nachdruck betone. - Es geht aber genau hier um den Inhalt meines von mir selbst gesetzten Lebensauftrages. Es ging um Johannes und das Johanneische. Es ging um eine dritte Stufe der Christenheit. Es wurde mir überlassen, weil es nicht im Aufgabenkreis Rudolf Steiners lag..."

April 1920

Die Basler Theologiestudentin Gertrud Spörri richtet an Rudolf Steiner folgende Frage: «Gibt es eine Möglichkeit, innerhalb kirchlicher Zusammenhänge für Anthroposophie zu wirken?» (Zitiert aus einem Brief von Gertrud Spörri an Marie Steiner vom 3. Januar 1930). - Über ihr Gespräch mit Rudolf Steiner berichtet Gertrud Spörri: „Im April desselben Jahres [1920] bat ich Dr. Steiner um eine Besprechung. Ich hatte das Abitur bestanden, war in der theologischen Fakultät immatrikuliert. Im Atelier vor dem Christusbild empfing mich Dr. Steiner. Ich stellte meine Ziele vor ihn hin: dass ich Theologie studiere, um später in irgendwelcher Art der Anthroposophie zu dienen, wenn es möglich ist, innerhalb der Kirche, wenn nicht, außerhalb derselben. <Es wäre wohl möglich, innerhalb der Kirche etwas zu erreichen, wenn sich eine größere Anzahl junger Theologen der Kanzeln bemächtigten.> sagte damals Dr. Steiner. In jenen Tagen war der erste Ärztekurs (21. März - 9. April). Dr. Steiner sprach von der Möglichkeit eines ähnlichen Kursus für junge Theologen:

<In einer noch viel intimeren Art, als es mit den Ärzten jetzt möglich ist, könnte man in einem solchen Kurs mit den jungen Leuten sprechen. >"

April 1920 bis März 1921

Sowohl Werner Klein wie auch Gertrud Spörri betrachteten offenbar ihre Gespräche mit Rudolf Steiner so sehr als Privatangelegenheit, daß sie noch nicht einmal mit ihren engeren Freunden darüber sprachen. Dies änderte sich erst im folgenden Jahr.

3. bis 10. April 1921

In Dornach findet der zweite Hochschulkurs statt (Die befruchtende Wirkung der Anthroposophie auf die Fachwissenschaften, GA 76). Hier lernen Gertrud Spörri und Werner Klein sich kennen. Bericht von Werner Klein, zitiert nach Hans-Werner Schroeder <Die Christengemeinschaft - Entstehung, Entwicklung, Zielsetzung>, Stuttgart 1990: „Im Hochschulkurs Ostern 1921 am Goetheanum traf ich mit Fräulein Spörri zusammen. Sie war Theologin. Meine ganze angestaute Ironie in puncto dieses Studiums ergoß sich über sie. Was sie denn eigentlich wolle und noch erhoffe? Sie kam sehr ins Gedränge und musste schließlich als letztes Bollwerk ihrer Stellung einen Ausspruch Dr. Steiners anführen. Er habe ihr gesagt, über religiöse Zukunftsfragen ließe sich ein Kursus veranstalten mit noch intimerem Charakter als z.B. bei den Medizinern."

April bis Mai 1921

Gertrud Spörri und Werner Klein haben beschlossen, sich nach weiteren Gesinnungsgenossen umzuschauen, um dann, wenn ein Kreis Gleichgestimmter beisammen wäre, an Rudolf Steiner heranzutreten und um einen Kurs zu bitten.

Pfingstwoche 1921

In Stuttgart treffen interessierte Studenten aus Marburg, Berlin und Tübingen zusammen und beraten den Wortlaut für ein gemeinsames Schreiben an Rudolf Steiner.

*(Siehe **Ergänzung 1** zur inneren Dramatik des Kreises)*

22. Mai 1921

Ein Brief mit nachstehendem Wortlaut wird aufgesetzt und Rudolf Steiner übergeben (das in dem Brief verwendete Zitat ist Rudolf Steiners Vortrag vom 20. Februar 1917 in «Bausteine zu einer Erkenntnis des Mysteriums von Golgatha», GA 175, entnommen): „Da nach unserer Überzeugung die Entfaltung des Geistbewußtseins dasjenige ist, was die gegenwärtige Menschheit zunächst erwerben will, und da außerdem <Religion in ihrem lebendigen Leben, in ihrem lebendigen Geübtwerden innerhalb der menschlichen Gemeinschaft das Geistbewußtsein entfacht>, sehen die unterzeichneten Studenten aus diesen Tatsachen eine Richtung sich ergeben für die Tätigkeit, die sie aus der anthroposophischen Bewegung heraus vielleicht auszuüben haben. Da wir heute an den mit der Ausübung der Religion verbundenen Begriff des Priestertums nur mit einer gewissen Scheu herangehen können, solange einerseits derselbe nur abgeleitet wird von dem, was bis heute als priesterliche oder kirchliche Institutionen dagewesen ist, und da wir andererseits nicht wissen, ob überhaupt etwas Ähnliches oder wie etwas anderes an dessen Stelle treten muss, da wir schließlich glauben, dass alle weiteren Fragen nach dem, was mit religiöser Übung und religiöser Betätigung umschrieben wurde und nach dem, was als religiöses Milieu das menschliche Leben von der Geburt bis zum Tode zu umgeben habe, erst richtig gestellt werden können, nachdem auf diese erste Frage eingegangen worden ist, bitten wir Herrn Dr. Steiner, uns über diese Frage Auskunft zu geben. Aus einer Antwort kann sich für den einzelnen ergeben, ob er in diesem Zusammenhang Aufgaben zu erfüllen imstande ist."

24. Mai 1921

Rudolf Steiner sagt in einem Gespräch mit Werner Klein und Gertrud Spörri einen Kurs für Mitte Juni zu.

12. bis 16. Juni 1921

Der vorliegende Kurs findet statt. Teilnehmer: Achtzehn Studenten und fünf Lehrer, die in der Waldorfschule den freien Religionsunterricht geben.

*(Siehe **Ergänzung 2** zur kirchengeschichtlichen Dramatik)*

Juni bis September 1921

Der Kreis vergrößert sich. Interessenten für einen zweiten Kurs über Fragen der religiösen Erneuerung werden gesucht und gefunden.

26. September bis 10. Oktober 1921

In Dornach findet ein Theologenkurs für über hundert Teilnehmer statt. In 29 Vorträgen bzw. Diskussionsstunden spricht Rudolf Steiner über den Weg, wie Geist-Erkenntnis in das religiöse Wirken hineingeführt werden kann und gibt erste Wortlaute für die Gestaltung einer neuen Kulthandlung.

*(Siehe **Ergänzung 3** zur Auswahl der Persönlichkeiten und zur Entstehung des Begründerkreises)*

September 1922

45 Persönlichkeiten, darunter der namhafte protestantische Pfarrer Dr. Friedrich Rittelmeyer, kommen nach Dornach, um die Bewegung für religiöse Erneuerung zu begründen. Rittelmeyer hatte sich entschlossen mitzuwirken und die ihm angetragene Leitung zu übernehmen. Die Bewegung erhält - nach einem früheren Vorschlag von Rudolf Steiner - den Namen «Die Christengemeinschaft». Rudolf Steiner begleitet diese Begründung durch Vorträge, Fragenbeantwortungen und durch Anleitung zu einem neuen Kultus.

11. bis 14. Juli 1923

Rudolf Steiner hält in Stuttgart vier Vorträge für die Priester der im Vorjahr begründeten Christengemeinschaft.

September 1924

Zu den letzten Vorträgen, die Rudolf Steiner überhaupt gehalten hat, gehört ein Kurs für die Priester der Christengemeinschaft über die Apokalypse des Johannes (18 Vorträge in Dornach, 5. bis 22. September 1924) und ein Kurs für Ärzte und Priester über Pastoralmedizin (11 Vorträge, 8. bis 18. September 1924)."

*(Siehe **Ergänzung 4** zum Wirken dämonischer Mächte in Gruppen)*

Ergänzungen

1. **Streit, wie auf alten Konzilien** – Als in der Pfingstwoche 1921 die interessierten Studenten zusammenkamen, wurde bereits heftig gestritten. Husemann schreibt später[333]: *„Es wurde namenlos gestritten..., mit Erregung, mit Temperament, mit Einsatz der Persönlichkeit. Die Weltgeschichte schien infrage gestellt. In diesem Augenblick hatte ich eine merkwürdige Impression: ...So haben sie früher auf den Konzilien gestritten, mit einem solchen absoluten Recht auf beiden Seiten und der abgründigen Stimmung, dass die Geschicke der Menschheit durch die Diskussion hindurch gleiten.“* Gottfried Husemann kam durch einen Zufall in diese Gruppe der um eine Anfrage an Steiner ringenden Studenten. *„Ist eine Frageform nicht eine Kleinigkeit?“* wirft er in den Raum. Und Gertrud Spörri schreibt in ihrem Bericht: *„Uns war sie es nicht. Denn wir fühlten, dass jede Formulierung ein wahres Abbild des Willens zu sein hat. Und nur die richtige Frage konnte auf eine Antwort Rudolf Steiners rechnen...“[334]* So sagte sie ihm: *„Wenn Sie meinen, dass Sie uns das hier sagen können, dann beweisen Sie das mal. Machen sie mal selber so einen Brief an Dr. Steiner, mit dem wenigstens wir hier einverstanden sein können.“*

2. **12 Menschentypen,** unterschiedlich wie die Sternzeichen, die Stimmungen des Jahres, die Weltanschauungen... mussten einmütig und suchend im Raum versammelt sein, damit Pfingsten sich ereignen konnte.[335] Das galt auch für die Kurse, um die Steiner gebeten wurde. Für den Kurs Steiners für die Landwirte zu Pfingsten in Koberwitz[336], aus dem die Demeter-Bewegung hervorging, beschreiben Peter Selg und Gräfin Keyserlingk dies ausführlich. Rudolf Steiner war für Menschen ganz unterschiedlicher Seelenart, Herkunft oder karmischer Strömung ein wesentlicher Lehrer. Er vereinte in seiner Arbeit die verschiedenen Strömungen. Und gerade durch das erneute friedvolle Zusammenwirken der gegensätzlichen Brüder konnten die neuen geistigen Anregungen für eine gute Zukunft entstehen. Bildlich gesprochen: Sogar der einstige Brudermörder Kain sollte und konnte in diesem Leben nun dem damals ermordeten Abel die Wirkensmöglichkeiten in der Welt wieder schaffen, damit dieser neu mit ihm vereint den Menschen und dem Planeten beistehen könne.[337]

Als R.Steiner am 12.6.1921 den Raum betrat, in dem die 18 Teilnehmer und fünf Lehrer ihn erwarteten, äußerte er: *„Also, bei Ihnen kommt man ja in die Zeit der alten Katharer!"[338]* Als darauf jemand aus der Gruppe der Teilnehmer den Katharismus auf die Gruppe beziehen wollte und das auch ausdrückte, antwortete Steiner: *„Nein, sie waren ... auf der anderen Seite!"* Der letzte Satz scheint nur auf den Sprechenden und andere, nicht aber auf alle bezogen zu sein. Es waren ja von vornherein gewaltige Spannungen in dem Kreis vorhanden, wie sie auch im Zusammenhang mit der Inquisition, der Vernichtung der Templer sowie der Katharer-Verbrennung unter den Beteiligten herrschten.

3. Es gab erhebliche menschliche Polaritäten und Gegensätze im Kreis der Gründer.[339] Der Pfarrer Hermann Heisler z.B. hatte Steiner schon früher um einen Kurs gebeten. Er war ein feurig-kämpferischer Geist und konnte von Friedrich Rittelmeyer, dem bedächtigen, gütigen und versöhnlichen Pfarrer und anderen nicht angenommen werden. Steiner holt ihn in den Kreis, nennt ihn später den „Märtyrer" der Gründung der Christengemeinschaft.[340] Er rät ihm am 20.1.1922 zusammen mit Johannes Werner Klein und Martin Borchart, die alle wussten, wie dringend und schnell eine kraftvolle religiöse Erneuerung Europas stattfinden müsse, während Bock und Rittelmeyer zögerlich vorgingen, zu einer Memorandum-Aktion, die jene und andere sehr verletzte[341]. Der Kreis wäre bereits im März 1922 bei einer seiner Versammlungen in Berlin zerbrochen, wenn Rudolf Steiner den engagierten Mitarbeitern im Einzelnen nicht konkret geholfen hätte.[342] 1921 machte Steiner die Studenten beim Suchen nach weiteren möglichen Mitstreitern auf Persönlichkeiten aufmerksam, die zum Teil keinen klassischen kirchlichen Hintergrund hatten und sehr anders geartet waren, mit denen es andere wiederum sehr schwer hatten. Auf diese Weise kam z.B. Dr. Friedrich Doldinger in den Kreis.[343] Bei der Auswahl derer, welche die Initiatoren der Bewegung für geeignet hielten, fiel so mancher heraus, durch den der Menschenkreis noch deutlich hätte vergrößert werden können.

4. Aus der freien Aufbruchsstimmung unter den Beteiligten entstand bald schon, mit großer Willenskraft besonders durch Emil Bock und Gottfried Husemann vorangetrieben, eine zunehmend straffer

organisierte Kirche nach evangelischem und katholischem Vorbild. Johannes Werner Klein bezeichnete diese in Anlehnung an Schelling als Erscheinungsformen des „paulinischen" bzw. „petrinischen" Christentums. Und bereits im Jahr 1928 wurde der um das „johanneische" Christentum ringende Klein sowie 1933 die sozial-religiös engagierte Gertrud Spörri, die bis ins Finanzielle alle theologischen Kurse in Dornach ermöglicht hatte, von den Funktionsträgern der begründeten Kirche aus dieser ausgeschlossen. Hauptrollen hierbei hatten erneut Gottfried Husemann und Emil Bock inne. Über Husemann äußerten selbst treue Schüler, er sei möglicherweise ein ehemaliger Dominikaner-Kardinal der Inquisition gegen Katharer und Templer, ein sogenannter schwarzer Kardinal, Vertreter des „petrinischen" Kirchenstromes, dem es nicht gegeben gewesen sei, sich zwischen den Inkarnationen vollständig zu läutern.[344] 1933, als für alle Organisationen das „Führerprinzip"[345] verlangt wurde, griffen Husemann und Bock zu. Dabei wurde Husemann fortan eine Art interner autoritärer Führer[346], der scharfsinnig über die immer mehr gefestigte systemische Gewalt aus dem Verborgenen operierte, während Emil Bock nach dem Tod Rittelmeyers nach außen hin als machtbewußter Leiter der Christengemeinschaft auftrat. Husemann nahm ab 1935 die leitenden Funktionen der beiden Fragesteller an Rudolf Steiner und später Ausgeschlossenen ein, Er machte mit Emil Bock aus der religiösen Aufbruchsbewegung im Geiste des Johannes und des befreienden Heiligen Geistes, wo jeder lebt wie ein aus frischem Wind Geborener[347], eine straff geführte Kirche - oft katholischer als die katholische Kirche.

Die große Tragik

Von dieser Tragik berichtet selbst einer der treuesten Schüler Husemanns, Hans-Werner Schroeder (1931-2016), der mit ihm und Friedrich Benesch seit 1968 das Priesterseminar dieser Kirche leitete und seit 1979 seine Funktion in der Kirchenleitung einnahm, in einem Privatdruck von 2002[348]: *„Husemann schreibt selber 1958 in seinem Tagebuch: <Entweder Husemann enthauptet die Leute (Vorgang ist verbunden mit Verlust des Totalbewußtseins) oder er skalpiert sie ‚nur' (unter Beibehaltung des Bewusstsein).> Und später: <Husemann erträgt nicht oder nur schwer die Differenz zwischen seinem Überbewußtsein*

und dem gewöhnlichen Bewusstsein der anderen. Würde die allmächtige Menschenliebe in diese Differenz hereinkraften, dann würden sich seine Begriffe in All-Imaginationen verwandeln, nach denen er sich so sehr sehnt und deren Nicht-Vorhandensein ihn immer wieder (laut oder leise) gewalttätig macht... Ohne dies macht er die Menschen, die er so sehr liebt, immer wieder neu zu Abstraktionen (statt sie im Geiste zu finden) – und das lassen sie sich natürlich nicht gefallen.>"

Über Emil Bock hinwiederum schreibt Husemann in seinem Tagebuch[349]: *„Bock hat das zweischneidige Schwert viel zu oft zum Zerhauen der Knoten verwendet. Dass die Enden oftmals wie schmerzlich sich windende Halbwesen zurückbleiben (von denen einige schon verendend ermatten!) scheint er nicht zu bemerken..."* Kurz vor seinem Tod, 1972, schreibt Husemann: *„Die ersten 60 Lebensjahre lebte ich neben der Erde und völlig neben den Menschen..."*

Der Leitungskreis der sieben Pfarrer konnte trotz der diversen Ausschlüsse nach dem Tod Friedrich Rittelmeyers 1938 nicht mehr konstruktiv zusammenarbeiten. Da berief man den Priester Eduard Lenz in den Leitungskreis, der aus den Kräften seiner starken, aktiv geschulten und wirksamen Menschenliebe immerhin dahingehend helfen konnte, dass in den letzten drei Jahren vor dem Verbot der Christengemeinschaft ein konstruktives Zusammenwirken im Kreis der Leitenden nochmals einigermaßen gelang.[350]

Nach dem Krieg handelte Gottfried Husemann allein den Rahmen der Arbeitsmöglichkeiten mit den Siegermächten aus und prägte die Christengemeinschaft durch die Besetzung vieler Ämter und Bestimmung seiner Nachfolger bis heute. Er war und blieb ein Einsamer, dem keiner die Stirn bieten konnte.[351] Dr. Siegfried Gussmann schreibt über seine Zeit am Priester-Seminar: *„Husemann war einsam. Und er kam von sich aus über dieses In-sich-eingesperrt-Sein kaum hinaus. Deshalb seine unendlichen Selbstgespräche vor uns Seminaristen. Ich habe von ihm – außer zwei exemplarischen Witzen – überhaupt nichts gelernt. Höchstens Geduld. Aber nachträglich tut es mir leid, sie damals über Gebühr bewahrt zu haben."*[352] Schroeder schreibt[353]: So *„muß man bedenken, dass sowohl Bock als auch Husemann Willensmenschen waren."* Husemann war (nach Schöffler) <Widder im 10. Haus>- eine Anlage, die folgendermaßen charakterisiert wird: <Bewusstsein des eigenen Wertes und der eigenen Kraft. Optimismus. Individuen, die zwar ihre Ideen und*

Meinungen ändern können, jedoch niemals die ihnen eigentümliche kämpferische Haltung aufgeben wollen. Heißes Verlangen, sich im Leben zu behaupten, den anderen den eigenen Willen aufzuzwingen, in jedem Kampf Sieger zu bleiben und in jeder Auseinandersetzung das letzte Wort zu haben.>"

Mit dieser Tragik haben es auch heute noch Menschen zu tun, wenn sie den Ur-Impulsen folgen wollen. Erfahrungsgemäß können aber geschichtliche Impulse und Keime oft nach hundert Jahren neu erfasst werden. Oft leben sie dann erst richtig überzeugend auf. Darin liegt eine Hoffnung und vielerorts im Kleinen, oft im Verborgenen, bereits eine entstehende Realität. Albert Schweitzer schreibt z.b. über das Schicksal der berühmten Werke von Johann Sebastian Bach[354] in folgendem Sinne: Die Uraufführung der Johannes-Passion war am 7.4.1724. Es folgten nur wenige Aufführungen. Erst gut hundert Jahre danach, am 11.3.1829 konnte Felix Mendelssohn-Bartholdy wieder eine Passion Bachs aufführen. Nun erst erfolgte die Renaissance und geschah der Durchbruch dieses Werkes!

Ausblick auf eine neue Zeit freier, liebender Brudergemeinschaften

Für das achtungsvolle und tatkräftige Zusammenwirken von Menschen der verschiedensten sich einst bekämpfenden und vernichtenden Ströme und Menschen gab Rudolf Steiner diverse Übungen, die zu einer Liebe leiten die das echte Wesen der Mitmenschen bejaht, will, ja oft sogar erschafft. In jeder Menschen-Weihe-Handlung[355], die laut Ritualtext aus dem liebenden Herzen sich ereignen möge, will so ein Feuer von Wesen-erschaffender Liebe erstehen. Im Leben erstarkt der Mensch aus der Kraft der Beichte[356] und findet Ermutigung in ihr: Er möge lernen, seine Gedanken dem Göttlichen zu opfern und seinen Willen durch Gottes Gnade zu empfangen. Solches Üben führt zur Liebe zu Gott und zu den Menschen, zum Erfüllen des höchsten Gebotes[357]. Zur Liebe sind die Jünger Jesu Christi und ihre Nachfolger ja im Geiste des Johannes aufgerufen[358:] „Daran werden alle erkennen, dass ihr meine Jünger seid, so ihr Liebe untereinander habt." Rudolf Steiner sprach immer wieder von der zu erringenden Liebe auch gegenüber anders Denkenden, sogar gegenüber den jeweils eigenen Feinden. Erkenntnisorgane[359], können aus der Liebe wachsen. Auch gab er sehr verschiedenen Schülern Schulungshinweise für eine neue Zeit liebevoller Brudergemeinschaften

154

von bewusst lebenden, zum Individuellen sich findenden und sich dabei zugleich zutiefst miteinander verbindenden Menschen.[360] Dabei darf das Wirken der Widersachermächte gegen derartige Impulse nicht unterschätzt werden. Denn *„zum Ende dieses Jahrhunderts kommen wir zu dem Zeitpunkt, wo Sorat wiederum aus den Fluten der Evolution am stärksten sein Haupt erheben wird, wo er sein wird der Widersacher jenes Anblickes des Christus, den die dazu vorbereiteten Menschen schon in der ersten Hälfte des 20. Jahrhunderts haben werden durch die Sichtbarwerdung des ätherischen Christus. Es wird nur noch zwei Drittel des Jahrhunderts dauern, bis Sorat in mächtiger Weise sein Haupt erheben wird."[361] ...Wir haben in diesem unserem ...Zeitalter, in dem wir leben, gerade wenn wir auf dem Gebiete des Theologischen, der Religion, arbeiten wollen, allen Grund, vor allem an der Apokalypse zu lernen, selbst apokalyptisch zu denken und zu empfinden, nicht kleben zu bleiben an dem, was bloß äußere Tatsachen sind, sondern uns zu erheben zu den dahinterstehenden spirituellen Impulsen."*

Zum Schluss der erkenntniskultischen Arbeit wurden die Teilnehmenden ermahnt[362]: *Tuet nur, was aus Echtheit eures Herzens kommt, wozu die Sorgfalt eurer Gedanken euch führt, wozu die Kraft eures Willens ihr gestählt habt. Ihr selbst werdet Abbild Eures Urbildes dadurch; und die Stärke wird euch kommen, welche die Welt gestaltet. Ans Herz ist euch der Weg zu dieser Stärke vom Altar des Ostens aus gelegt worden."*

Danksagung

Mit den Worten des Gebetes von Rudolf Steiner zu Epiphanias mögen nun diese Ausführungen schließen mit innigen Wünschen für ein freudevolles Wirken mit dem Auferstandenen. *„Ich bin nicht gekommen, Euch neue Lasten aufzulegen, sondern Eure Freude vollkommen zu machen!"*[363] Die Worte Steiners vom Juni 1921 sind voller Licht, Leben, Wegleitung und Wahrheit dessen, der da sprechen kann: ICH BIN.

Der Dank gilt allem, was *in der Wonne meiner hingebenden Seele*[364] *(im Sinne des Ostergebetes)* in der religiös impulsierten Arbeit zu finden und zu vermitteln möglich war und ist. Auch für die kritischen Anfragen, Widerstände und Feinde sei gedankt, die zur Klarheit über die hier dargestellten Themen herausforderten und sie erforderlich machten.

„Es kündigten die Geisteswelten

sternstrahlend

den suchenden Menschenseelen

des Heiles rechten Weg.

Es mögen finden die Menschenseelen,

Herz-Liebe-strahlend

den wegweisenden Weltengnadenstern

im göttlich warmen Heiles-Leuchten."

Hitzacker, am Dreikönigstag 2022

Nachwort

Religion heißt wieder-verbinden. Zu dem Wiederverbinden mit den tiefen, hohen und weiten Dimensionen von Welt und Mensch im Universum möchte dieses Buch einen Beitrag leisten, auf dass ein neuer Aufbruch der Menschheit möglich werde.

Mit dieser kleinen Schrift sollten die Anregungen Rudolf Steines weitgehend mit dessen eigenen Worten den Suchenden weitergegeben werden. Wer die religiöse Dimension tiefer in den Alltag hereinholen möchte, möge sich durch die Hinweise an die damaligen jugendbewegten Theologie-Studenten und Lehrer der ersten Freien Waldorfschule inspirieren lassen. Es ergeben sich im Leben jedes einzelnen Menschen und ringender Gemeinschaften immer wieder Chancen, wenn auch nur für Augenblicke, den Alltag in lebendiger Weise geistig zu vertiefen. Mögen sie durch eine lebendig geübte Religion ergriffen werden.

Diese Schrift erhebt nicht den Anspruch, in irgendeiner Weise vollkommen zu sein. Sie ist bewußt auch herausfordernd gehalten, wie es die Worte Steiners selbst und die Worte Christi in den Evangelien sind. Sie will nicht verurteilen, doch will sie Abirrungen klar benennen und dazu beitragen, eine künftige mutige Lebendigkeit zu unterstützen und zu entfalten. Der in ihr dargestellte spirituelle Impuls vom Beginn des 20. Jahrhunderts, der zumeist tragisch erstorben ist, kann nach hundert Jahren vielleicht hier und da auferstehen und wirksam werden. Dies versteht der Autor als sein Herzensanliegen, dem er hiermit versucht hat, einen Ausdruck zu verleihen.

Diese kleine Schrift ist keinesfalls vollkommen. Sollten einige Worte dieser Darstellung unzutreffend formuliert sein, so möge die Wirksamkeit der übrigen davon nicht berührt werden. Der Autor freut sich über geistige Auseinandersetzung, Korrekturen, Austausch über gemachte Erfahrungen und ein gemeinsames Suchen zum Wohle aller.

Über den Autor

Werner F. Wecker (1953) hat die Anregungen Rudolf Steiners für eine erneuerte religiöse Dimension in seinen Berufen lebendig werden lassen: als Pfarrer und Religionslehrer, in psychotherapeutischer Praxis und systemischer Beratung, in der Landwirtschaft und der tiergestützten Therapie. In diesen Bereichen begründete er diverse Projekte und begleitet seit über 40 Jahren Initiativen und Fortbildungen im In- und Ausland.

Kontakt

Für Fortbildungen und Seminare, Supervision und Coaching kontaktieren sie den Autor gerne persönlich per mail unter werner.wecker@posteo.de

Literaturhinweise

Rudolf Steiner, Werke:

Philosophie der Freiheit – Grundzüge einer modernen Weltanschauung, GA 4, Dornach 2020

Das Christentum als mystische Tatsache und die Mysterien des Altertums, GA 8, Dornach 1989

Theosophie. Einführung in übersinnliche Welterkenntnis und Menschenbestimmung, GA 9, Dornach 2013

Wie erlangt man Erkenntnisse der höheren Welten?, GA 10, Dornach 2018

Wahrspruchworte, GA 40, Dornach 1998

Rudolf Steiner, Vorträge:

Das Verhältnis der Anthroposophie zur Naturwissenschaft. Grundlagen und Methoden, GA 75, Dornach 2010

Bausteine zu einer Erkenntnis des Mysteriums von Golgatha - Kosmische und menschliche Metamorphose, GA 175, Dornach 1996

Das Prinzip der spirituellen Ökonomie im Zusammenhang mit Wiederverkörperungsfragen, GA 109, Dornach 2000

Die Offenbarungen des Karma, GA 120, Dornach 1992

Metamorphosen des Seelenlebens. Pfade der Seelenerlebnisse, erster Teil GA 58, zweiter Teil GA 59, Dornach 2017

Die Philosophie, Kosmologie und Religion in der Anthroposophie, GA 215, Dornach 1980

Christus und die menschliche Seele, GA 155, Dornach 1994

Das Sonnenmysterium und das Mysterium von Tod und Auferstehung, GA 211, Dornach 1986

Die Krisis der Gegenwart und der Weg zu gesundem Denken, GA 335, Dornach 2005

Rudolf Steiner, Kurse für Fachwissenschaften:

Vorträge und Kurse über christlich-religiöses Wirken, Band 1, Anthroposophische Grundlagen für ein erneuertes christlich-religiöses Wirken, GA 342 (Juni 1921), Dornach 1993

Vorträge und Kurse über christlich-religiöses Wirken, Band 2, Spirituelles Erkennen. Religiöses Empfinden. Kultisches Handeln, GA 343 (Herbst 1921), Dornach 1993

Vorträge und Kurse über christlich-religiöses Wirken, Band 3, Vorträge bei der Begründung der Christengemeinschaft, GA 344 (Herbst 1922), Dornach 1994

Vorträge und Kurse über christlich-religiöses Wirken, Band 4, Vom Wesen des wirkenden Wortes, GA 345 (Juli 1923), Dornach 1994

Vorträge und Kurse über christlich-religiöses Wirken, Band 5, Apokalypse und Priesterwirken, GA 346 (Herbst 1924), Dornach 2001

Das Zusammenwirken von Ärzten und Seelsorgern. Pastoral-Medizinischer Kurs, GA 318 (Herbst 1924), Dornach 2019

Idee und Praxis der Waldorfschule, GA 297 (1919), Dornach 1998

Die pädagogische Praxis vom Gesichtspunkt geisteswissenschaftlicher Menschenerkenntnis, GA 306, Dornach 1989

Christengemeinschaft:

Rudolf Gädeke, *Die Gründer der Christengemeinschaft – ein Schicksalsnetz in 48 kurzen Biografien,* Philosophisch-anthroposophischer Verlag am Goetheanum, Dornach 1992

Hans-Werner Schroeder, *Gottfried Husemann – Leben und Wirken,* Privatdruck von H.-W. Schroeder, Stuttgart 2002

Alfred Heidenreich, *Growing Point,* The Christan Community Press, London 1965

Gertrud Spörri, *Uroffenbarungen der Liebe im Werden der Menschheit,* Verlag Rose, München 1965

160

dies., *Die Frau im Priesterberuf,* Verlag Urachhaus, Stuttgart 1929

Johannes Werner Klein, *Ihr seid Götter! - Die Philosphie des Johannes-Evangeliums,* Pfullingen 1967

ders., *Leben ... wofür? Ein Schicksal gibt Antwort,* Hamburg 1979

Heinrich Ogilvie, *Das Johannes-Evangelium,* Verlag Urachhaus, Stuttgart 1981

Gerhard von Beckerath, *Rudolf Steiners Leidensweg – Sein Schicksal mit der Anthroposophischen Gesellschaft,* Verlag für Anthroposophie, Basel 2011

Gerhard Wehr, Hilmar von Hinüber, *Ein sozialer Pionier,* Verlag Urachhaus, Stuttgart 2000

Siegfried Gussmann, *Die Apokalypse des Johannes - – Urbilder des Menschseins,* Verlag Urachhaus, Stuttgart 1996

Friedrich Rittelmeyer, *Das heilige Jahr,* Verlag Urachhaus Verlag, Stuttgart 1930

ders., *Briefe über das Johannsevangelium,* Verlag Urachhaus, Stuttgart 1938

Peter Selg, *Das Vaterunser in der Darstellung Rudolf Steiners,* Verlag Freies Geistesleben, Stuttgart 2009

Emil Bock, *Das Neue Testament - Übersetzung,* Stuttgart 1983

Johannes Lenz, *Erinnern für die Zukunft - – Eine Autobiographie,* Verlag Urachhaus, Stuttgart 2002

Ellen Huidekoper, *In silberner Finsternis - Eduard Lenz - Ein Leben in den Umbrüchen des zwanzigsten Jahrhunderts,* Verlag Urachhaus, Stuttgart 2013

Spiritualität:

Abt Emmanuel Jungclaussen OSB, *Der innere Weg zu Gott - – Ein Übungsbuch als Beitrag zur Ökumene des Herzens,* Verlag Koinonia-Oriens, Köln 2007

Ernesto Cardenal, *Das Evangelium der Bauern von Solentiname*, Gütersloh 1980

Viktor E. Frankl, *Der unbedingte Mensch,* Wien 1949

ders., *Zeiten der Entscheidung*, Herder Verlag, Freiburg 1996

Erich Fromm, *Die Furcht vor der Freiheit*, München 1992

ders., *Die Kunst des Liebens*, München 1998

ders., *Wege aus einer kranken Gesellschaft: Eine sozialpsychologische Untersuchung*, München 2003

Arno Gruen, *Wider den Gehorsam*, dtv, München 2003

ders., *Falsche Götter,* Klett-Cotta, Stuttgart 2003

ders., *Der Verrat am Selbst*, dtv, München 2013

August Strindberg, *Ein Lesebuch für die niederen Stände,* Verlag Hanser, München 1970

Fritz Perls, *Gestalt-Therapie – Wiederbelebung des Selbst*, Klett-Cotta, Stuttgart 1987

Karlfried Graf Dürckheim, *Alltag als Übung*, Göttingen 2018

ders., *Durchbruch zum Wesen,* Verlag Hans Huber, Bern 1984

Eugen Drewermann, *Kleriker. Psychogramm eines Ideals,* Walter-Verlag, Olten 1990

Judith von Halle, *Reinkarnation und Karma. Eine Einführung: Der Sinn des Daseins. Vom vorgeburtlichen Lebensplan zur individuellen Lebensaufgabe*, Verlag für Anthroposophie, Basel 2021

Fritjof Capra, *Das neue Denken*, Knaur-Verlag München 1998

ders., *Wendezeit*, Bern 1985 ders., *Das Tao der Physik*, München 1977

Historie:

Karl-Heinz Deschner, *Kriminalgeschichte des Christentums,* rororo, Reinbeck 2006

Gerlind Schöbel, *Leben gegen den Tod – Hildegard Schaeder, Ostern im KZ,* Evangelischer Regionalverband, Frankfurt/Main 1995

Christiane Meres OCD, *Ich will Gott ausstrahlen. Das Leben des Pater Jacques – Ein Karmelit in Mauthausen-Gusen,* Verlag Christliche Innerlichkeit, Wien 2014

Helmut James und Freya von Moltke, *Abschiedsbriefe Gefängnis Tegel – September 1944 bis Januar 1945,* Verlag C.H. Beck, München 2013

GEO Epoche Nr. 88, Magazin für Geschichte, *1968 – Studentenrevolte, Hippies, Vietnam: Die Chronik eines dramatischen Jahres,* Verlag Gruner & Jahr, Hamburg 2017

Rainer Eppelmann, *Fremd im eigenen Haus – Mein Leben im anderen Deutschland,* Verlag Kiepenheuer & Witsch, Köln 2017

Nelson Mandela, *Long Walk to Freedom,* Abacus, London 1995

Gerhard Wehr, *Jan Hus - Ketzer und Reformator,* Gütersloher Verlagshaus Mohn, Gütersloh 1979

Christoph Links, *Das wunderbare Jahr der Anarchie – von der Kraft des zivilen Ungehorsams 1989/90,* Ch. Links Verlag, Berlin 2004

Rudi Dutschke, *Mein langer Marsch: Reden, Schriften und Tagebücher aus 20 Jahren.* Rowohlt Verlag, Reinbek, 1980

Peter Brückner, *Ulrike Marie Meinhof und die deutschen Verhältnisse,* Wagenbach Verlag, Berlin 1995

Petra Kelly, *Mit dem Herzen denken. Texte für eine glaubwürdige Politik,* Verlag C.H. Beck, München 1990

Baldur Springmann, *Bauer mit Leib und Seele - Lebenserinnerungen des bekannten Öko-Bauern und Lebensschützers Baldur Springmann,* Verlag Siegfried Bublies, Beltheim 1993

Nicolaus Remer, *Rudolf Steiners Landwirtschaftlicher Impuls, Band 4 - Tierhaltung und Bodenfruchtbarkeit,* Selbstverlag der Gemeinnützigen Landbau-Forschungsgesellschaft, Amelinghausen 1996

Mahatma Gandhi, *Handeln aus dem Geist*, Herder-Verlag, Freiburg 1977

Maren Gottschalk: *Die Morgenröte unserer Freiheit – Die Lebensgeschichte des Nelson Mandela,* Weinheim 2002

Dieter Duhm, *Aufbruch zur neuen Kultur,* Verlag Meiga, Bad Belzig 2011

Luboš Jurík, *Der kurze Frühling des Alexander Dubček*, Anthea Verlag, Berlin 2019

Dietrich Koller, *Heilige Anarchie - eine Streitschrift gegen die Ämterherrschaft in der Kirche,* Claudius Verlag, München 1999

Gerlind Schöbel, *Leben gegen den Tod – Hildegard Schaeder, Ostern im KZ,* Evangelischer Regionalverband, Frankfurt/Main 1995

Christiane Meres OCD, *Ich will Gott ausstrahlen. Das Leben des P. Jacques – Ein Karmelit in Mauthausen-Gusen,* Verlag Christliche Innerlichkeit, Wien 2014

Helmut James und Freya von Moltke, *Abschiedsbriefe Gefängnis Tegel – September 1944 bis Januar 1945*, Verlag C.H. Beck, München 2013.

Martin Buber, *Ich und Du,* Klett Verlag, Stuttgart 2008

Gerhard Wehr, *Jan Hus - Ketzer und Reformator,* Gütersloher Verlagshaus Mohn, Gütersloh 1979

Anthony de Mello, *Die Fesseln lösen,* Herder Verlag, Freiburg 2012

ders., *Gott suchen in allen Dingen,* Herder Verlag, Freiburg 2013

ders., *Meditieren mit Leib und Seele - Neue Wege der Gotteserfahrung,* Butzen & Brecker, Kevelaer 2008

G.Hillerdal, B.Gustafsson, *Sie erlebten Christus,* Verlag Die Pforte, Basel 1979

Evangelisches Gesangbuch, Ausgabe für die Evangelisch-Lutherischen Kirchen in Niedersachsen und für die Bremische Evangelische Kirche, Hannover 1994

Lutherbibel 2017, Deutsche Bibelgesellschaft, Stuttgart 2017

Die Bibel, Herder Verlag, Freiburg 1965

Evangelisches Gottesdienstbuch, Evangelische Kirche in Deutschland, Berlin 2003

Adam Bittleston, *Our spiritual Companions – From Angels and Archangels to Chrerubim and Seraphim,* Floris Books, Edinburgh 2004

Ferdinand Schlingensiepen, *Vom Gehorsam zur Freiheit - Biografien aus dem Widerstand,* dtv, München 2014

Helmut Gollwitzer, *Du hast mich heimgesucht bei Nacht - Abschiedsbriefe und Aufzeichnungen des Widerstandes 1933-1944,* Siebensternverlag, Hamburg 1954

Christian Feldmann, *Wir hätten schreien müssen - Das Leben des Dietrich Bonhoefer,* Herder Verlag, Freiburg 1998

Alexander Groß, *Gehorsame Kirche, Ungehorsame Christen im Nationalsozialismus,* Grünewaldverlag, Mainz 2000

Peter Schellenbaum, *Abschied von der Selbstzerstörung – Befreiung der Lebensenergie,* dtv, München 1997

ders., *Die Wunde der Ungeliebten,* Kösel-Verlag, München 1988

Hans-Joachim Maaz, *Der Gefühlsstau: Psychogramm einer Gesellschaft,* Verlag C.H. Beck, München 2010

Wilhelm Reich, *Christusmord,* Walter-Verlag, Olten/Freiburg 1978

ders., *Charakteranalyse,* Kiepenheuer & Witsch, Köln 1970

Dalai-Lama, Desmond Tutu, Douglas Abrams, *Das Buch der Freude,* München 2016

Jacques Lusseyran, *Das wiedergefundene Licht,* SiebensternTB, Gütersloh 1963

Alexander Men, *Der Menschensohn,* Herder Verlag, Freiburg 2006

Jörg Zink, *Jesus - Funke aus dem Feuer,* Kreuz Verlag, Freiburg 2011

Hannah Wolf, *Jesus der Mann. Die Gestalt Jesu in tiefenpsychologischer Sicht*, Radius Verlag, Stuttgart 1990

Volker David Lambertz, *frei + christlich: Freie Sakramente heute?*, BoD 2005

ders., *Sakramente heute - Der freie christliche Impuls Rudolf Steiners*, BoD 2017

ders., *Ein Brevier für einen freien christlichen, anthroposophisch vertieften Weg*, BoD 2021

Dieter Brüll, *Bausteine für einen sozialen Sakramentalismus - Entdeckungsreise zu den Quellen des Sozialimpulses*, Verlag am Goetheanum, Dornach 1995

Gerhard von Beckerath, *Gespräch als Kultus: Wiederkunft, Christlicher Einweihungsweg, Bruderschaft*, Verlag am Goetheanum, Dornach 2005

Judith von Halle, *Reinkarnation und Karma. Eine Einführung: Der Sinn des Daseins. Vom vorgeburtlichen Lebensplan zur individuellen Lebensaufgabe*, Verlag für Anthroposophie, Basel 2021

Friedrich Hölderlin, *Hyperion, Zweites Buch*, Anaconda Verlag, Köln 2005

Internet-Recherche:

Die Gemeinschaftsbewegung
https://de.wikipedia.org/wiki/Gemeinschaftsbewegung, Abruf 13.3.2022

Stasi-Wirksamkeit ab 1972

https://de.wikipedia.org/wiki/Zersetzung_(Ministerium_f%C3%BCr_Staatssicherheit), Abruf 13.3.2022

Das Manifest der "2000 Worte"
https://www.havemann-gesellschaft.de/fileadmin/robert-havemann-gesellschaft/themen_dossiers/Angriff_auf_Robert_Havemann/RHG_HL_180.pdf, Abruf 12.3.2022

Der Kreisauer Kreis https://de.wikipedia.org/wiki/Kreisauer_Kreis, Abruf 15.3.2022

Radikalen-Erlass
http://www.berufsverbote.de/index.php/Radikalenerlass.html, Abruf 16.3.2022

Schwerter zu Pflugscharen
http://alt.gesellschaft-zeitgeschichte.de/geschichte/schwerter-zu-pflugscharen/index.html, Abruf 16.3.2022

Die Stuttgarter Erklärung. Verordnungs- und Nachrichtenblatt der EKD, Nr.1, Januar 1946
http://de.wikipedia.org/wiki/stuttgarter_schuldbekenntnis, Abruf 12.3.2022

Watson, 7 spektakuläre Operationen der US-Geheimdienste, www.watson.ch/wissen/international/517116406-7-verdeckte-operationen-von-CIA, Abruf 19.3.2022

Größte DDR-Demo 04.11.1989 Alexanderplatz Berlin, DDR Aufzeichnung https://www.youtube.com/watch?v=M3EO_8st0tM, Abruf 16.3.2022

Rudolf Steiner: Ergebenheitsgebet https://christoph-hörstel.de/rudolf-steiner-ergebenheitsgebet
Abruf 20.1.2021

Die freien Sakramente Rudolf Steiners
https://www.forumkultus.info/inhaltsverzeichnis/sitemap/, Abruf 17.3.2022

Dietrich Koller, Collegiatsleben, https://www.via-collegiata.de/collegiatsleben/dietrich-koller.html, Abruf 18.3.2022

Videos

Achtsamkeitskongress Panel 6 von Jay Garfield, aufgezeichnet von www.auditorium-netzwerk.de, Müllheim 2012

Anmerkungen

[1] Matthäusevangelium 18,20 (Einheitsübersetzung)

[2] Rudolf Steiner, *Vorträge und Kurse über christlich-religiöses Wirken* Band 4, GA 345, Dornach 1994, S. 122 (Michaeli-Epistel)

[3] Rudolf Steiner, *Vorträge und Kurse über christlich-religiöses Wirken* Band 3, GA 344, Dornach 1994, S. 101 (Faksimile der Priesterweihe)

[4] *Rudolf Steiner in der Waldorfschule*, GA 298, Dornach 1980, S.22 Eröffnungsansprache am 7.9.1919

[5] Rudolf Steiner, *Wahrspruchworte*, GA 40, Dornach 1998, S. 13

[6] Rudolf Steiner, Notizbuch 1882; Als «Motto» auf einem Fragebogen vom 8. Februar 1892, Weimar, wie er damals in literarischen Kreisen beliebt war, findet sich:«An Gottes Stelle den freien Menschen!»; Vgl. Georg Hartmann in *Mitteilungen aus der anthroposophischen Arbeit in Deutschland*, Nr. 116, Johanni 1976; Faksimile in *Rudolf Steiner Gesamtausgabe, Eine Dokumentation*, Dornach 1988

[7] Rudolf Steiner, *Vorträge und Kurse über christlich-religiöses Wirken* Band 1, GA 342 (12.6.1921), Dornach 1993, S. 13

[8] Rudolf Steiner, *Bausteine zu einer Erkenntnis des Mysteriums von Golgatha,* GA 175 (20.2.1917), Dornach 1996, S. 61

[9] Rudolf Steiner, *Esoterische Hochschule*, GA 270, Dornach 2020, S. 121

[10] Rudolf Steiner, *Vorträge und Kurse über christlich-religiöses Wirken* Band 1, GA 342 (12.6.1921), Dornach 1993, S. 13; vgl. ausführliche Darstellung in Kapitel 24 dieses Buches

[11] Ders., a.a.O. (12.6.1921), S. 13

[12] Rudolf Steiner, *Vorträge und Kurse über christlich-religiöses Wirken* Band 2, GA 343 (5.10.1921), Dornach 1993, S. 380 und 391 ff.

[13] Rudolf Steiner, *Vorträge und Kurse über christlich-religiöses Wirken* Band 1, GA 342 (13.6.1921), Dornach 1993, S. 13 ff. (ganzer Vortrag)

[14] Vgl. Ferdinand Schlingensiepen, *Vom Gehorsam zur Freiheit - Biografien aus dem Widerstand*, München 2014

[15] Rudolf Steiner, *Vorträge und Kurse über christlich-religiöses Wirken* Band 2, GA 343 (6.10.1921), Dornach 1993, S. 414 (Einleitungsgebet zur Evangelium-Verkündigung)

[16] Adalbert Graf von Keyserlingk, *Koberwitz 1924 - Geburtsstunde einer neuen Landwirtschaft*, Stuttgart 1974, S. 177 f.

[17] Gerhard von Beckerath, *Rudolf Steiners Leidensweg - Sein Schicksal mit der Anthroposophischen Gesellschaft*, Dornach 2011, S. 244

[18] Vgl. Ders., a.a.O.

[19] Rudolf Steiner, *Vorträge und Kurse über christlich-religiöses Wirken* Band 1, GA 342 (13.6.1921), Dornach 1993, S. 47 ff.

[20] Ders., a.a.O. (13.6.1921), S. 58

[21] Rudolf Steiner, *Was tut der Engel in unserem Astralleib?* GA 182 (9.10.1918), Dornach 1996, S. 138 ff.

[22] Erstes Buch Mose, Kapitel 4

[23] Lukasevangelium 16,13 (Einheitsübersetzung)

[24] Internetrecherche am 6.1.2022: www.meissner-2013.de

[25] Rudolf Steiner, *Geschichtliche Symptomatologie*, GA 185 (27.10.1918), Dornach 1982, S. 125

[26] Ders., a.a.O.

[27] Rudolf Steiner, *Philosophie der Freiheit, Grundzüge einer modernen Weltanschauung – Seelische Beobachtungsresultate nach naturwissenschaftlicher Methode*, GA 4, Dornach 1995, S. 145

[28] Ders., a.a.O., S. 166

[29] Internetrecherche am 11.1.2022: https://de.wikipedia.org/wiki/individualistischer_anarchismus

[30] Internetrecherche am 12.1.2022:
www.dreigliederung.de/steiner/zitate/1898-09-30_GA_031

[31] Vgl. Erich Fromm, *Die Furcht vor der Freiheit,* München 1993; ders., *Wege aus einer kranken Gesellschaft – Eine sozialpsychologische Untersuchung,* München 2013; Arno Gruen, *Wider den Gehorsam,* Stuttgart 2014; ders., *Falsche Götter,* Stuttgart 2003; ders., *Der Verrat am Selbst,* München 2013; Karina Reiss & Sucharit Bhakdi, *Corona Fehlalarm? - Zahlen, Daten und Hintergründe,* Berlin 2020

[32] Rudolf Steiner, *Vorträge und Kurse über christlich-religiöses Wirken* Band 1, GA 342 (12.6.1921), S. 40

[33] Rudolf Steiner, *Vorträge und Kurse über christlich-religiöses Wirken* Band 4, GA 345, Dornach 1994, S. 85 (Weihnachtsgebet)

[34] Gebet aus der Sonntagshandlung für die Kinder von R. Steiner, siehe Kapitel 18 dieses Buches

[35] Offenbarung des Johannes 1,6 (Einheitsübersetzung)

[36] Offenbarung des Johannes 3,11 (Lutherbibel 2017)

[37] Rudolf Steiner, *Vorträge und Kurse über christlich-religiöses Wirken* Band 4, GA 345, Dornach 1994, S. 122 (Michaeli-Epistel)

[38] Rudolf Steiner, *Das Prinzip der spirituellen Ökonomie in Zusammenhang mit Wiederverkörperungsfragen - Aspekte der geistigen Führung der Menschheit,* GA 109, Dornach 2000, S. 154

[39] Rudolf Steiner, *Die Krisis der Gegenwart und der Weg zu gesundem Denken,* GA 335, Dornach 2005, S. 76 f.

[40] Rudolf Steiner, *Christus und die menschliche Seele,* GA 155, Dornach 1994, S. 174 f.

[41] Rudolf Steiner, *Das Sonnenmysterium und das Mysterium von Tod und Auferstehung - Exoterisches und esoterisches Christentum,* (25.3.1922), GA XXX, Dornach 1986, S 57 ff.

[42] Rudolf Steiner, *Anthroposophie und Kosmosophie - Der Mensch in seinem Zusammenhang mit dem Kosmos,* GA 207, Dornach 1990, S. 180

[43] Rudolf Steiner, *Die Welt des Geistes und ihr Hereinragen in das physische Dasein,* GA 150 (10.6.1913), Dornach 1980, S. 99

[44] Rudolf Steiner, *Anthroposophische Gemeinschaftsbildung,* GA 257 (30.1.1923), Dornach 1989, S. 45

[45] Vgl. Markusevangelium 8,34: *Wenn jemand hinter mich will, zur Nachfolge, der muss sich lossagen von sich selber und sein Kreuz aufnehmen - so folge er mir.* (Übersetzung Eugen Drewermann, Olten 1989)

[46] Vgl. Offenbarung des Johannes 3,12 sowie Kapitel 21 und 22

[47] Vgl. Rudolf Steiner, *Bausteine zu einer Erkenntnis des Mysteriums von Golgatha - Kosmische und menschliche Metamorphose,* GA 175 (6.2.1917), Dornach 1996

[48] Rudolf Steiner, *Vorträge und Kurse über christlich-religiöses Wirken* Band 3, GA 344, Dornach 1994, S. 101 (Priesterweihe)

[49] Rudolf Steiner, *Bausteine zu einer Erkenntnis des Mysteriums von Golgatha - Kosmische und menschliche Metamorphose,* GA 175 (6.2.1917), Dornach 1996, S.32 ff.

[50] Die Stasi-Wirksamkeit ab 1972, Internetrecherche am 13.3.2022: https://de.wikipedia.org/wiki/Zersetzung_(Ministerium_f %C3%BCr_Staatssicherheit)

[51] Vgl. Matthäusevangelium, Kapitel 5-7

[52] Rudolf Steiner, *Vorträge und Kurse über christlich-religiöses Wirken* Band 3, GA 344 (20. 9. 1922), Dornach 1994, S.182 ff.

[53] Rudolf Steiner, *Theosophie. Einführung in übersinnliche Welterkenntnis und Menschenbestimmung,* GA 9, Dornach 2013

[54] Rudolf Steiner, *Vorträge und Kurse über christlich-religiöses Wirken* Band 5, GA 346 (14.9.1924), Dornach 2001

[55] Rudolf Steiner, *Das Zusammenwirken von Ärzten und Seelsorgern. Pastoral-Medizinischer Kurs,* GA 318, Dornach 1994

[56] Rudolf Steiner, *Die Philosophie, Kosmologie und Religion in der Anthroposophie,* GA 215, Dornach 1980

[57] Vgl. Rudolf Steiner, *Die Offenbarungen des Karma,* GA 120, Dornach 1992; Judith von Halle, *Reinkarnation und Karma. Eine Einführung: Der Sinn des Daseins. Vom vorgeburtlichen Lebensplan zur individuellen Lebensaufgabe,* Basel 2021

[58] Vgl. Rudolf Steiner, *Die Philosophie der Freiheit. Grundzüge einer modernen Weltanschauung,* GA 4, Dornach 1995

[59] Vgl. Rudolf Steiner, *Das Christentum als mystische Tatsache und die Mysterien des Altertums,* GA 8, Dornach 1989

[60] Vgl. Rudolf Steiner, *Metamorphosen des Seelenlebens. Pfade der Seelenerlebnisse* Erster Teil, GA 58 (5.12.1909), Dornach 2017

[61] Rudolf Steiner, *Vorträge und Kurse über christlich-religiöses Wirken* Band 3, GA 344 (20. 9. 1922), Dornach 1994, S.182 ff. (Aus dem Beichtsakrament)

[62] Vgl. Ernesto Cardenal, *Das Evangelium der Bauern von Solentiname, Gespräche über das Leben Jesu in Lateinamerika,* Gütersloh 1980

[63] Vgl. Anselm Grün, *Demut und Gotteserfahrung,* Münsterschwarzach 1979; ders., *Gebet und Selbsterkenntnis,* Münsterschwarzach 1978

[64] Vgl. Arno Gruen, *Wider den Gehorsam,* Stuttgart 2014; ders., *Falsche Götter,* Stuttgart 2003; ders., *Der Verrat am Selbst,* München 2013

[65] Erich Fromm, *Die Furcht vor der Freiheit,* München 2012; ders., *Wege aus einer kranken Gesellschaft: Eine sozialpsychologische Untersuchung,* München 2009

[66] Hildegard Schaeder, *Ostern im KZ,* Berlin 1947

[67] Internetrecherche am 10.2.2022: www.evangelischer-widerstand.de/#/menschen/niemöller

[68] Eric Till, *Dietrich Bonhoeffer – die letzte Stufe* (Film), Deutschland, Tschechische Republik, Kanada, Koproduktion NFP Teleart, Norflicks Productions Ltd., Ostdeutscher Rundfunk Brandenburg, 2000 (In der bewegenden Szene aus seiner Haftzeit sieht man Bonhoeffer allein, im Dunkel seiner Zelle, im Zwiegespräch mit Gott.)

[69] Vgl. Glaubensbekenntnisse in *Evangelisches Gottesdienstbuch*, Berlin 2003, S.104 ff. sowie neue Glaubenszeugnisse S.539 ff.

[70] Rudolf Steiner, *Vorträge und Kurse über christlich-religiöses Wirken* Band 1, GA 342 (14.6.1921), Dornach 1993, S. 141

[71] Johannesevangelium 14,19 (Lutherbibel 2017)

[72] Nondirektive Seelsorge: Carl Rogers, *Die nicht-direktive Beratung - Counseling and Psychotherapy,* Frankfurt/Main 1992; Internetrecherche am 18.3.2022: https://seelsorgeausbildung.de/kursangebote und https://www.pastoralpsychologie.de/ksa und https://www.weisen.de/pdf/non-direktiv_fuehren_Handout.pdf

[73] Persönliches Gespräch des Autors mit Dr. Hans-Dieter Reimer in Stuttgart 1989

[74] Matthäusevangelium 23,8 (Einheitsübersetzung)

[75] vgl. Markusevangelium 6,7 und 16,15

[76] Vgl. Dietrich Koller, *Heilige Anarchie - eine Streitschrift gegen die Ämterherrschaft in den Kirchen für das Charisma der Leitung und die Chance der Laien,* München 1999

[77] Rudolf Steiner, *Vorträge und Kurse über christlich-religiöses Wirken* Band 1, GA 342 (14.6.1921), Dornach 1993, S. 31

[78] Die Gemeinschaftsbewegung, Internetrecherche am 13.3.2022: https://de.wikipedia.org/wiki/Gemeinschaftsbewegung

[79] Rudolf Steiner, *Vorträge und Kurse über christlich-religiöses Wirken* Band 1, GA 342 (14.6.1921), Dornach 1993, S. 31

[80] Vgl. Arno Gruen, *Wider den Gehorsam,* Stuttgart 2014; ders., *Falsche Götter,* Stuttgart 2003

[81] Vgl. Lubos Jurik, *Der kurze Frühling des Alexander Dubček,* Berlin 2019

[82] Größte DDR-Demo am 4.11.1989, Alexanderplatz Berlin, DDR Aufzeichnungen, Internetrecherche am 16.3.2022: https://www.youtube.com/watch?v=M3EO_8st0tM

[83] Diese Hoffnung für die Chance der Kirchen im Sinne der Ur-Gemeinde hegten die Mitglieder des „Kreisauer Kreises" in ihrem Manifest 'für ein neues Deutschland nach Hitler' ebenfalls. Vgl. Internetrecherche https://de.wikipedia.org/wiki/Kreisauer_Kreis am 15.3.2022:

[84] Internetrecherche am 13.3.2022: www.stasi-unterlagen-archiv.de/asseets/bstu/content_migration/DE/Wissen/MfS-Dokumente/Downloads/Grundsatzdokumente/richtlinie-1-76_ov.pdf sowie www.wikipedia.org/wiki/Zersetzung_(Ministerium_für_Staatssicherheit Die Methoden werden im MfS-Lexikon detailliert dargestellt. Anhand ähnlicher Methoden wurde auch in anderen Ländern und Kirchen der dringend nötige Aufbruch in eine neue Kultur verhindert.

[85] Vgl. Dietrich Koch, *KRITIK an Stefan Welzk: Leipzig 1968 aus der Erfahrung eines Stasihäftlings,* Dresden 2013: *„Als ich Ende 1972/Anfang 1973 erfuhr, dass Lothar Hill sich der Stasi verpflichtet hatte, C. F. von Weizsäcker zu bespitzeln, und ich darauf bestand, dass er sich vor Weizsäcker offenbare, war er bei diesem und verließ am nächsten Tag das Institut... und ging ans Priesterseminar der Christengemeinschaft."* (In der Christengemeinschaft arbeitete er von 1976 - 2009 als Pfarrer); Dietrich Koch: *Das Verhör – Zerstörung und Widerstand Band 1,* Dresden 2000, S. 185 ff., Auf Seite S. 311 erläutert der Verfasser, dass der IM „Thomas Rust" ist der spätere Pfarrer der Christengemeinschaft, Lothar Hill ist. - Siehe auch ietrich Koch , *Das Verhör – Zerstörung und Widerstand Band 2,* Dresden 2000, *S.349*

[86] Der Radikalen-Erlass, Internetrecherche am 16.3.2022: http://www.berufsverbote.de/index.php/Radikalenerlass.html

[87] Schwerter zu Pflugscharen, Internetrecherche am 16.3.2022: http://alt.gesellschaft-zeitgeschichte.de/geschichte/schwerter-zu-pflugscharen/index.html

[88] Petra Kelly, *Mit dem Herzen denken. Texte für eine glaubwürdige Politik*, München 1990

[89] Maren Gottschalk, *Die Morgenröte unserer Freiheit - Die Lebensgeschichte des Nelson Mandela*, Weinheim 2002

[90] Vgl. Hans-Joachim Maaz, *Der Gefühlsstau - Psychogramm einer Gesellschaft*, München 2010

[91] Vgl. Peter Schellenbaum, *Die Wunde der Ungeliebten*, München 1988

[92] Vgl. Karen Horney, *Neurose und menschliches Wachstum: Das Ringen um Selbstverwirklichung*, Schloss Bauschlott 2017

[93] Rudolf Steiner, *Vorträge und Kurse über christlich-religiöses Wirken* Band 5, GA 346 (14.9.1924), Dornach 2001, S. 146

[94] Vgl. Offenbarung des Johannes 17,14 und 19,16; sowie Erster Brief des Paulus an Timotheus 6,15 (Einheitsübersetzung)

[95] Rudolf Steiner, *Vorträge und Kurse über christlich-religiöses Wirken* Band 5, GA 346 (14.9.1924), Dornach 2001, S. 146

[96] Rudolf Steiner, *Vorträge und Kurse über christlich-religiöses Wirken* Band 2, GA 343 (6.10.1921), Dornach 1993, S. 415

[97] Rudolf Steiner, *Idee und Praxis der Waldorfschule*, GA 297 (24.9. 1919), Dornach 1998, S. 116

[98] Rudolf Steiner, *Vorträge und Kurse über christlich-religiöses Wirken* Band 1, GA 342 (16.6.1921), Dornach 1993, S. 200

[99] Ders., a.a.O., S. 201

[100] Beispielhaft seien genannt: Forschungen zu den Arznei-Wirkungen der Wala (www.wala.de) , Forschungen zum Biologisch-dynamischen Landbau (www.forschungsring.de) Forschungen zu der Wirksamkeit der Bildekräfte (https://www.bildekraefte.de)

[101] Vgl. Fritjof Capra, *Wendezeit - Bausteine für ein neues Weltbild,* München 1999; ders., *Das Tao der Physik - Die Konvergenz von westlicher Wissenschaft und östlicher* Philosophie, München 2012; ders., *Das neue Denken,* München 1998

[102] Bemühungen für das neue Zeitalter, von manchen auch „New Age" genannt finden wir zahlreich. Z.B.:

<u>Fritjof Capra</u>: *The Turning Point: Science, Society, and the Rising Culture,* 1982; deutsch: *Wendezeit,* 1983, zahlreiche Neuauflagen, aktuelle Taschenbuch-Ausgabe 2004

Marilyn Ferguson: *The Aquarian Conspiracy,* 1980; deutsch: *Die sanfte Verschwörung,* Basel 1982

Willis Harman: *Global Mind Change – The Promise of the Last Years of the Twentieth Century,* Indianapolis 1988

Peter Russell: *The Awakening Earth – The Global Brain,* 1982; deutsch: *Die erwachende Erde – Unser nächster Evolutionssprung,* 1984

David Spangler: *Revelation – The Birth of a New Age,* 1971; deutsch: *New Age – die Geburt eines neuen Zeitalters,* Frankfurt 1978

David Spangler: *The Rebirth of the Sacred,* London 1984

George Trevelyan: *A Vision of the Aquarian Age,* 1977; deutsch: *Eine Vision des Wassermann-Zeitalters,* Freiburg 1980

[103] Vgl. z.B. Jacques Martel, *Mein Körper - Barometer de Seele: Das psychosomatische Lexikon,* Kirchzarten 2016; Thorwald Dethlefsen und Rüdiger Dahlke, *Krankheit als Weg: Deutung und Bedeutung der Krankheitsbilder,* München 1990

[104] Vgl. z.B. Dorian Schmidt, *Lebenskräfte - Bildekräfte, Methodische Grundlagen zur Erforschung des Lebendigen,* Stuttgart 2021; Markus Buchmann, *Wahrnehmen und Erkennen im Ätherischen: Methodische*

Grundlagen der Bildekräfteforschung, Dornach 2014

[105] Rudolf Steiner, *Vorträge und Kurse über christlich-religiöses Wirken* Band 1, GA 342 (16.6.1921), Dornach 1993, S. 200

[106] Z.B. im Panel 6 von Jay Garfield, aufgezeichnet von www.auditorium-netzwerk.de, Müllheim 2012

[107] Rudolf Steiner, *Vorträge und Kurse über christlich-religiöses Wirken* Band 1, GA 342 (12. 6. 1921), Dornach 1993, S. 46

[108] Rudolf Steiner, *Vorträge und Kurse über christlich-religiöses Wirken* Band 3, GA 344 (20. 9. 1922), Dornach 1994, S. 182 ff.

[109] Rudolf Steiner, *Vorträge und Kurse über christlich-religiöses Wirken* Band 3 (9. 9.1922), GA 344, Dornach 1994, S. 62.

[110] Apostolisches Glaubensbekenntnis, *Evangelisches Gottesdienstbuch,* Berlin 2003, S. 104.

[111] Adolf Müller/Arnold Suckau, *Werdestufen des christlichen Bekenntnisses - eine geistesgeschichtliche Untersuchung,* Stuttgart 1974, Anhang: Glaubensbekenntnis, wie Rudolf Steiner es vermittelte.

[112] Rudolf Steiner, *Vorträge und Kurse über christlich-religiöses Wirken* Band 3 (8. 9.1922), GA 344, Dornach 1994, S. 53.

[113] Aussendungsreden Jesu, z.B. im Matthäusevangelium das Kap. 10

[114] Orthodoxe Liturgie zur Osterzeit.

[115] Der reich gewordene Lübecker Kaufmann Prokop (* 8.7.1303) wurde so ein Mensch in Russland; Internetrecherche www.prokopij.de/Heilige am 1.7.2022:

[116] Wilhelm Reich, *Christusmord,* Olten/Freiburg 1978

[117] Vgl. Offenbarung des Johannes, Kap. 13 und 14

[118] Rudolf Steiner, *Vorträge und Kurse über christlich-religiöses Wirken* Band 3 (9. 9.1922), GA 344, Dornach 1994, S.62

[119] Rudolf Steiner, *Vorträge und Kurse über christlich-religiöses Wirken* Band 2, GA 343, Dornach 1993, S. 464: *„So schenke Er Einigkeit Seinen Bekennern. Er schenke sie allen, die nach Ihm blicken und Ihm folgen wollen."*

[120] Rudolf Steiner, *Vorträge und Kurse über christlich-religiöses Wirken* Band 3, GA 344, Dornach 1994, S. 100

[121] Vgl. die folgenden Bücher: Helmut Gollwitzer, *Du hast mich heimgesucht bei Nacht - Abschiedsbriefe und Aufzeichnungen des Widerstandes 1933-1944*, Hamburg, 1954; Christian Feldmann, *Wir hätten schreien müssen - Das Leben des Dietrich Bonhoefer*, Freiburg 1998; Alexander Groß, *Gehorsame Kirche, Ungehorsame Christen im Nationalsozialismus*, Mainz 2000

[122] Siehe G. Hillerdal, B. Gustafsson, *Sie erlebten Christus*, Basel 1979; Adam Bittleston, *Our spiritual Companions - From Angels and Archangels to Chrerubim und Seraphim*, Edingburgh 2004

[123] Vgl z.B. Anthony de Mello, *Gott suchen in allen Dingen*, Freiburg 2013; ders., *Sadhana – A Way to God*, Übersetzung: *Meditieren mit Leib und Seele - Neue Wege der Gotteserfahrung*, Klevelaer 2008

[124] Rudolf Steiner, *Esoterische Hochschule*, GA 270, Dornach 2020, S. 41 ff.

[125] Rudolf Steiner, *Vorträge und Kurse über christlich-religiöses Wirken* Band 1, GA 342 (12.6.1921), Dornach 1993, S. 43

[126] Ders., a.a.O (12.6.1921) S. 44

[127] Ders., a.a.O., (13.61921) S. 57

[128] Vgl. Arno Gruen, *Wider den Gehorsam*, Stuttgart 2003

[129] Vgl. Erich Fromm, *Die Furcht vor der Freiheit*, München 1992; ders., *Die Kunst des Liebens*, München 1998; ders., *Wege aus einer kranken Gesellschaft: Eine sozialpsychologische Untersuchung*, München 2003

[130] Rudolf Steiner, *Philosophie der Freiheit,* GA 4, Dornach 1994, S. 166 – Die Grundmaxime des freien Menschen, im Kontext des Satzes durch

den Autor leicht umformuliert

[131] Rudolf Steiner, *Wahrspruchworte*, GA 40, Dornach 1998, S. 298

[132] Rudolf Steiner, *Vorträge und Kurse über christlich-religiöses Wirken* Band 1, GA 342 (12.6.1921), Dornach 1993, S. 44

[133] Dieter Duhm, *Aufbruch zur neuen Kultur*, Wiesenburg 2011

[134] Rudolf Steiner, *Vorträge und Kurse über christlich-religiöses Wirken* Band 1, GA 342 (16.6.1921), Dornach 1993, S. 203

[135] Ders., a.a.O., S. 203

[136] Ders., a.a.O., S. 204

[137] Ders., a.a.O., S. 203

[138] Vgl. Lubos Jurik, *Der kurzer Frühling des Alexander Dubček*, Berlin 2019

[139] Rudolf Steiner, *Vorträge und Kurse über christlich-religiöses Wirken* Band 1, GA 342 (16.6.1921), Dornach 1993, S. 204

[140] Rudolf Steiner, *Vorträge und Kurse über christlich-religiöses Wirken* Band 2, GA 343, Dornach 1993, S. 465

[141] Hebräerbrief 12,1 (Übersetzung Emil Bock, Stuttgart 1983)

[142] Das Kapitel hält sich an: Rudolf Steiner, *Vorträge und Kurse über christlich-religiöses Wirken* Band 1, GA 342 (13.6.1921), Dornach 1993, S. 40 ff.

[143] Ders., a.a.O. (13.6.1921), S. 41

[144] Rudolf Steiner, *Vorträge und Kurse über christlich-religiöses Wirken* Band 5, GA 346 (14.9.1924), Dornach 2001, S. 146

[145] Ders., a.a.O. (14.9.1924), S. 147

[146] Vgl. Karlfried Graf Dürckheim, *Alltag als Übung*, Göttingen 2018; ders., *Durchbruch zum Wesen*, Bern 1984; Johannes Werner Klein, *Ihr*

seid Götter! - Die Philosophie des Johannes-Evangeliums, Pfullingen 1967; ders., *Leben wofür? Ein Schicksal gibt Antwort,* Hamburg 1979

[147] Friedrich Hölderlin, *Hyperion*, Zweites Buch, Köln 2005

[148] Rudolf Steiner, *Vorträge und Kurse über christlich-religiöses Wirken* Band 5, GA 346 (14.9.1924), Dornach 2001, S. 148

[149] Ders., a.a.O., S. 146

[150] Ausspruch des SPD-Vorsitzenden Franz Müntefering in seiner Kapitalismus-Kritik, *Reden im Deutschen Bundestag 2005;* Der Spiegel 4.11.2006 *<Münteferings Generalanklage - Geld darf nicht die Welt bestimmen>*, Hamburg 2006

[151] Vgl. Martin Buber, *Ich und Du,* Stuttgart 2008

[152] So sprach z.B. Hans-Werner Schroeder für die Kirchenleitung der Christengemeinschaft 1988 zu Werner Wecker. Ähnliches haben viele Priester erlebt, die diese Kirche verlassen mussten. Das Leitungsgremium verweigert den meisten Priestern ein Protokoll über solche Worte. Das Archiv der Christengemeinschaft enthält vielleicht diese Worte, die eines Tages den Forschenden zugänglich werden könnten. Die Bitte um ein gemeinsam unterzeichnetes Protokoll der Sitzung wurde von Dr. Kröner und Andreas Weymann im Namen des Siebenerkreises der Kirchenleitung abgelehnt.

[153] Verordnungs- und Nachrichtenblatt der EKD, *Die Stuttgarter Erklärung*, Nr. 1, Januar 1946; Internetrecherche am 12.3.2022: http://de.wikipedia.org/wiki/stuttgarter_Schuldbekenntnis

[154] Evangelisches Gesangbuch, Ausgabe für die Evangelisch-Lutherischen Kirchen in Niedersachsen und für die Bremische Evangelische Kirche, Hannover 1994, Nr. 810

[155] a.a. O., Nr. 179

[156] Matthäusevangelium 4,9 (Übersetzung Emil Bock, Stuttgart 1983)

[157] Matthäusevangelium 4,10 (Lutherbibel 2017)

[158] Matthäusevangelium 4,10 (Übersetzung Emil Bock, Stuttgart 1983)

[159] Vgl. Richard Friedenthal, *Luther - sein Leben und seine Zeit*, München 1982; M.J.Krück von Poturzyn, *Hier stehe ich - Die Reformation als europäisches Schicksal*, Stuttgart 1980

[160] Martin Luther King jr., *The Autobiography*, London 2010

[161] Jean Bernd, *Pfarrerblock 25487 - Dachau 1941-42*, Luxemburg 2004; Johannes M. Lenz, *Christus in Dachau*, Wien 1961

[162] Hubertus Knabe (Hg), *Gefangen in Hohenschönhausen - Stasi-Häftlinge berichten*, Berlin 2008

[163] Vgl. Alexander Solschenizyn, *Der Archipel Gulag*, Bern 1974

[164] Christiane Meres OCD, *Ich will Gott ausstrahlen - Das Leben des Pater Jacques. Ein Karmelit in Mauthausen-Gusen*, Wien 2014

[165] Josef Schäfer, *Wo seine Zeugen sterben für sein Reich*, Hamburg 1946

[166] Matthäusevangelium 28,18 (Einheitsübersetzung, Freiburg 1965)

[167] Evangelisches Gottesdienstbuch, Berlin 2003, S. 139

[168] Martin Luther auf dem Reichstag zu Worms 1521. Er soll seine Werke vor dem päpstlichen Legaten Alexander widerrufen. Seine Rede beendet er: <Da mein Gewissen in den Worten Gottes gefangen ist, kann ich und will nichts widerrufen, weil es gefährlich und unmöglich ist, etwas gegen das Gewissen zu tun. Gott helfe mir. AMEN.>

[169] Vgl. Christian Feldmann, *Wir hätten schreien müssen - Das Leben des Dietrich Bonhoefer*, Freiburg 1998

[170] Vgl. z.B. Rainer Eppelmann, *Fremd im eigenen Haus - Mein Leben im anderen Deutschland*, Verlag Kiepenheuer & Witsch, Köln 2017

[171] Der Spiegel, *CIA-Folterbericht: Unschuldige wurden inhaftiert und misshandelt - Bericht des US-Senats: George W. Bushs Folterknechte*, Hamburg 2014

[172] Vgl. Christoph Links, Sybille Nitsche, Antje Taffelt, *Das wunderbare Jahr der Anarchie - von der Kraft des zivilen Ungehorsams 1989/90*, Berlin 2004

[173] Vgl. GEO Epoche Nr. 88, Magazin für Geschichte, *1968 – Studentenrevolte, Hippies, Vietnam: Die Chronik eines dramatischen Jahres,* Hamburg 2017

[174] Johannesevangelium 14,23 (Übersetzung Rudolf Steiner) in Rudolf Steiner, *Vorträge und Kurse über christlich-religiöses Wirken* Band 4, GA 345, Dornach 1994, S. 114

[175] Johannesevangelium 14,6 (Übersetzung Friedrich Rittelmeyer in seinem Buch *Briefe über das Johannesevangelium*, Stuttgart 1938, S. 357)

[176] Zweites Buch Mose, Exodus 3,14 (Einheitsübersetzung Freiburg 1965)

[177] Dietrich Koller, *Heilige Anarchie - eine Streitschrift gegen die Ämterherrschaft in der Kirche,* München 1999

[178] Johannesevangelium 3,8 (Lutherbibel 2017)

[179] Vgl. Karlheinz Deschner, *Kriminalgeschichte des Christentums,* Reinbek 2006; Gehrhard Wehr, *Jan Hus – Ketzer und Reformator,* Gütersloh 1979

[180] Der Ausspruch wurde 1936 im Spanischen Bürgerkrieg geprägt. Seitdem wurden der Subversion verdächtige Gruppen damit bezeichnet, die insgeheim mit den Interessen einer äußeren feindlichen Macht sympathisieren und tatsächlich oder vermeintlich mit dieser kollaborieren. https://de.wikipedia.org/wiki/Fünfte_Kolonne 13.3.2022 Abruf Internetrecherche

[181] Ausspruch von Franz Müntefering, damals Vorsitzender der SPD-Fraktion im Deutschen Bundestag, in seiner Kapitalismus-Kritik, *Reden im Deutschen Bundestag 2005*; Der Spiegel 4.11.2006 <*Münteferings Generalanklage - Geld darf nicht die Welt bestimmen*>, Hamburg 2006

[182] Vgl. Mahatma Gandhi, *Handeln aus dem Geist*, Freiburg 1977

[183] Vgl. Dalai-Lama, Desmond Tutu, Douglas Abrams, *Das Buch der Freude*, München 2016

[184] Vgl. Nelson Mandela, *Long wolk to freedom*, London 2002

[185] Johannesevangelium 19, 5 (Übersetzung Friedrich Rittelmeyer in seinem Buch *Briefe über das Johannesevangelium)*, Stuttgart 1938, S. 357

[186] Johannesevangelium 13,35 (Übersetzung Emil Bock, Stuttgart 1983)

[187] Evangelisches Gottesdienstbuch, *Kanzelsegen,* Berlin 2003, S. 141

[188] Rudolf Steiner, *Vorträge und Kurse über christlich-religiöses Wirken* Band 1, GA 342 (15.6.1921), Dornach 1993, S.147 ff.

[189] Rudolf Steiner, *Vorträge und Kurse über christlich-religiöses Wirken* Band 4, GA 345, Dornach 1994, S. 84, Gebet zur Weihnachtszeit

[190] Vgl. Wilhelm Reich, *Charakteranalyse*, Köln 1070

[191] Rudolf Steiner, *Vorträge und Kurse über christlich-religiöses Wirken* Band 1, GA 342 (15.6.1921), Dornach 199 S.159 ff.

[192] Vgl. Nicolaus Remer, *Rudolf Steiners Landwirtschaftlicher Impuls Band 4 - Tierhaltung und Bodenfruchtbarkeit*, Amelinghausen 1996

[193] Vgl. Fritjof Capra, *Wendezeit,* Bern 1985; ders., *Das Tao der Physik*, München 1977; ders., *Das neue Denken,* Bern 1987

[194] Vgl. Gerald Hüter, *Bedienungsanleitung für ein menschliches Gehirn,* Göttingen 2010

[195] Rudolf Steiner, *Sämtliche Briefe* Band 1 (GA 38), Dornach 1985, Seite 143

[196] Rudolf Steiner, *Philosophie der Freiheit – Grundzüge einer modernen Weltanschauung, Seelische Beobachtungsresultate nach naturwissenschaftlicher Methode,* GA 4 (9.Kapitel), Dornach 1978, S. 164 f.

[197] Rudolf Steiner, *Vorträge und Kurse über christlich-religiöses Wirken* Band 2, GA 343 (6.10.1921), Dornach 1993, S. 415

[198] Ders., a.a.O. (7.10.1921), S. 465

[199] Rudolf Steiner, *Vorträge und Kurse über christlich-religiöses Wirken* Band 1, GA 342 (15. 6. 1921), Dornach 1993, S. 150 ff.

[200] Rudolf Steiner, *Vorträge und Kurse über christlich-religiöses Wirken* Band 1, GA 342 (16.6.1921), S. 205

[201] Rudolf Steiner, *Vorträge und Kurse über christlich-religiöses Wirken* Band 3, GA 344 (29.9.1922), Dornach 1994, S. 256

[202] Vgl. Johannes Werner Klein, *Ihr seid Götter! - Die Philosphie des Johannes-Evangeliums"*, Pfullingen 1967

[203] Johannesevangelium 14,6 (Übersetzung Heinrich Ogilvie, Stuttgart 1981)

[204] Johannesevangelium 8,32 (Übersetzung Friedrich Rittelmeyer, Stuttgart 1938: *„Das sprach Jesus... Wenn ihr nun euer Bleiben habt in dem Wort, das ich zu euch gesprochen habe, dann erst seid ihr in Wahrheit Jünger von mir, und aufgehen wird euch die Wahrheit und die Wahrheit wird euch zu freien Menschen machen."*)

[205] Johannesevangelium 18,37 (Übersetzung Friedrich Rittelmeyer, Stuttgart 1938)

[206] Johannesevangelium 18,38 (Übersetzung Friedrich Rittelmeyer, Stuttgart 1938)

[207] Johannesevangelium 3,8 (Übersetzung Heinrich Ogilvie, Stuttgart 1981)

[208] Johannes 14, 26 (Übersetzung Friedrich Rittelmeyer)

[209] Rudolf Steiner, *Vorträge und Kurse über christlich-religiöses Wirken* Band 3, *Vorträge bei der Begründung der Christengemeinschaft*, GA 344, (29.9.1922), Dornach 1994, S. 256

[210] Dieses Kapitel folgt dem Grundgedanken aus Rudolf Steiner, *Vorträge und Kurse über christlich-religiöses Wirken* Band 1, GA 342 (15. 6. 1921), Dornach 1993, S. 144 ff.

[211] z.B. Martin Luther: „Als ich noch im Kloster ein Mönch war, hatte ich so viel zu schaffen mit Lesen, Schreiben, Predigen und Singen in der Kirche, dass ich dafür meine horas canonicas nicht beten konnte. Darum wenn ich sie die sechs Tage über in der Woche nicht beten konnte, so nahm ich den Sonnabend für mich und blieb ungessen den Mittag und auf den Abend und betete den ganzen Tag über. Also waren wir arme geplagte Leute mit den Decretis und Satzungen des Papsts. Davon wissen jtzt die jungen Leute nichts!" (Tischreden N° 5094, Juni 1540).

Leider muss man auch im Internet lesen: Abruf am 30.8.2022 https://www.jewiki.net/wiki/Brevier_(Liturgie) „Geschichtliche Entwicklung des Breviarium Romanum - Seit dem 9. Jahrhundert ist zu beobachten, dass die monastische Lebensweise in den Klöstern auch auf den Klerus außerhalb der Klöster übertragen wurde... Für sie bestand die Verpflichtung, die Tagzeiten zu beten. Diese Verpflichtung wurde im 11. Jahrhundert auf alle Kleriker, auch die allein lebenden Priester, übertragen. Das öffentliche Stundengebet der Kirche in den Klöstern wurde zum privaten Lesegebet der Amtsträger mit verpflichtendem Charakter, die Struktur des gemeinschaftlichen Chorgebets mit Gruß- und Segensformeln und Wechselgebet blieb auch beim Gebet des einzelnen Klerikers erhalten. Ausgehend von Rom, verbreiteten sich handliche Kleinausgaben des Stundengebets – *breviarium* –, die mit auf Reisen genommen werden konnten. Die „Brevierpflicht" brachte es mit sich, dass das zu betende Pensum sich von der ursprünglichen Nähe zum Tageslauf ablöste und in einem einzigen „Durchlauf" vorweggenommen oder nachgeholt wurde; zeitweise konnten Priester sogar ihre Brevierpflicht gegen Bezahlung von anderen Klerikern absolvieren lassen. Später sah sich die Moralatheologie sogar mit der Frage konfrontiert, „ob es sündhaft sei, das Brevier nur mit den Augen zu überfliegen oder ob man beim Lesen zumindest die Lippen bewegen müsse".

[212] Rudolf Steiner, *Vorträge und Kurse über christlich-religiöses Wirken* Band 1, GA 342 (15. 6. 1921), Dornach 1993, S. 145

[213] Ders., a.a.O. (15.6.1921), S. 192

[214] Rudolf Steiner, *Mantrische Sprüche, Seelenübungen* Band 2, GA 268 (20.9.1913), Dornach 1999, S. 341; Peter Selg, *Paris und das fünfte Evangelium*, in „Das Goetheanum", Dornach 21.6.2019

[215] Vgl. Rudolf Steiner, *Metamorphosen des Seelenlebens. Pfade der Seelenerlebnisse* Zweiter Teil, GA 59 (17. 2. 1919), Dornach 2017

[216] Rudolf Steiner, *Sprüche, Dichtungen, Mantren, Ergänzungsband: Nachträge, Handschriften, Gesamtregister,* GA 40a, Dornach 2002

[217] Vgl. Rudolf Steiner, *Ursprungsimpulse der Geisteswissenschaft,* GA 96 (18.2.1907), nach 1997

[218] Vgl. Rudolf Steiner, *Mantrische Sprüche – Seelenübungen* Band 2, GA 268, Dornach 1999, S. 341

[219] Vgl. Rudolf Steiner, *Das Wesen des Gebetes,* GA 59 (17. Febr. 1910), Basel 2003

[220] Dieses Kapitel folgt in den Zitaten und Grundgedanken: Rudolf Steiner, *Vorträge und Kurse über christlich-religiöses Wirken* Band 1, GA 342 (14. 6. 1921) , Dornach 1993, S. 94 ff.

[221] Rudolf Steiner, *Vorträge und Kurse über christlich-religiöses Wirken* Band 2, GA 343 (4.10.1921), Dornach 1993, S. 313

[222] Ders., a.a.O. (4.10.1921), S. 314

[223] Rudolf Steiner, *Vorträge und Kurse über christlich-religiöses Wirken* Band 3, GA 344 (20. 9. 1922), Dornach 1994, S. 182 ff.

[224] Vgl. Johannesevangelium 13,35

[225] Rudolf Steiner, *Vorträge und Kurse über christlich-religiöses Wirken* Band 1, GA 342 (14. 6. 1921), Dornach 1993, S. 95

[226] Vgl. Anselm Grün, *Die Weisheit der Wüstenväter*, Gütersloh 2008; ders., *Wege zur Freiheit*, Münsterschwarzacher Kleinschriften Nr. 102, Münsterschwarzach 1996; ders., *Exerzitien für den Alltag*, Münsterschwarzacher Kleinschriften Nr. 106, Münsterschwarzach 1997

[227] Rudolf Steiner, *Vorträge und Kurse über christlich-religiöses Wirken* Band 1, GA 342 (14. 6. 1921), Dornach 1993, S. 92 f.

[228] Rudolf Steiner, *Vorträge und Kurse über christlich-religiöses Wirken* Band 2, GA 343 (4.10.1921), Dornach 1993, S. 311.

[229] Ders., a.a.O. (4.10.1921), S. 315

[230] Vgl. Eugen Drewermann, *Kleriker - Psychogramm eines Ideals*, Olten 1990, S. 655 ff.

[231] Rudolf Steiner, *Wahrspruchworte*, GA 40, Dornach 1998, S. 291; *Für Hans Kühn*, als Widmung in sein Buch *Die Kernpunkte der sozialen Frage*,

[232] Rudolf Steiner, *Wahrspruchworte*, GA 40, S. 297

[233] Dieses Kapitel folgt Rudolf Steiner, *Vorträge und Kurse über christlich-religiöses Wirken* Band 1, GA 342 (14. 6. 1921), Dornach 1993, S. 98 ff.

[234] Rudolf Steiner, *Vorträge und Kurse über christlich-religiöses Wirken* Band 2, GA 343 (9.10.1921), Dornach 1993, S. 553 ff.

[235] Vgl. z.B. Rudolf Steiner, *Wie erlangt man Erkenntnisse der höheren Welten?*, GA 10, Dornach 1961; ders., *Theosophie*, GA 9, Stuttgart 1969

[236] Johannesevangelium 1,1; Rudolf Steiner versuchte diverse Übertragungen, veröffentlicht z.B. in *Wahrspruchworte*, GA 40, Dornach 1969, S. 94 ff.

[237] Als Hilfen können dienen: Rudolf Steiner, *Im Urbeginne war das Wort: Die Entwicklung des Menschen im Licht des Johannes-Evangeliums*, Dornach 2021; ders., *Die Evolution vom Gesichtspunkte des Wahrhaftigen*, GA 132, Dornach 1999; Gérard Klockenbring, *Genesis - Mysterienmotive im Alten Testament*, Stuttgart 2000

[238] Vgl. Anthony de Mello, *Die Fesseln lösen*, Freiburg 2004; ders., *Gott suchen in allen Dingen: Die Spiritualität des Ignatius von Loyola, Ein Schlüssel zu den Exerzitien*, Freiburg 2013; ders., *Sadhana: A Way to God*, Ahmedabad, Gujarat, Indien 1995 - Übersetzung: *Meditieren mit Leib und Seele. Neue Wege der Gotteserfahrung*, Kevelaer 2012

[239] Vgl. z.B. Internetrecherche am 3.2.2022: www.anthroposophische-meditation.org

[240] Vgl. Karlfried Graf Dürckheim, *Alltag als Übung*; ders., *Durchbruch zum Wesen*, Bern 1984

[241] Vgl. z.B. Internetrecherche am 1.3.2022: www.bildekraefte.de

[242] Vgl. z.B. Internetrecherche am 12.3.2022: www.anthrowiki.at/Karma

[243] Rudolf Steiner, *Vorträge und Kurse über christlich-religiöses Wirken* Band 2, GA 343 b, S. 11; a.a.O. Band 5, GA 346, Dornach 2001, S. 271

[244] Rudolf Steiner, *Seelenübungen Band I, Übungen mit Wort- und Sinnbild-Meditationen zur methodischen Entwicklung höherer Erkenntniskräfte 1904 – 1924*, GA 267, Dornach 2001, S. 266

[245] *Rudolf Steiner, Die Weihnachtstagung zur Begründung der Allgemeinen Anthroposophischen Gesellschaft*, GA 260 (25.12.1923), Dornach 1994, S. 65

[246] Dies Kapitel folgt Rudolf Steiner, *Vorträge und Kurse über christlich-religiöses Wirken* Band 1, GA 342 (14.6.1921), Dornach 1993, S.139

[247] Paracelsus, 1493 - 1541; www.gutezitate.com/zitat/222636 Internetrecherche am 3.8.2022

[248] Rudolf Steiner, *Vorträge und Kurse über christlich-religiöses Wirken* Band 1, GA 342 (14.6.1921), Dornach 1993, S.140

[249] Rudolf Steiner, *Ritualtexte für die Feiern des freien christlichen Religionsunterrichtes und das Spruchgut für Lehrer und Schüler der Waldorfschule*, GA 269, Dornach 1997, S. 180

[250] Rudolf Steiner, *Die pädagogische Praxis vom Gesichtspunkt geisteswissenschaftlicher Menschenerkenntnis*, GA 306, Dornach 1989, S. 131

[251] Rudolf Steiner, *Vorträge und Kurse über christlich-religiöses Wirken* Band 1, GA 342 (14.6.1921), Dornach 1993, S. 140

[252] Kurse wie z.b. bei der Schule des Handauflegens „Open Hands", www.anne-hoefler.de und im Benediktushof in Holzkirchen: www.benediktushof-holzkrichen.de ; vgl. Alice Bailey, *Esoterische Heilung*, Genf 1995

[253] Melchisedek, der <König der Gerechtigkeit> und <König von Salem>, trägt dem vom Sieg zurückkehrenden Abraham als Priester des Allerhöchsten Brot und Wein entgegen. (Erstes Buch Mose 14,18-24). Die Bibel sieht in ihm, der ohne nachweisbare Priesterabstammung auftritt (vgl. Esra 2,59 und 62) ein Vorbild Christi (Hebräerbrief 5,6 und 5,10, 6,20, und Kapitel 7). Das Priestertum des Melchisedek steht nach der Tradition über dem von Aaron. Rudolf Steiner knüpfte die Aussendung der neuen Priester an die Worte des Hebräerbriefs 5, Verse 9 und 10 an. *Vorträge und Kurse über christlich-religiöses Wirken* Band 3, GA 344, Dornach 1994, S. 143

[254] *Rudolf Steiner in der Waldorfschule*, GA 298, Dornach 1980, S.22 Eröffnungsansprache zur Gründung der Waldorfschule am 7.9.1919

[255] Rudolf Steiner, Vorträge und Kurse über christlich-religiöses Wirken Band 5, GA 346 (12.9.1924), Dornach 2001, S. 122

[256] Rudolf Steiner, *Aus den Inhalten der esoterischen Schule*, GA 266a, Dornach 1995, S. 102, Handschrift Archiv-Nr. 3052

[257] Dieses Kapitel folgt den Gedanken und Anregungen von Rudolf Steiner, *Vorträge und Kurse über christlich-religiöses Wirken* Band 1, GA 342 (13.6.1921), Dornach 1993, S. 51 ff.

[258] Z.B. die „Moderne Schule" von Francisco Ferrer in Spanien, die „Odenwaldschule" in Hessen vor dem zweiten Weltkrieg, die frühe „Camphill-Bewegung" in England.

[259] Erich Fromm, *Die Furcht vor der Freiheit*, München 1992; Arno Gruen, *Wider den Gehorsam*, München 2003; ders., *Falsche Götter*, Stuttgart 2003; ders., *Der Verrat am Selbst*, München 2013

[260] Vgl. die Schriften von Leo Tolstoi, Michail Bakunin, Emma Goldmann, Gustav Landauer und vielen anderen im Internet Abruf am 20.3.2022 unter: www.anarchismus.at/anarchistische-klassiker

[261] Wilhelm Reich, *Charakteranalyse*, Köln 1970

[262] Friedrich Rittelmeyer, *Jesus*, Nürnberg 1912; ders., *Christus*, Stuttgart 1950

[263] Rudolf Steiner, *Vorträge und Kurse über christlich-religiöses Wirken* Band 1, GA 342 (13.6.1921), Dornach 1993, S. 57

[264] Vgl. Friedrich Glasl, *Konflikmanagement. Ein Handbuch für Führungskräfte, Beraterinnn und Berater*, Bern/Stuttgart 2013

[265] Dag Hammarskjöld, Internetrecherche am 13.3.2022: https://de.wikipedia.org/wiki/Dag_Hammarskj%C3%B6ld; Dag Hammarskjöld, *Das Unerhörte – in Gottes Hand zu sein*, Leutesdorf 1991; ders., *Zeichen am Weg. Das spirituelle Tagebuch des UN-Generalsekretärs*, München 1965

[266] Rudolf Steiner, *Vorträge und Kurse über christlich-religiöses Wirken* Band 4, GA 345, Dornach 1994, S. 123

[267] Rudolf Steiner, *Vorträge und Kurse über christlich-religiöses Wirken* Band 1, GA 342 (13.6.1921), Dornach 1993, S.58

[268] Rudolf Steiner, *Vorträge und Kurse über christlich-religiöses Wirken* Band 2, GA 343 (5.10.1921), Dornach 1993, S. 393

[269] Rudolf Steiner, *Vorträge und Kurse über christlich-religiöses Wirken* Band 5, GA 346, (14.9.1924), Dornach 2001, S. 146

[270] Vgl. z.B. Gerhard Wehr, *Hilmar von Hinüber - Ein sozialer Pionier*, Stuttgart 2000; Rudolf Gädeke, *Die Gründer der Christengemeinschaft - ein Schicksalsnetz in 48 kurzen Biographien*, Dornach 1992

[271] Rudolf Steiner, *Vorträge und Kurse über christlich-religiöses Wirken* Band 3, GA 344 (22.9.1922), Dornach 1994, S. 256

[272] Rudolf Steiner, *Vorträge und Kurse über christlich-religiöses Wirken* Band 1, GA 342 (13.6.1921), Dornach 1993, S. 77

[273] Rudolf Steiner, *Vorträge und Kurse über christlich-religiöses Wirken* Band 3, GA 344, (9.9.1922), Dornach 1994, S. 64 (Angelobung)

[274] Rudolf Steiner, *Vorträge und Kurse über christlich-religiöses Wirken* Band 1, GA 342 (13.6.1921), Dornach 1993, S. 78

[275] Vgl. Johannes Werner Klein, *Leben... wofür? Ein Schicksal gibt Antwort*, Hamburg 1979

[276] Vgl. das Schicksal von G. Spörri, J. Klein, Fr. Doldinger dargestellt in Rudolf Gädeke, *Die Gründer der Christengemeinschaft - ein Schicksalsnetz in 48 kurzen Biographien*, Dornach 1992; Peter Selg, *Friedrich Doldinger: Priester der Christengemeinschaft*, Arlesheim 2020

[277] Rudolf Steiner, *Vorträge und Kurse über christlich-religiöses Wirken* Band 1, GA 342 (12.6.1921), Dornach 1993, S. 40

[278] Rudolf Steiner, *Vorträge und Kurse über christlich-religiöses Wirken* Band 2, GA 343, (9.10.1921), Dornach 1993, S. 553

[279] Rudolf Steiner, *Vorträge und Kurse über christlich-religiöses Wirken* Band 3, GA 344, Dornach 1994, S. 101 (Faksimile der Priesterweihe)

[280] Rudolf Steiner, *Vorträge und Kurse über christlich-religiöses Wirken* Band 3, GA 344, Dornach 1994, S. 103 (Faksimile der Priesterweihe)

[281] Z.B. im Kloster Münsterschwarzach, Kloster Schwanberg, in den Klöstern auf dem Berg Athos, im Meditationszentrum Beatenberg (Schweiz), in der Stiftung Felsentor (Schweiz), im Haus der Besinnung (Schweiz), bei einem Starez der Ostkirchen...

[282] Rudolf Steiner, *Mantrische Sprüche*, GA 268, Dornach 1999, S. 155 aus einem Notizbuch von 1921

[283] Rudolf Steiner, *Zur Geschichte und aus den Inhalten der erkenntniskultischen Abteilung der Esoterischen Schule 1904-1914, Dokumente zur erkenntniskultischen Arbeit*, GA 265; Originalhandschrift Rudolf Steiners, Notizbuch, Archivnummer 611, Dornach 1987, S. 158

[284] Vgl. Rudolf Gädeke, *Die Gründer der Christengemeinschaft – ein Schicksalsnetz in 48 kurzen Biographien*, Dornach 1992; vgl. Endnoten 27-45

[285] Ders., a.a.O., S. 125

[286] Vgl. Ellen Huidekoper, *In silberner Finsternis - Eduard Lenz - Ein Leben in den Umbrüchen des 20. Jahrhunderts*, Stuttgart 2013

[287] Vgl. Alexander Groß, *Gehorsame Kirche - ungehorsame Christen im Nationalsozialismus*, Mainz 2000

[288] Vgl. Eugen Drewermann, *Strukturen des Bösen*, Paderborn 1988

[289] Vgl. Eugen Drewermann, *Die Kleriker - Psychogramm eines Ideals*, Olten 1989

[290] Vgl. Hans Küng, *Unfehlbar? Eine unerledigte Anfrage*, Hamburg 1989

[291] Rainer Eppelmann, *Fremd im eigenen Haus: Mein Leben im anderen Deutschland*, Köln 1993; Internetrecherche am 14.4.2022: https://de.wikipedia.org/wiki/Edmund_Käbisch

[292] Vgl. Hans Küng, *Erinnerungen*, Freiburg 2020; Matthias Beier, *Eugen Drewermann - Die Biografie*, Düsseldorf 2017

[293] Vgl. Rudi Dutschke, *Mein langer Marsch: Reden, Schriften und Tagebücher aus zwanzig Jahren*. Rowohlt Verlag, Reinbek 1980; Peter Brückner, *Ulrike Marie Meinhof und die deutschen Verhältnisse. Mit Texten von Ulrike Marie Meinhof*, Wagenbach Verlag, Berlin 1995

[294] Vgl. Johann Galtung, *Strukturelle Gewalt: Beiträge zur Friedens- und Konfliktforschung*, Reinbek 1984

[295] Vgl. Gerhard Wehr, *Hilmar von Hinüber - Ein sozialer Pionier*, Stuttgart 2000

[296] Vgl. Johannes Lenz, *Erinnern für die Zukunft - Eine Autobiografie*, Stuttgart 2002

[297] Lothar Hill (1943-2009); vgl. Dietrich Koch, *KRITIK an Stefan Welzk: Leipzig 1968 aus der Erfahrung eines Stasihäftlings*, Dresden 2013; Dietrich Koch: *Das Verhör - Zerstörung und Widerstand Band 1*, Dresden 2000, S. 185 ff., sowie S. 311; Dietrich Koch Das *Verhör – Zerstörung und Widerstand Band 2*, Dresden 2000, *S.349.*

[298] Matthäusevangelium 6,24 (Lutherbibel 1912)

[299] Internetrecherche am 14.4.2022: www.Kirche-der-liebe.de/Lehren/lehren/html

[300] Vgl. Jörg Zink, *Jesus - Funke aus dem Feuer*, Freiburg 2005; Friedrich Rittelmeyer, *Jesus*, Ulm 1912; Eugen Drewermann, *Kleriker - Psychogramm eines Ideals*, Olten 1990; Gerhard Theissen, Annette Merz, *Der Historische Jesus - Ein Lehrbuch*, Göttingen 1996

[301] Vgl. Bücher wie: Gerlind Schöbel, *Leben gegen den Tod - Hildegard Schaeder, Ostern im KZ*, Frankfurt/Main 1995; Christiane Meres OCD, *Ich will Gott ausstrahlen. Das Leben des P. Jacques – Ein Karmelit in Mauthausen-Gusen*, Linz 2014; Siegfried Gussmann, *Die Apokalypse des Johannes - Urbilder des Menschseins*, Stuttgart 1996; Helmut James und Freya von Moltke, *Abschiedsbriefe aus dem Gefängnis Tegel - September 1944 bis Januar 1945*, München 2013; Josef Schäfer, *Wo seine Zeugen sterben, ist Sein Reich - Zusammenstellung von Briefen der enthaupteten Lübecker Geistlichen und Berichten von Augenzeugen*, Hamburg 1946

[302] Archimandrit Irenäus Totzke, Peter Kaufhold, *Die göttliche Liturgie unseres Vaters unter den Heiligen Johannes Chrysostomus in deutscher Sprache - Chorfassung im Kantorenstil*, Noten, Niederaltaich 2005; Göttliche Liturgie Ostergebet zur Auferstehung unseres Herrn Jesus

Christus: Troparion (5.Ton) „Christ ist erstanden von den Toten. Im Tode bezwang er den Tod und hat allen in den Gräbern das Leben gebracht."

[303] Vgl. folgende Bücher: Helmut Gollwitzer, *Du hast mich heimgesucht bei Nacht - Abschiedsbriefe und Aufzeichnungen des Widerstandes 1933-1944*, Hamburg 1954; Christian Feldmann, *Wir hätten schreien müssen - Das Leben des Dietrich Bonhoefer*, Freiburg 1998; Ferdinand Schlingensiepen, *Vom Gehorsam zur Freiheit - Biografien aus dem Widerstand*, München 2014; Alexander Groß, *Gehorsame Kirche, Ungehorsame Christen im Nationalsozialismus*, Mainz 2000; Peter Schellenbaum, *Abschied von der Selbstzerstörung - Befreiung der Lebensenergie*, München 1997; ders., *Die Wunde der Ungeliebten*, München 1988; Hans-Joachim Maaz, *Der Gefühlsstau - Psychogramm einer Gesellschaft*, München 2010; Wilhelm Reich, *Christusmord*, Olten 1978; Jacques Lusseyran, *Das wiedergefundene Licht*, Gütersloh 1963; Alexander Men, *Der Menschensohn*, Freiburg 2006

[304] Rudolf Steiner, *Das christliche Mysterium*, GA 97 (13.2.1906), Dornach 1998, S. 46 ff.

[305] Dr. Hans-Dieter Reimer (1926-1993), damals Leiter der Weltanschauungszentrale der evangelischen Kirche in Stuttgart, bei einem Gespräch in Stuttgart 1989; vgl. auch sein Buch: *Wenn der Geist in der Kirche wirken will. Ein Vierteljahrhundert charismatische Bewegung*, Stuttgart 1987; ders., *Neben den Kirchen: Gemeinschaften, die ihren Glauben auf besondere Weise leben wollen - Informationen, Verständnishilfen, kritische Fragen*, Konstanz 1995

[306] Rudolf Steiner, *Vorträge und Kurse über christlich-religiöses Wirken* Band 3, GA 344, Dornach 1994, S. 101 (Faksimile der Priesterweihe: Diene dem Christus!)

[307] Rudolf Steiner, *Vorträge und Kurse über christlich-religiöses Wirken* Band 3, GA 344 (9. 9.1922), Dornach 1994, S. 62

[308] Vgl. Kapitel 8 dieses Buches

[309] Hannah Wolf, *Die Gestalt Jesu in tiefenpsychologischer Sicht*, Stuttgart 1990

[310] Rudolf Steiner, *Wie erlangt man Erkenntnisse der höheren Welten?*, GA 10, Dornach 2019, Die Kapitel: „Bedingungen", S.102 ff. sowie „Die Spaltung der Persönlichkeit", S. 144 ff.

[311] Vgl. z.B. Friedrich Rittemeyer, *Rudolf Steiner als Führer zu neuem Christentum*, Stuttgart 1933

[312] Alfred Heidenreich, *Jugendbewegung und Anthroposophie*, Veröffentlichung aus dem Archiv der Christengemeinschaft Heft 5, Stuttgart 1996; ders., *The growing point*, London 1965

[313] Johannes Werner Klein, *Ihr seid Götter! - Die Philosophie des Johannes-Evangeliums*, Pfullingen 1967; ders., *Leben... wofür? Ein Schicksal gibt Antwort*, Hamburg 1979

[314] Gertrud Spörri, *Uroffenbarungen der Liebe im Werden der Menschheit*, München 1965; dies., *Die Frau am Altar*, Stuttgart 1931

[315] Emil Bock, *Religiöse Erneuerung* in: *Wir erlebten Rudolf Steiner - Erinnerungen seiner Schüler*, Stuttgart 1967, S. 33

[316] Ellen Huidekoper, *In silberner Finsternis Eduard Lenz - Ein Leben in den Umbrüchen des 20. Jahrhunderts*, Stuttgart 2013

[317] Rudolf Gädeke, *Die Gründer der Christengemeinschaft - ein Schicksalsnetz in 48 kurzen Biographien*, Dornach 1992

[318] Hans-Werner Schroeder, *Die Christengemeinschaft - Entstehung, Entwicklung, Zielsetzung*, Stuttgart 1990

[319] Joachim Sydow, *Aus der Begründungszeit der Christengemeinschaft*, Basel 1972

[320] Vgl. Hans-Werner Schroeder, *Gottfried Husemann - Leben und Wirken*, Privatdruck, Stuttgart 2002

[321] Zentralarchiv der Christengemeinschaft in Berlin: www.christengemeinschaft-international.org/archiv

[322] Vgl. Andrej Belyj, *Verwandeln des Lebens*, Basel 1977

[323] Vgl. Gerhard von Beckerath, *Rudolf Steiners Leidensweg - Sein Schicksal mit der Anthroposophischen Gesellschaft*, Basel 2011

[324] Werner Georg Haverbeck, *Rudolf Steiner - Anwalt für Deutschland*, München 1989

[325] Thomas Meyer, *Ludwig Polzer-Hoditz - ein Europäer*, Basel 2008; Wolfgang Gädeke, *Marie Steiner und die Christengemeinschaft – eine tragische Beziehung*, Stuttgart 2018

[326] Gerhard Wehr, *Hilmar von Hinüber - Ein sozialer Pionier*, Stuttgart 2000

[327] Lilli Kolisko, Eugen Kolisko - *Ein Lebensbild. Ein Stück Geschichte der Anthroposophischen Gesellschaft*, Selbstverlag 1961

[328] Der tief bewegend spirituell sprechende Pfarrer Dr. Friedrich Benesch war zuvor in der SS in Siebenbürgen an führender Stelle tätig und gab sein autoritäres Verständnis von Führung, Leitung und Amt nach dem Krieg im Einklang mit Gottfried Husemann und dem Kirchenführer Emil Bock am Priesterseminar der Christengemeinschaft in Stuttgart den künftigen Pfarrern weiter. Ein Artikel von Thomas Reinsperger über seine Art zu wirken war am 28.1.2022 im Internet: www.docplayer.org/23926206-Der-holocaust-in-siebenbuergen.html

[329] Vgl. Andreas Laudert, *Abschied von der Gemeinde – die anthroposophische Bewegung in uns*, Basel 2011

[330] Rudolf Steiner, *Vorträge und Kurse über christlich-religiöses Wirken* Band 5, GA 346 (12.9.1924), Dornach 2001, S. 114 ff. - ganzer Vortrag - Die Zahl 666 ist mit hebräischen Buchstaben-Werten zu lesen: Taw Resch Waw Samech - diese Buchstaben in ihrem Zahlenwert sind von rechts nach links: 400 200 6 60. Ausgesprochen etwa: Sorat.

[331] Industrieverband Agrar IVA-Magazin, *Krautalarm auf dem Acker - Melde und Gänsefuß: Lästige Riesen-Unkräuter halten Landwirte auf Trab*, 18.10.2007

[332] Dargestellt z.B. im Dokumentarfilm der Arte Edition, *Kein Gott, kein Herr - Eine kleine Geschichte der Anarchie*, Frankreich 2016, als DVD zu

beziehen über ‚absolut Medien' Bilddatenbank, Berlin 2020

[333] Hans-Werner Schroeder, *Gottfried Husemann,* Stuttgart 2002, S. 28

[334] Ders., a.a.O., S. 27 ff.

[335] Vgl. das Kapitel 11 in diesem Buch

[336] Vgl. Peter Selg, *Koberwitz, Pfingsten 1924 - Rudolf Steiner und der landwirtschaftliche Kurs,* Dornach 2019

[337] Erstes Buch Mose 4, 1-16 und Rudolf Steiner, *Welche Bedeutung hat die okkulte Entwicklung des Menschen für seine Hüllen und sein Selbst?* GA 145, Dornach 2015, Seite 142 ff.

[338] Hans-Werner Schroeder, *Gottfried Husemann,* Stuttgart 2002, S. 249

[339] Vgl.Rudolf Gädeke, D*ie Gründer der Christengemeinschaft - ein Schicksalsnetz in 48 kurzen Biographien,* Dornach 1992

[340] Ders., a.a.O., S. 489 ff.

[341] Ders., a.a.O., S. 26

[342] Ders., a.a.O., S. 27

[343] Ders., a.a.O., S. 123 ff.; vgl. Peter Selg, *Friedrich Doldinger: Priester der Christengemeinschaft,* Arlesheim 2020

[344] Hans-Werner Schroeder, *Gottfried Husemann - Leben und Wirken,* Privatdruck, Stuttgart 2002, S. 249

[345] Internetrecherche am 28.1.2022: https://www.politische-bildung-brandenburg.de/lexikon/fuehrerprinzip

[346] Vgl. Hans-Werner Schroeder, *Gottfried Husemann - Leben und Wirken,* Privatdruck, Stuttgart 2002

[347] Johannes 3,5 ff.; Jesus spricht zu Nikodemus: „*Wundere dich nicht, dass ich dir gesagt habe: Ihr müsst neugeboren werden von oben her. Der Atem des Windes weht, wo er will, und du hörst seine Stimme; aber Du weißt nicht, woher er kommt und wohin er geht. So ist jeder aus*

dem Geisteshauch Geborene." Übersetzung von Heinrich Ogilvie, einem Mitbegründer der Christengemeinschaft, Stuttgart 1996

[348] Hans-Werner Schroeder, *Gottfried Husemann - Leben und Wirken,* Privatdruck, Stuttgart 2002, S. 196

[349] Ders., a.a.O., S. 197

[350] Vgl. Ellen Huidekoper, *In silberner Finsternis - Eduard Lenz - Ein Leben in den Umbrüchen des 20. Jahrhunderts,* Stuttgart 2013

[351] Vgl. Hans-Werner Schroeder, *Gottfried Husemann - Leben und Wirken,* Privatdruck, Stuttgart 2002, S. 196

[352] Ders., a.a.O., S. 221 ff.

[353] Ders., a.a.O., S. 252

[354] Vgl. Albert Schweitzer, *Johann Sebastian Bach,* Leipzig 1958

[355] Siehe Kapitel 19 dieses Buches

[356] Rudolf Steiner, *Vorträge und Kurse über christlich-religiöses Wirken* Band 3, GA 344 (20. 9. 1922), Dornach 1994, S.182 ff.

[357] Vgl. Drittes Buch Mose 19,18 sowie Matthäusevangelium 22,34 ff.

[358] Johannesevangelium 13,34+35: *„Ein neues Gebot gebe Ich euch, dass ihr einander liebet, wie Ich euch geliebt habe, sollt auch ihr einander lieben. Daran werden alle erkennen, dass ihr Meine Jünger seid, so ihr untereinander Liebe habt."* (Einheitsübersetzung) Vgl. auch Joh. 15,12, 13,17; Mark. 12,31 f.; Joh. 2,8; ders. 3,14 und 3,23; Gal. 6,2; Joh. 2,5; ders. 4,20

[359] Rudolf Steiner, *Die geistigen Wesenheiten in den Himmelsköpern und Naturreichen,* GA 136, Dornach 1996. S. 59 ff.

[360] Rudolf Steiner, *Vorträge und Kurse über christlich-religiöses Wirken* Band 2, GA 342a (5.10. 1921), Dornach 1993, S. 391 ff.

[361] Rudolf Steiner, *Vorträge und Kurse über christlich-religiöses Wirken* Band 5, GA 346, Dornach 2001, S. 122

[362] Rudolf Steiner, *Zur Geschichte und aus den Inhalten der erkenntniskultischen Abteilung der Esoterischen Schule 1904-1914, Dokumente zur erkenntniskultischen Arbeit*, GA 265, Originalhandschrift Rudolf Steiners, Notizbuch, Archivnummer 611, Dornach 1987, S. 160 f.

[363] Johannesevangelium, Kapitel 15 - 17

[364] Rudolf Steiner, *Vorträge und Kurse über christlich-religiöses Wirken* Band 4, GA 345, Dornach 1994, S. 100 ff., Ostergebet: *„...Der Mensch findet in der Wonne seiner hingebenden Seele, was in Kraft erstanden aus Todesketten, was im Lichte neu geboren in Christi Leben, was heilet das ICH in den Seelengründen. Es lebet die Seele, die tot war, es leuchtet das ICH, das finster war. Es kraftet der Geist der verschlossen war...“*